Alfred de Quervain
Quer durchs Grönlandeis

Verlag Neue Zürcher Zeitung

Alfred de Quervain

Quer durchs Grönlandeis

Herausgegeben und eingeleitet von Peter Haffner
Mit einem Nachwort von Marcel de Quervain

Verlag Neue Zürcher Zeitung

© 1998, Verlag Neue Zürcher Zeitung, Zürich
ISBN 3 85823 708 6

Inhaltsverzeichnis

Einleitung von Peter Haffner
    Vom Eise befreit   7

Durch Grönlands Eiswüste
Reise der deutsch-schweizerischen Grönlandexpedition 1909
auf das Inlandeis   23
    Vorwort   25
    Allgemeines über Land und Leute   29
    Der Aufenthalt in Godthaab   41
    Die Küstenfahrt   49
    Auf das Inlandeis   68
    Heimfahrt   115
    Anhang   123

Quer durchs Grönlandeis
Die schweizerische Grönlandexpedition 1912/13   129
    Vorrede   131
    Plan und Vorbereitungen   133
    Die Meerfahrt   144
    Alte Freunde   151
    In der Hundeschule   158
    Mit «Fox» nordwärts   170
    Durch die Randfelsen   181
    Bis in den Inlandeis-See   193
    Über Grönlands Hochfirn   200
    Ostberge in Sicht   216
    Im Fellboot nach Angmagsalik   230
    Bei den Ost-Eskimos   234
    Heimkehr über Island; Ergebnisse   242

Nachwort von Marcel de Quervain   249
Bibliographische Notiz zum Einleitungsessay   253
Karten und Skizzen   255

Vom Eise befreit

Der Schweizer Grönlandpionier Alfred de Quervain
und die Polarforschung seiner Zeit

Von Peter Haffner

Das Eis, das man das ewige nennt, hat die Menschen nicht seit je in seinen Bann gezogen. Doch diejenigen, die es kennenlernten, als man die weissen Flecken auf den Landkarten zu tilgen begann, erlebten seine Schönheit und seine Schrecken stets von neuem.

Als Alfred de Quervain, dessen Reiseberichte hiermit neu aufgelegt werden, 1909 zum ersten Mal das grönländische Inlandeis betrat, waren weder der Nord- noch der Südpol bezwungen. Und es war gerade drei Jahre her, seit Roald Amundsen als erster Mensch die Nordwestpassage durchsegelt und damit einen Traum wahrgemacht hatte, den zu träumen Hunderte das Leben kostete. Niemand vermag die Schiffe zu zählen, die während mehr als dreier Jahrhunderte auf teils jahrelangen Irrfahrten durch das Packeis verschwanden, die versunken, verschollen und vergessen sind. Was einst in merkantilem Interesse in Angriff genommen worden war – die Suche nach einem kürzeren Seeweg nach China –, war zur Prestigesache geworden. Der Name John Franklins, der 1845 mit den zwei Schiffen «Erebus» und «Terror» in See stach, der Welt zu beweisen, dass wirklich Britannien die Meere beherrschte, steht für die vielen, die ihm vorausgegangen waren und noch nachfolgen sollten. Keiner von Franklins Männern kehrte zurück, und mehr als vierzig Suchexpeditionen verliefen erfolglos.

Dass es diese Nordwestpassage um Amerika herum überhaupt gab (die Nordostpassage entlang der sibirischen Küste war den Einheimischen bekannt), musste, solange sie nicht durchfahren war, blosse Vermutung bleiben. So wie Antarctica, der Kontinent im Süden, lange Terra imaginata war, bevor er Terra incognita werden konnte. Die Vorstellungen des 18. Jahrhunderts von diesem Südkontinent sind rührend – ein fruchtbarer Landstrich mit tropischem Klima, bewohnt von glücklichen Menschen, die das Joch der Arbeit nicht kennen. Des edlen Wilden Heimat lag schon immer da, wo noch nie jemand gewesen war; ein neuer Garten Eden, den der Mensch um so mehr zu betreten ersehnt, als ihm die Rückkehr ins Paradies verwehrt bleibt. Es ist diese Wunschvorstellung des gelobten Landes, die hinter der ersten eigentlichen Antarktis-Expedition von James Cook steht, der mit seiner «Endeavour» in den Jahren 1768–1771 indes nicht fündig wurde und die Argumente für die Existenz des legendären Südlandes widerlegt glaubte. Fabian von Bellingshausen, 1819 im Auftrag Zar Alexanders I. unterwegs, sichtete dann die Antarktis, deren Boden der Amerikaner John Davis 1821 als erster betrat. Ein wüstes Land.

Demgegenüber war der Wettlauf zu den Polen von Anfang an weder kommerziell noch wissenschaftlich motiviert. Der Punkt, um den sich alles dreht, hebt sich in keiner Weise von seiner Umgebung ab; nur die Imagination, sekundiert von Messinstrumenten, fixiert ihn in der Einöde als etwas ganz Besonderes. Was den Nordpol angeht, so hatten ihn weder Frederick Cook noch Robert Peary erreicht, obwohl die beiden Amerikaner das Gegenteil behaupteten und der langandauernde Streit das Publikum bis in die jüngste Zeit in zwei Lager schied. Peary war am 6. April 1909 seinem Ziel nahe gekommen; doch die 71 Kilometer, die er täglich zurückgelegt haben wollte, waren schlechterdings nicht zu schaffen. Cook, der schon ein Jahr zuvor, am 21. April 1908, am Nordpol gewesen sein wollte, war zu ungenau in seinen Angaben. (Alfred de Quervain, der dem angeblich eben vom Pol Zurückgekehrten auf seiner ersten Grönlandreise persönlich begegnete und mit ihm auf demselben Schiff nach Europa zurück reiste, schildert in einer Anekdote, wie dieser sich selbst widerlegte mit seiner Behauptung, sogar am Pol sei die Sonne um «Mitternacht» und um «Mittag» verschieden hoch gestanden: Pointierter liesse sich nicht sagen, dass man dann eben gerade nicht am Pol war.) Fast auf den Tag genau sechzig Jahre später, im Jahr vor der Mondlandung, war es endlich soweit: Am 20. April 1968 erreichte der Amerikaner Ralph Plaisted als erster Mensch den Nordpol über das Eis.

Hätte Roald Amundsen sich im Rennen um den Nordpol nicht von Cook und Peary geschlagen geglaubt, wäre er, der seit frühester Kindheit davon träumte, ihn zu erreichen, wohl bald da angelangt. So aber wandte er sich dem genau entgegengesetzten Ziel zu, dem Südpol, wo er Robert Falcon Scott zuvorzukommen hoffte. Knapp fünf Wochen vor dem Engländer, am 14. Dezember 1911, erreichte er ihn, und zum Jahresanfang 1912 erfuhr die Welt von seinem Triumph, während man über den Verbleib von Scott noch im ungewissen war. Am 18. Januar war auch der am Südpol angelangt – keinem imaginären Punkt mehr, sondern, zum Zeichen von Scotts Niederlage, mit der norwegischen Flagge weit sichtbar markiert. Scott, der glücklose Offizier der Royal Navy, kam mit seinen vier Begleitern auf dem Rückmarsch im Eis um; sein später aufgefundenes Tagebuch, das er bis zum letzten Atemzug führte, und die Abschiedsbriefe, die er schrieb, sind ein erschütterndes Zeugnis unsäglicher Qualen und einer Haltung, die noch im Eingeständnis des Scheiterns auf ihrer Überlegenheit beharrt. Erst 1913 hat die Welt von all dem erfahren. Jahre später sollte auch Amundsen im Eis sein Grab finden; im Juni 1928 ist er zum letzten Mal in die Arktis aufgebrochen und nie wieder gesehen worden.

Obwohl Grönland seit mehr als viertausend Jahren besiedelt ist, blieb der grösste Teil der Rieseninsel bis in unser Jahrhundert auch Terra incognita. Erik der Rote, in Island eines Mordes wegen verurteilt, war um 980 die Westküste hinauf bis zur Disko-Bucht gefahren und hatte dem Land seinen Namen gegeben – Grönland, grünes Land – in der erklärten Absicht, «dass es sicher genügend Menschen anlocken werde, wenn es einen so schönen Namen hat». Grönland – und das hiess nicht mehr als ein schmaler Küstenstreifen – wurde kolonisiert und christianisiert. Den Eskimos, wie man die Inuit damals nannte, luchste man für ein paar Nähnadeln kostbare Felle ab, und bisweilen verschleppte man sie als «Ausstellungsstücke» in die heimischen Salons. Walfänger machten reiche Beute und sorgten mit Tonnen von Tran dafür, dass die Lichter in Europa nicht ausgingen.

Unberührt von all dem Treiben blieb das Inlandeis, jener 2 Millionen Quadratkilometer grosse, 2400 Kilometer lange, bis zu 1100 Kilometer breite und 3300 Meter dicke Panzer aus Eis, Eis und nochmals Eis. Wo einst ein warmes, feuchtes, subtropisches Klima geherrscht hatte und Brotfruchtbäume, Sumpfzypressen und Ginkgos blühten, war in der Eiszeit der Schild gewachsen, der uns heute schützt; würde das Grönlandeis schmelzen, stiegen die Meere um ungefähr sieben Meter. Ab und zu schicken Grönlands Gletscher einen Boten, der uns mahnt, dass es Dinge gibt, die grösser sind als wir. Genau zwei Wochen nachdem Alfred de Quervain zu seiner zweiten Grönlandexpedition aufgebrochen war, am 14. April 1912, sank die Titanic, aufgeschlitzt von einem Eisberg, der eben in der Gegend vom Stapel gelaufen war, wo der Forscher das Inlandeis zu betreten vorhatte. Noch immer kalbt dieser Ilulissat-Eisgletscher – der fleissigste Gletscher der Welt – alle fünf Minuten und schickt einen Eisberg in den Fjord, 60 Millionen Tonnen Eis Tag für Tag.

Was sich im Innern der Insel verbarg, blieb ein Geheimnis und reizte als solches zur Spekulation. Kein Flugapparat hatte Grönland überflogen; die Perspektive, unter der um die Jahrhundertwende der Mensch die Welt betrachtete, war noch nicht die der Götter. Der Schwede Adolf

Erik von Nordenskiöld, der 1878–1880 die Nordostpassage durchsegelt hatte, unternahm 1883 einen Vorstoss aufs Inlandeis – diese «Sahara des Nordens», wie er es nannte – in der Hoffnung, da eisfreie, bewaldete Gebiete zu finden; als er und seine Männer schliesslich umkehrten, hatten sie nichts als Eis und Schnee angetroffen. Erst Fridtjof Nansen, der fünf Jahre später als erster Mensch überhaupt das grönländische Inlandeis durchquerte, verwies solche Vermutungen zurück ins Reich der Phantasie, aus dem sie stammten.

Die Normannen, die bis zum 15. Jahrhundert die West- und Südküste Grönlands bevölkerten, hatten in ihrem «Königsspiegel», der Balladendichtung aus dem 13. Jahrhundert, ein erstaunlich zutreffendes Bild der grönländischen Verhältnisse gezeichnet; doch als ihre Kolonien verfielen, gerieten auch ihre Kenntnisse in Vergessenheit, so dass man im 17. Jahrhundert wieder unbeschwert von aller Erfahrung drauflos fabulieren konnte. Sunde wie der «Frobishersträdet» oder der «Beare-Sund» wurden quer durch das Land gelegt, ja dieses, wie es ein Kartograph namens Meier tat, in eine Unmenge von Inseln zerstückelt, die dicht mit Wald bewachsen sein sollten «wie in der Gegend von Bergen in Norwegen». Hans Egede, Grönlands erster Missionar, der den Inuit die Bibel bisweilen mit dem Stock einbleute, indes ein ortskundiger Mann war, erhielt 1723 vom Direktor der in Bergen ansässigen Compagnie die Weisung, mit acht Mann «über das Land (zu) marschieren (...) und unterwegs nach Wäldern (zu) inquiriren», wobei sie sich «der grössten Vorsicht zu befleissigen» hätten «sowohl in Bezug auf die Überfälle der Wilden, falls sie solche unterwegs antreffen sollten, wie auch in Bezug auf das Observiren aller Dinge». Hans Egede lehnte höflich, aber bestimmt ab, nicht so wie dann der Major Claus Enevold Paars, Gouverneur von Grönland, der 1728 Order erhielt, nach der Ostküste vorzustossen, «um zu erfahren, ob sich dort noch Nachkommen der alten Norweger befänden» und ob diese «noch Christen seien, oder ob sie Heiden geworden», sowie bei der Gelegenheit «richtig (zu) vermerken (...), wie das Land beschaffen sei, ob sich dort Wald, Wiesen, Steinkohlen, Mineralien oder dergl. befänden, ob es dort Pferde, Vieh oder andere, dem Menschen dienliche Kreaturen gäbe». Dänemark entsandte elf Pferde, einen Leutnant und einen Kapitän zu dieser ersten und in gewissem Sinne grossartigsten Expedition zur Erforschung von Grönlands Innerem. Sie scheiterte, bevor sie richtig beginnen konnte, waren doch die Pferde teils unterwegs, teils bei der Ankunft in Godthaab verendet. Paars wollte sich nicht entmutigen lassen und unternahm im darauffolgenden Jahr einen

Versuch, aufs Inlandeis zu gelangen. Als er seinen Weg aber von einem Eisberg versperrt fand, begnügte er sich damit, «nach dänischer Weise 9 Schüsse aus unseren Gewehren» abzufeuern und «mit einem Glase Branntwein auf das Wohl unseres allergnädigsten Königs» zu trinken «an einem Ort, an welchem dasselbe noch niemals getrunken wurde». Das «Remarquabelste» dünkten ihn «grosse Steine», die «oben auf dem Eise lagen» und von denen er glaubte, sie seien «durch heftige Winde und Wetter hergeführt» worden. Sonst – «nichts zu sehen als Himmel und das blanke Eis».

Wie die Schweizer Berge nicht vom Bergvolk der Schweizer bestiegen worden sind, sondern auf die Engländer warten mussten, so ist auch Grönlands Inlandeis von Fremden – darunter Schweizern wie Alfred de Quervain – erkundet worden. Die Inuit mieden es. Man hatte da nichts verloren, und Sagen, die von Wesen wie den «Erkilikern» oder «Timersetern» zu erzählen wussten, die übers Inlandeis geisterten, nährten mehr die Scheu davor, als dass sie gelockt hätten, es ihnen gleichzutun. Das Inlandeis, der grosse «Sermerk», war etwas Unheimliches, ein Ort, wo – wie eben auf den Schweizer Bergen – Gespenster hausen, die man nicht ungestraft stört. Wer sich so weit vorwagt, kehrt nicht so leicht zurück. Noch Alfred de Quervain berichtet von den Überredungskünsten, deren es bedurfte, um die paar Grönländer zu bewegen, das Expeditionsmaterial auf den Gletscher hinauftragen zu helfen. Ihn, den Forscher, lockte nichts mehr, als eben dieses «Mysterium des Inlandeises» zu erfahren. Ungeduldig, dieses Neuland zu betreten und damit «an den Schleier des grössten der arktischen Geheimnisse (zu) rühren», schreibt er: «Wer in Grönland war und kennt das Inlandeis nicht, der war nicht in Grönland!» So gesehen war nie ein Grönländer in Grönland.

Das Eis ist ein «Gegner», dem er etwas «abzuringen» gedenkt. Und es ist ihm das Paradies, eine Welt, in der er wie einst Adam die Dinge benennen kann, weil sie noch unbenannt sind – sei es mit eher scherzhaften Übernamen wie «Berg der Verheissung», «Renommierhügel» und «Geheimnistal» oder aber mit geographischen Bezeichnungen, die gültig geblieben sind, wie etwa «Mont Forel», jener Berg an der Ostküste – der zweithöchste Grönlands –, den er nach der Durchquerung der Eiswüste als ersten sichtet und nach dem Schweizer Gletscherforscher F. A. Forel, dem Freund und Förderer, tauft.

Alfred de Quervain war nach dem Pionier Fridtjof Nansen, der das Grönlandeis 1888 überquert hatte, der zweite, der dies im Landesinnern wagte. Die Neugier des Vorgängers, «einen Blick über diese terra incognita zu werfen, die wohl noch kein menschlicher Fuss betreten hatte», ist in ihm noch frisch. Grönland als Ganzes war zu seiner Zeit noch verbotenes Land; nur dänische Beamte und wissenschaftliche Reisende hatten Zutritt.

Vor Nansen hatte es über ein Dutzend mehr oder minder erfolgreiche Versuche gegeben, aufs Inlandeis zu gelangen und ein Stück weit vorzudringen. Die erste längere Wanderung, von der wir Kunde haben, hatte 1751 der in Frederikshaab ansässige Kaufmann Lars Dalager unternommen, bei welcher Gelegenheit er vorhatte, sich «nach Kräften zu divertiren und nebenbei ein wenig zu schiessen». Einmal auf dem Eis, überkam ihn dann aber das Verlangen, nach der alten norwegischen Kolonie «Österbygden» zu suchen, die man an der Ostküste vermutete. Deren Berggipfel glaubte er auch bald auszumachen: in Wirklichkeit Nunatakers, Felsinseln, die nur wenige Kilometer vom Westrand entfernt aus dem Eis ragten. Die Kälte setzte ihm zu, und zu Handen der Nachwelt resümierte er, er «halte es für fast ganz unmöglich, dass irgend eine lebende Kreatur respiriren kann, wenn sie gezwungen ist, viele Nächte auf dem Eisfelde zu kampieren». Seine Warnung wirkte, und erst die Arbeiten des Naturforschers, Koloniedirektors und Inspektors Hinrich Rink über das Grönlandeis und seine Bedeutung weckten die wissenschaftliche Neugier, es auch praktisch zu erforschen. Nicht allen Publikationen, die aus solchen Unternehmen resultierten, ist zu trauen. So will der amerikanische Polarfahrer Isaac Israel Hayes 1860 während seiner sechstägigen Exkursion an einem Tag 40 englische Meilen zurückgelegt haben; eine völlige Unmöglichkeit, wie Nansen dann, der mit durchschnittlich 16 Tageskilometern den Massstab setzte, bewies. Edward Whymper, der Erstbesteiger des Matterhorns, unternahm 1867 etwas nördlich von Jakobshavn einen Ausflug an den Rand des Inlandeises, wovon er in der Zuversicht zurückkehrte, es gebe nichts, «was einer Wanderung quer durch Grönland hemmend in den Weg treten» könnte. Als er diese gut einen Monat später antreten will, findet er das Eis aber vollkommen verändert und von Spalten und Rissen durchzogen, die ein Vordringen verunmöglichen.

Erst mit Baron Adolf Erik von Nordenskiöld beginnt eine neue Phase in der Geschichte der grönländischen Eiswanderungen, ist seine 1870 unternommene Expedition doch die erste über eine längere Strecke, die zudem mit Erkenntnissen von wissenschaftlichem Interesse aufwartet. Erstmals wird der sogenannte Eisstaub, Kryokonit, beschrieben, ein feines graues Pulver, das in die Eisoberfläche eingelagert ist und das Nordenskiöld für kosmischen Ursprungs hält. (In Wirklichkeit handelt es sich um Gesteins- und Pflanzenstaub.) Die Erde, glaubt er, sei dadurch gebildet worden und wachse noch immer. Eine zweite Eiswanderung 1883, die südlich der Disko-Bucht startet, führt ihn mit neun Mann Begleitung in 18 Tagen etwas über 117 Kilometer ins Landesinnere; es ist eben die Wanderung, auf der er eisfreies, womöglich bewaldetes Gebiet zu finden sucht. Doch die zwei Lappen, die er noch ein gutes Stück weiter vorschickt, kehren zurück mit der Nachricht, sie hätten nichts als ein endloses Schneefeld gesehen. Noch niemand war bis dahin vorgedrungen, und es ist dieser Bericht, der Nansen den Anstoss zu seinem Plan gibt, Grönland auf Schneeschuhen zu durchqueren. Robert Peary, der 1886 über drei Wochen auf dem Inlandeis zubringt, bestätigt dann die Erkenntnis, dass sich jenseits der zerklüfteten, von Spalten durchzogenen Randzone eine Eisfläche befindet, die nicht unüberwindlich scheint.

Doch noch 1888, als Nansen sich auf den Weg durch Südgrönland machte, waren die Stimmen nicht verstummt, die im Innern Grönlands anderes vermuteten als nur Schnee und Eis. Dem Polarforscher warfen sie, fern aller eigenen Erfahrung, eine «vollständige Unkenntnis der Verhältnisse» vor und hielten seine Absicht, an der Ostküste zu landen und «die sichere Schiffsplanke (zu) verlassen und gleich einem Eisbären von einer schaukelnden Eisscholle auf die andere» ans Ufer zu wandern, für «so dummdreist, dass man nicht weiss, was man dazu sagen soll». Nicht ohne Vergnügen rapportiert Nansen in seinem zweibändigen Reisebericht «Auf Schneeschuhen durch Grönland» solchen Kleinmut. Mit Otto Neumann Sverdrup und vier weiteren Begleitern, darunter zwei Lappen, zieht er vom 22. August bis zum 3. Oktober 1888 auf Skiern über das Inlandeis bis zum Nuuk-Fjord. Er startet da, wo Alfred de Quervains Expedition anlangen will: an der Ostküste rund 200 Kilometer südwestlich von Ammassalik.

Die Wahl des Ausgangspunktes ist Programm. Die Westküste war seit einem vollen Jahrtausend erschlossen und kartiert, die ursprüngliche Bevölkerung war christianisiert und hatte sich mit Walfängern aus aller Welt und dänischen Kolonialisten vermischt. Dagegen war die Ostküste fast wie das Inlandeis unerforscht geblieben und erst eben – und dies keineswegs zuverlässig – kartiert worden. Ammassalik, der einzige Wohnplatz, eine rund zehn Kilometer von der Küste entfernte Insel, blieb von der Welt abgeschlossen: im Westen durch das Inlandeis, im Osten durch den Treibeisgürtel, der nur einmal im Jahr so weit schmolz, dass ein Schiff anlegen

13

konnte. Dänemark hatte die Handelsstation gegründet, um die noch bestehenden ostgrönländischen Inuitsiedlungen zu erhalten; die sogenannte Frauenbootexpedition von Gustav Holm von 1884 hatte den Kontakt hergestellt. Wer von Westen nach Osten reiste, tat einen Zeitsprung um gut zweihundert Jahre zurück. Bis in unsere Tage hat sich etwas von diesem Unterschied erhalten; erst seit 1974 hat Ammassalik einen Heliport.

Nansen mass der Frage, von welcher Seite er die Durchquerung beginnen sollte, grosse Bedeutung bei. Alle früheren Expeditionen, meinte er, seien gescheitert, weil sie an der Westküste angefangen hätten, wo man «die Fleischtöpfe Ägyptens hinter sich» und «vor sich nur die unbekannte Eiswüste und die Ostküste» habe, die «nicht viel besser» sei. Nur wenn man den umgekehrten Weg gehe, breche man «alle Brücken hinter sich ab» und habe es «nicht nöthig, die Mannschaft vorwärts zu treiben». Emphatisch hatte er notiert: «Da war keine Wahl – nur vorwärts! Die Parole würde lauten: Der Tod oder Grönlands Westküste.»

Das wusste auch Alfred de Quervain. Nicht zuletzt aus Spargründen wählte er aber nicht diesen Weg. Da das Kursschiff Ammassalik der Eisverhältnisse wegen erst Ende August anlief, wäre es zu spät für die anschliessende Überquerung gewesen; die Expedition hätte überwintern müssen und erst im Jahr darauf starten können. Das Risiko seiner Routenwahl war nicht gering, musste man doch, wie er schreibt, «entweder den einen bewohnten Punkt der Ostküste treffen und erreichen oder umkommen».

Seit Nansens geglückter Durchquerung waren auch andere auf Grönlands Inlandeis gewesen, und nicht alle waren lebend zurückgekehrt. Robert Peary, dessen eigentliches Ziel der Nordpol war, hatte um die Jahrhundertwende acht Schlittenreisen im hohen Norden unternommen und dabei zweimal, 1892 und 1895, das Inlandeis in Küstennähe passiert. Damit war erwiesen, dass Grönland eine Insel ist.

Weniger glücklich war die sogenannte Danmark-Expedition von 1906–1909 verlaufen, bei welcher der Däne Ludvig Mylius-Erichsen und zwei seiner Kameraden umgekommen waren. Die Expedition, die 28 Teilnehmer zählte und 90 Hunde mitführte, hatte zum Ziel, das nordöstliche Grönland zu erforschen und zu kartieren. Die Dreiergruppe, die sich separierte, verschwand im Eis; schliesslich fand man eine Flasche mit einer Notiz, in der der eine vom Tod des Kameraden sowie des Leiters Mylius-Erichsen selbst Kunde gab. Die Botschaft ist etwas mysteriös, und ihr genauer Sinn ist nie zweifelsfrei entschlüsselt worden. Als Alfred de Quervain erstmals in Grönland eintrifft, ist das Drama noch in aller Munde und der Inspekteur von Nordgrönland eben mit dem Kauf von Schlittenhunden für eine Suchexpedition beschäftigt. Alfred de Quervain wird den noch von den Strapazen dieses Unternehmens gezeichneten Kapitän Ejnar Mikkelsen dann später in Kopenhagen beim Empfang treffen, den die Königliche Geographische Gesellschaft zu seiner Ehre gibt.

Teilnehmer dieser Danmark-Expedition waren der Däne Johann Peter Koch und der Deutsche Alfred Wegener gewesen. Ein Jahr nach Alfred de Quervain sollten sie mit zwei Begleitern das Inlandeis von Nordostgrönland nach Upernavik überqueren. Die Expedition unter dem Protektorat des dänischen Königs, bei der erstmals Pferde, fünf Island-Ponys, eingesetzt wurden, schleppte auf Schlitten 20 000 Kilogramm Material. Doch die mit einer eigens entwickelten Kraftnahrung gefütterten Pferde, für die jeweils wetterfeste Ställe ins Eis gegraben werden mussten, waren den Strapazen nicht gewachsen und überlebten bis auf eines, den berühmt gewordenen Schimmel Grauni, nicht. Nah dem Verhungern, wurden die Expeditionsteilnehmer selbst erst im letzten Augenblick gerettet. Johann Peter Koch beschreibt das Abenteuer in seinem Buch «Durch die weisse Wüste», in dessen Vorwort er mahnt, man solle «den Polarforscher nicht wegen der Gefahren, denen er ausgesetzt war, oder wegen des Schweren, das er durchgemacht hat», bemitleiden: «Wenn er nicht die Aussicht gehabt hätte, Gefahren und Drangsalen zu beggnen, so wäre er ganz sicher zu Haus geblieben!»

Kochs Kollege Alfred Wegener, der Vater der Kontinentalverschiebungstheorie, sollte 1930 auf dem Rückmarsch von der von ihm errichteten Station «Eismitte» umkommen.

1909 war Alfred de Quervain mit August Stolberg und Emil Baebler zum ersten Mal in unerforschtes Inneres vorgedrungen, in jene Zone, von der die grössten Ströme des Inlandeises ausgehen. Mit der Schweizer Fahne und dem Berner Bär voran waren sie 26 Tage im Eis gewesen und hatten eine Gesamtstrecke von gegen 250 Kilometern zurückgelegt. Die Schlitten hatten sie selber gezogen. Bereits damals war eine Durchquerung erwogen worden, für welchen Fall Alfred de Quervain vorsorglich beim schweizerischen Bundesrat um Urlaubsverlängerung ersucht hatte. Doch erst 1912 sollte es soweit sein, in einem Gebiet, in dem noch nie jemand gewesen war. Von Nansens Erstlingsroute im Süden zu den Routen Pearys im Norden erstreckte sich über 1500 Kilometer vollkommen unbekanntes Gelände. Die Expedition war in zwei Gruppen aufgeteilt; eine Vierergruppe mit

Alfred de Quervain, dem Architekten Roderich Fick, dem Ingenieur Karl Gaule und dem Arzt Hans Hössli absolvierte mit Hundeschlitten in 41 Tagen die 700 Kilometer lange Strecke, während die sogenannte Westgruppe mit Paul Louis Mercanton, Wilhelm Jost und August Stolberg sich topographischen, glaziologischen und meteorologischen Arbeiten im westlichen Randgebiet widmete und teils da auch überwinterte. Die Durchquerung, 500 Kilometer nördlich von Nansens Route, erbrachte das zweite, bisher längste und genaueste Höhenprofil des Grönlandeises.

Es hat symbolische Bedeutung, wenn Alfred de Quervains Mannschaft, just bevor sie den Marsch quer durchs Grönlandeis antritt, dem Küstendampfer «Fox» zu seiner letzten Fahrt nachwinkt. Das Schiff war seinerzeit von Lady Franklin zur Suche der verschollenen Expedition ihres Mannes ausgerüstet worden. Nun hat die britische Schule der Polarforschung ausgedient. Am Südpol kämpft ein verzweifelter Scott um die Ehre einer Nation, die noch regiert in einem Reich, in dem die Sonne nicht untergeht. Krank, erschöpft, mit erfrorenen, absterbenden Gliedern enden die Heroen im ewigen Eis, der Grabstätte ewiger Träume.
 Alfred de Quervain weiss sich als Forscher und Alpinist der norwegischen Schule verpflichtet. Diese hat mit Fridtjof Nansen und Roald Amundsen Triumphe gefeiert. Franklin war mit seinen zwei hochgerüsteten Schiffen und 129 Mann Besatzung nicht gelungen, was Roald Amundsen mit dem Fischkutter «Gjoa» im Alleingang glückte. «Was mit grossen Schiffen und starker Kraft nicht möglich war», hatte er gesagt, «will ich mit einem kleinen Schiff und Geduld versuchen.» Statt sich den Weg durch das Eis zu brechen, wollte er die Eisschollen umschiffen. Eben da, wo vor einem halben Jahrhundert die Überreste der Franklin-Expedition gefunden worden waren, in einer kleinen Bucht im Südosten der King-William-Insel, studierte Amundsen im Winter 1903 die Lebensweise der Inuit, lernte von ihnen, wie man sich kleidet, wie man ein Iglu baut – kurz, wie man überlebt in einer Gegend, die allem Leben feind scheint. Mochten die Inuit schmutzig sein, in der Nase bohren oder sonderbare Gewohnheiten haben: Amundsen war darauf aus, von denen zu lernen, von denen es etwas zu lernen gab. Die Überheblichkeit des Imperialisten war ihm fremd. Dass die Inuit sich niemals beeilten, hatte er erkannt, lag nicht an ihrer vermeintlichen Trägheit, sondern daran, dass sie nicht ins Schwitzen kommen und frieren wollten.
 Franklins Männer waren den Heldentod gestorben, und das hiess Skorbut, Erfrierungen, Hunger. Viel war nicht mehr übrig geblieben vom

Gestus einer Grossmacht, die glaubte, ihr müsse sich alles fügen. Als die Seeleute ihre Schiffe verliessen, deren Bibliotheken mit Tausenden von Bänden bestückt waren, und ihren Todesmarsch antraten, blieb ihr Weg gesäumt von menschlichen Knochen, aus deren Schnittmalen man später ablas, dass es die Überreste der letzten, schrecklichen Mahlzeiten waren. Mit Schrotflinten und Gewehren ausgerüstet, waren sie in einem Land zugrunde gegangen, in dem die Inuit, obzwar sie noch mit steinzeitlichen Waffen jagten, seit Jahrhunderten heimisch waren.

Es ist eine Ironie der Geschichte, dass es ausgerechnet die Leiden des Polarforschers Sir Franklin waren, die im jungen Amundsen den Wunsch weckten, «dasselbe ebenfalls durchzustehen». Doch war er klug genug, nicht bei ihm, sondern bei seinem Landsmann Fridtjof Nansen in die Lehre zu gehen. Als Siebzehnjähriger hatte Amundsen in der jubelnden Menschenmenge gestanden, die am 30. Mai 1889 den von Grönland Zurückgekehrten empfangen hatte. Nansen war erfolgreich, weil er auf eine kleine, ausgewählte Gruppe von Männern zählte, die den Strapazen gewachsen waren. Und er war in der Technik der Polarfahrten neue Wege gegangen. Er hatte Kleidung, Zelte und Kochausrüstung – den sogenannten Nansen-Kocher – selber entworfen, die Verpflegung nach wissenschaftlichen Prinzipien zusammengestellt und auf seinen Polarfahrten Skier und Schneeschuhe, sogenannte Indianertruger, benutzt. (Es spricht Bände, dass Nansen in der 1893 erschienenen englischen Ausgabe seines Buches dem Publikum erklären musste, was Skier sind.) Der von ihm konstruierte Schlitten war leicht, lenkbar und lief auf breiten Kufen. Er wurde der Prototyp des modernen Expeditionsschlittens, den auch Alfred de Quervain verwendet. Im Haus des Kolonialvorstehers Bistrup in Sukkertoppen begegnet er dann Nansens Inlandeisschlitten – zweckentfremdet als Wiege für dessen Enkel.

Für einen britischen Marineoffizier des 19. Jahrhunderts war die Polarforschung blosse Karrieresache. Die Royal Navy war nach den Napoleonischen Kriegen als Streitmacht wenig gefragt, Polarexpeditionen boten die Möglichkeit, Mannschaft und Kader zu beschäftigen. Wer teilnahm, hatte Aussicht, über die Köpfe gleichaltriger Kameraden hinweg befördert zu werden. Das war es, was Scott bewegte, die Reise zum Südpol anzutreten. Seine Werte waren die der Marine: starre Führung und blinder Gehorsam. Die Schlitten von Hunden ziehen zu lassen, galt als entwürdigend, und so fing Scott gar nicht erst damit an, worin sich Amundsen – und später auch Alfred de Quervain – mühsam üben mussten. So siegte Amundsen, der mit vier Männern und Schlittenhunden unterwegs war, gegen die 14köpfige Expedition Scotts, deren motorisierte Raupenfahrzeuge in der Kälte versagten und deren 19 Island-Ponys sich als untauglich erwiesen.

In einer Zeit, in der ein Wissenschafter inmitten der grönländischen Eiswüste seine E-Mail und Faxe in alle Welt verschicken kann, ist es schwer vorstellbar, was es damals bedeutet hat, in die Arktis aufzubrechen. Es hiess sich von der Zivilisation verabschieden, und dies oft für Jahre. Es gab keinen Funk, keine Satellitennavigation, keine Rettungshelikopter. Kajak, Hundeschlitten, Skier und die eigenen Füsse waren die Fortbewegungsmittel; wer sie nicht zu gebrauchen wusste, war verloren. Wer heute aus sportlichem Ehrgeiz die Strapazen einer einsamen Eiswanderung in den Polargebieten auf sich nimmt, tut dies im Wissen, dass die Welt um ihn weiss und ihn da herausholt, wenn es denn sein muss. Damals blieb, selbst wer in einer der Kolonien in Grönland lebte, oft monatelang ohne Nachrichten von Europa. (Dass das seine Vorzüge hat, lesen wir auch bei Alfred de Quervain, der von sich sagte, er ziehe «einen mittleren Schneesturm einem gefüllten Briefkasten» vor und dünke sich den «glücklicheren Menschen», wenn er «keine Zeitungen bekommt». Dass nicht nur Pemmikan, sondern auch eine kleine literarischphilosophische Bibliothek mit Werken von Goethe, Schopenhauer, Sophokles und anderen zum Vorrat seiner Expedition gehörte, zeichnet ihn aus vor der Mehrzahl seiner modernen Fachkollegen – auf das bloss Schöngeistige mochten damalige Naturwissenschafter nicht verzichten.)

Es ist ein Paradox der Entdeckungsgeschichte, dass die Kultur sich die Natur in dem Masse einverleibt, in dem sie sie als ihr Gegengewicht würdigt. Am Ende hat die Technik, die in ihrer vermeintlichen Überlegenheit im Eis so kläglich scheiterte, gesiegt. Mit dem Ballon hatte man den Nordpol noch vergeblich zu erreichen versucht, mit dem Luftschiff und dem Flugzeug war es schliesslich gelungen. Der «Expédition glaciologique internationale au Groenland» (EGIG) von 1959–1968, an der Franzosen, Dänen, Deutsche, Österreicher und Schweizer – darunter auch Marcel de Quervain, der Sohn des Pioniers – teilnahmen, standen Schiffe, Flugzeuge und Hubschrauber der französischen Luftwaffe, zahlreiche Raupenfahrzeuge und Wohnwagen zur Verfügung. Es ist nicht mehr nötig, die schwierige Randzone zu überwinden, um ins Innere Grönlands zu gelangen. Heute kann sich, wer will, im Smoking auf dem Inlandeis absetzen lassen und braucht sich nicht weiter mit ihm zu beschäftigen als mit der Frage, wie viele Würfel davon er im Whisky haben möchte.

Ungeachtet aller Liebe zum Eis und zur Einsamkeit hat Alfred de Quervain in seinen Reiseberichten herausgestrichen, auch «dort oben» sei «der Mensch dem Menschen das Merkwürdigste». So erscheint ihm eben als Vorzug seines Reisewegs, dass er «nicht nur von Fels zu Eis und von Eis zu Fels geführt hat, wie es bei den Routen in der Antarktis und bei manchen in der Arktis nicht anders sein kann», sondern «von Naturmenschen im Westen (...) übers Inlandeis hinüber im Osten wieder zu Menschen». Zwar nennt er die Inuit zuweilen dem Zeitgeist gemäss «Naturkinder» im Gegensatz zu uns «Kulturmenschen». Doch nimmt er sie ernst und gibt seinem europäischen Publikum zu bedenken, dass auf heimischem Boden sie es sind, die uns – und nicht zu Unrecht – als «minderwertig», weil lebensuntauglich, taxieren. Dass nicht wir ihnen ihre sozialen Tugenden brachten, will er unterstrichen haben, und der Ärger ob des ersten Briefes aus der Heimat ist spürbar: «Nun kommst Du bald wieder zu Menschen», hatte es da einleitend geheissen. Ihm aber war zumute, als ob er gerade von Menschen weggehen würde.

Allerdings will Alfred de Quervain in seiner Kritik der Christianisierung und Kolonialpolitik nicht so weit gehen wie Nansen, der sie als Unglück bezeichnet und verurteilt hatte; wäre der Alkohol nach Grönland gekommen statt der behördlich verordneten Abstinenz, meint Alfred de Quervain, wären die Folgen gewiss schlimmer. Und auch der Frauentausch, ein «schwacher Punkt der sonst so sympathischen ursprünglichen grönländischen Ethik», ist dem frisch Verheirateten nicht ganz geheuer. In den sogenannten Lampenlöschspielen hatten die Missionare einst nur Sittenverfall und urheidnische Bräuche sehen können, was zwar ein Widerspruch in sich, auf jeden Fall aber verwerflich und auszurotten war. Vermeidung von Inzucht ist der Grund für diese eigentlichen Sexparties, den später vorurteilslosere Wissenschafter anführten. Aber schon William Parry, der englische Polarforscher, war davon ausgegangen, dass sie «nicht immer wegen des Wunsches nach Nachkommen», sondern auch «aus lauter Lust» gefeiert wurden. So mag es Alfred de Quervain nicht sehen, wenn er auch einräumt, «Trommeln und Singen hätte man ihnen lassen müssen». Ob ihm und seinen Männern die Osteskimos ihre Frauen angeboten haben, wissen wir nicht; es war damals noch durchaus üblich.

Was Alfred de Quervain und seinesgleichen an wissenschaftlichen Ergebnissen mit nach Hause nahmen, ist von Wert; aber es war vielleicht nicht das Wertvollste. Nansen hatte die Frage, weshalb er sich aufs Eis wagte, damit beantwortet, Grönlands Inneres sei ein «Theil der Oberfläche dieses Planeten», was genüge, «es kennen zu lernen, und nicht zu ruhen, bis dies geschehen ist, sollte auch der Weg über Gräber gehen». Alfred de Quervain zielt auf das gleiche, wenn er sagt, es sei «der sogenannten Herren der Erde würdig (...), sich auf ihrem Herrschaftsgebiet prinzipiell zu orientieren, ganz abgesehen davon, ob das einen praktischen Nutzen» habe oder nicht. Den «Polstürmern», denen man vorwerfe, nichts für die Wissenschaft getan zu haben, hält er zugute, es gehöre zu den «vornehmsten Aufgaben der Erdkunde», einen Weg durch unbekanntes Gebiet erst einmal zu gehen.

Alfred de Quervain hat beides getan. Er ist seine Route als erster gegangen, und er hat sie als Wissenschafter abgeschritten. Darüber hinaus aber war ihm und seinen Kollegen Grönland eine «Offenbarung». Deren Gewinn ist kein materieller. Wie vertraut ist uns doch seine Erkenntnis, dass das Prinzip des «Immer mehr» und «Immer schneller» – von dem wir, wie jede Generation, glauben, wir seien die ersten, die darunter litten – unser Leben nicht bereichert. So hat er, auch dies ein «Expeditionsresultat», als «unveränderliches Gesetz unserer Seele» formuliert: «Wenn die Eindrücke, die auf uns eindringen, zehnmal schneller daherstürmen, so wird dafür ihre Wirkung um das zehnmalzehnfache geringer. Und das Ergebnis ist dies, dass wir, je hastiger wir leben, um so ärmer werden!» Alfred de Quervains Berichte sind ein Beleg dafür, dass auch ein Schweizer die Langsamkeit entdecken kann.

Auf dem Eis ist man mit sich allein; der Weg, der das Ziel ist, wird sowohl bei Nansen als auch bei Alfred de Quervain vergleichsweise kurz abgehandelt. Nicht, weil das Erlebnis der Einförmigkeit und Ereignislosigkeit dieser Eiswüste nicht von Bedeutung wäre. Wer je längere Zeit auf dem Eis verbracht hat, weiss um die innere Bereicherung, die die vollkommene Einöde beschert; eine Einöde, in der sich das Auge an jede Unregelmässigkeit, und sei sie noch so gering, heftet als an etwas Bedeutsames. Die Aussenwelt ist leer wie eine Leinwand, und was der Mensch an inneren Bildern, Gedanken und Vorstellungen mit sich trägt, projiziert sich darauf. Dass man den ersten Stein, dessen man bei der Heimkehr gewahr wird, berührt als etwas Wunderbares, ist eines der Erlebnisse, weshalb Grönland «zu den Ländern gehört, die Heimweh machen». Wie neugeboren kehrt man von da zurück, und wie neu erschaffen erscheint einem die Welt. Man hat, wie nach einer Fastenzeit, wieder zu geniessen gelernt. Nansens Männern, an der Zielküste angelangt, hatten ihre mit Moos und Gras gestopften Pfeifen so herrlich geschmeckt wie nie eine mit Tabak.

Und wie einst Alfred de Quervain wird noch heute dem zumute, der zum erstenmal seinen Fuss auf das Grönlandeis setzt: «Als ob er aus der Zeit in die Ewigkeit trete».

Seit Alfred de Quervain Grönland erforschte, hat es immer wieder Schweizer dahin gezogen. Bereits 1908/09 hatten der Botaniker Martin Rikli und der Geologe Arnold Heim «Sommerfahrten in Grönland» unternommen. Die Liebe zum Hochgebirge, die Vertrautheit mit Schnee und Gletschern legen die Wahlverwandtschaft nahe. Abenteuerlust, der Drang zur Selbstverwirklichung und die Gelegenheit, der Enge der Heimat zu entfliehen, sind nicht mindere Gründe. Nicht ohne bitteren Unterton hat Alfred de Quervain in seinem wissenschaftlichen Bericht über die «Ergebnisse der Schweizerischen Grönlandexpedition 1912/1913» vermerkt: «Von jeher war es so, dass der karge Nährboden unseres Landes der Arbeit seiner eigenen Kinder nicht immer Raum bot. Die Bewährung ihres Könnens und des Schweizernamens, die ihnen in der Heimat versagt bleibt, versuchen sie in der Ferne.» Da aber hatte er auch erleben dürfen, dass «weit über die Gegensätze von quecksilbrigem Welsch und schwerfälligem Schwyzerdütsch hinaus» eben «den Schweizer (...) etwas mit dem Schweizer» verbindet. Die Frage, ob die Schweiz eine Nation sei, beantwortet er – am Vorabend des Ersten Weltkrieges, der das Land in Deutsch und Welsch spalten wird – aus dieser Erfahrung mit einem so lebhaften wie trotzigen «Wir sind es!»

Dass die beiden Reisebücher Alfred de Quervains im Buchverlag der Neuen Zürcher Zeitung neu erscheinen, hat seine besondere Berechtigung. Mit dem namhaften Beitrag von 10 000 Franken, einem Drittel der veranschlagten Expeditionskosten, hat die NZZ Alfred de Quervains Pioniertat, die Durchquerung des Grönlandeises, überhaupt erst ermöglicht; dies, nachdem der Bundesrat eine vom Vorstand der Schweizerischen Naturforschenden Gesellschaft beantragte Subventionierung abgelehnt hatte. (Alfred de Quervain, der in der Vorbereitung seines Unternehmens – auch hierin ganz modern – Sponsoren zu gewinnen wusste vom Chronometerhersteller bis zum Suppenwürfelfabrikanten, sah sich trotzdem genötigt, das sich schliesslich auf 10 000 Franken belaufende Defizit zusammen mit Paul Louis Mercanton mit Vorträgen abzustottern. Der Restbetrag der Schuld wurde schliesslich mit Beschluss der Schweizerischen Bundesversammlung getilgt.) Der Beitrag der NZZ wurde dem sich auf 97 000 Franken belaufenden sogenannten Dispositionsfonds, über den gemäss Statuten das Verwaltungskomitee frei verfügen konnte, entnommen. Oberst Ulrich Meister, Verwaltungsratspräsident der NZZ, hatte sich für die Sache seines Freundes engagiert. Wie im Protokoll des Verwaltungskomitees der NZZ vom 11. Dezember 1911 vermerkt ist, nahm man damit nicht nur «eine Gelegenheit, sich ein unvergängliches Verdienst um die Wissenschaft zu erwerben» wahr, sondern sicherte sich auch das «Vorrecht auf alle offiziellen Berichte und Nachrichten der Expedition». Die diesbezüglichen Vereinbarungen wurden am 16. Dezember protokollarisch festgelegt und von der Geschäftsleitung sowie von Alfred de Quervain und Professor Carl Schröter, dem Gesuchssteller und Präsidenten der Zürcherischen Naturforschenden Gesellschaft, unterzeichnet. So durfte denn an der Generalversammlung der Aktionäre der NZZ vom 14. März 1913 festgestellt werden, «einen ausserordentlich grossen Umfang der Mitteilungen im nichtpolitischen Teil des Blattes» hätten neben anderen Reisebeschreibungen «die Mitteilungen Dr. de Quervains über seine Grönlandexpedition» eingenommen.

Der vorliegende Band enthält aus den beiden 1911 bzw. 1914 erschienenen Reiseberichten «Durch Grönlands Eiswüste» (Verlag Josef Singer, Strassburg und Leipzig) und «Quer durchs Grönlandeis» (Verlag Ernst Reinhardt, München) sämtliche Texte Alfred de Quervains. Weggelassen wurden die Kapitel seiner Expeditionskollegen August Stolberg und Paul Louis Mercanton, mit Ausnahme des Kapitels von Stolberg im ersten Buch, worin über die Begegnung mit dem Nordpolfahrer Frederick Cook berichtet wird. Die Schreibweise der geographischen Namen wurde im Originalzustand belassen.

Die Fotografien, die in den Erstausgaben mit einer Ausnahme schwarzweiss gedruckt sind, werden hier nach den 1912 von Wilhelm Heller in Zürich handkolorierten Diapositiven farbig wiedergegeben. Der Retoucheur, der nie in Grönland war, wählte die Farben nach Alfred de Quervains Angaben.

Wissenschaft und Forschung verdanken Alfred de Quervain einiges. Dass wir seine Reisen lesend nacherleben können, verdanken wir seinem schriftstellerischen Talent.

Zürich, im Januar 1998

Durch Grönlands Eiswüste

Reise der deutsch-schweizerischen
Grönlandexpedition 1909
auf das Inlandeis

Vorwort

Forschungsaufgaben von grösserer und geringerer Ausdehnung liegen auch nach der «Erlösung vom Pol» in der Arktis noch viele vor, und nicht zum mindesten in Grönland.

Und Grönlands grosses Problem ist immer noch sein Inlandeis! Um das Interesse seiner Erforschung zu würdigen, muss man sich vergegenwärtigen, dass das Inlandeis, diese von geheimem Leben erfüllte Todeswüste, erdgeschichtlich, geographisch wie physikalisch eines der merkwürdigsten Oberflächengebilde der Erde darstellt. Zunächst ist es ja nichts anderes als ein Riesengletscher, dessen oberhalb der Schneegrenze sich aufhäufender Firn unter seinem eigenen Druck zäh fliessend hinabgleitet, bis er durch die Wärme einer tiefern Region schmilzt. Aber während unseren alpinen Talgletschern die Form durch die Unterlage gegeben ist und sie erst in zweiter und dritter Linie formgebend wirken, hat die Eisansammlung des Inlandeises die Gebirgserhebungen des Untergrundes, denen es seine einstmalige Entstehung, wenn auch vielleicht nicht seine gegenwärtige Existenz verdankt, völlig unter sich gezwungen und scheint in selbständiger Oberflächengestaltung nur den Gleichgewichtsbedingungen zwischen den sich anhäufenden Firnmassen des Innern und den abschmelzenden und ins Meer sich verschiebenden Eismassen der Randzone zu gehorchen. Sollte aber das Inlandeis wirklich bis an seinen Rand so völlig unabhängig von seiner Unterlage sich gestalten? Auf diese Frage schien noch eine Antwort zu fehlen.

Unsere Expedition hatte sich zur Hauptaufgabe gestellt, im dänischen Nordgrönland in das dort noch unerforschte Innere des Inlandeises einzudringen, gerade in jener Zone, von der die grössten Eisströme des Inlandeises ausgehen, die also zwar dem Vordringen besondere Schwierigkeiten entgegenstellen musste, aber für die Kenntnis des Inlandeises zugleich auch besondere Resultate versprach. In der Tat hat uns die von Anfang an ausgesprochene Erwartung nicht getäuscht, dass gerade dort neue Aufschlüsse über die Beziehung der Oberflächenformen des Inlandeises zu der Gestaltung seines Untergrundes sich ergeben mussten.

Unser Ausgangspunkt war gegeben durch den Umstand, dass die Randverhältnisse des Inlandeises gerade im Gebiet der mächtigen Karajakgletscher durch E. v. Drygalski schon genau untersucht waren. Anschliessend an seine Arbeiten und an unsern Vorstoss, gedachten wir namentlich den Stand des Karajakgletschers neu aufzunehmen, um eventuelle Veränderungen festzustellen.

Wiewohl jener Ausgangspunkt, der Eisverhältnisse wegen, erst anfangs Juli erreicht werden kann, schifften wir uns doch schon mit dem ersten Schiff ein, das Grönland am 17. April erreichte. Wir wollten so möglichst viel Zeit gewinnen für den andern Hauptteil unseres Programms, die Erforschung der in jenen Regionen noch unbekannten Strömungsverhältnisse der höheren Atmosphärenschichten bis zu 20 000 Meter Höhe, vermittelst der de Quervainschen Methode der Pilotballon-Anvisierungen. Zur völligen Ausnützung unserer Zeit hatten wir noch einige hydrographische Messungen vorgesehen.

Herr Dr. phil. Emil Baebler aus Glarus, der sich uns als dritter Teilnehmer anschloss und uns bei unseren Arbeiten unterstützte, beabsichtigte für sich namentlich das Studium der nivalen, wirbellosen Fauna, nebst einigen anthropometrischen Messungen.

Es ist uns gelungen, unserm Programm in den Hauptpunkten gerecht zu werden, sehr oft freilich nur, indem der 24stündige arktische Sommertag bis auf die letzte Stunde zur Arbeit ausgenutzt wurde.

Eine kurze Übersicht über die von uns ausgeführten wissenschaftlichen Arbeiten bietet der beigegebene Anhang. Die Resultate werden im einzelnen in den betreffenden Fachzeitschriften veröffentlicht.

Der vorliegende kleine Band hingegen will nicht auf Spezialforschungen eingehen, sondern soll dem für die arktische Welt interessierten Leser in gut lesbarer Form einige Bilder aus der nordischen Natur, aus unsern Expeditionserlebnissen und zugleich aus dem Eskimo- und Kolonieleben in Grönland vorführen. Dabei veranlasste uns unsere lebhafte Anteilnahme an der eigenartigen Entwicklung der dänischen Kolonien in Grönland, in einem historischen Kapitel über die Besiedlungsgeschichte etwas weiter auszuholen und auch bei der Darstellung der gegenwärtigen Verhältnisse, oft freilich mehr andeutend als ausführend, ein gründlicheres Eindringen in die Eigenart der grönländischen Kultur und ihre Probleme anzustreben.

Unsern Dank sprechen wir hier allen denen aus, welche die Vorbereitungen und den Verlauf unseres Unternehmens, das allerdings zum grösseren Teil auf eigene Mittel gestellt werden konnte, durch ihre Unterstützung und ihr Entgegenkommen gefördert haben.

In erster Linie haben wir zu nennen den Grafen Dr. Ing. F. v. Zeppelin, den Herrn Statthalter von Elsass-Lothringen, den Hochschulverein und das geographische Institut der Universität in Zürich und die Cunitz-Kommission der Universität Strassburg, die uns auch, wie die Carl-Ritter-Stiftung der Gesellschaft für Erdkunde in Berlin, Mittel für die Bearbeitung der Resultate gewährt hat. Wissenschaftlichen Rat und Unterstützung mit Instrumenten fanden wir ferner bei Herrn Prof. Dr. E. v. Drygalski, Prof. K. J. D. Steenstrup, bei der Firma Zeiss in Jena, Hauptmann H. Hildebrandt, R. Baldauf in Dresden, P. D. Dr. H. Wehrli in Zürich und P. Ditisheim in La Chaux-de-Fonds, ebenso bei den meteorologischen Instituten in Zürich, Strassburg i. E. und Hamburg, dem eidgenössischen topographischen Bureau und dem Institut für Meereskunde in Berlin und dem Oberrheinischen Luftschifferverein.

Besonders hervorzuheben ist auch die ungemein wertvolle Mitarbeit des k. dänischen meteorologischen Instituts, welches auf unser Ersuchen während drei Monaten auf Island Parallelbeobachtungen mit Pilotballons ausführen liess, während die Internationale Kommission für wissenschaftliche Luftschiffahrt ihre grosse Frühjahrsaufstiegsserie mit Rücksicht auf unsere Expedition verlegte.

Nicht unerwähnt lassen möchten wir das besondere Entgegenkommen der Schweizer Firmen Maggi & Cie., Condensed Milk Comp., Pulvermilchfabrik Glockental, Suchard & Cie., Lenzburger Konservenfabrik, Sportgeschäft Dethleffsen, und der Firma R. Neddermann in Strassburg.

Den ausgezeichnetsten Dank für die Ermöglichung und Förderung unserer Reise in Grönland selbst schulden wir der h. dänischen Regierung, insbesondere der Administration der Kolonien in Grönland und ihrem Direktor Herrn C. Ryberg, den Herren Schiffskapitänen Bang, Skoubye und Thorsen und ihren Offizieren, den Herren Inspekteuren Bendixen und Daugaard-Jensen, Herrn Magister M. P. Porsild, Vorsteher der arktischen Station auf Disko, sowie allen Beamten der grönländischen Kolonien, deren Hilfe – wie auch derjenigen unserer Grönländer – in unserem Buche ausdrücklich Erwähnung zu tun uns eine besondere Genugtuung war.

Einige von den beigegebenen Bildern, so das Umschlagsbild, hat uns Herr Dr. A. Heim, der eine Zeitlang Gast unserer Expedition war, freundlich zur Vervielfältigung überlassen. Die nicht besonders bezeichneten Bilder sind eigene Aufnahmen.

Zürich und Strassburg i. E., September 1910.

Dr. Alfred de Quervain
Dr. August Stolberg

Allgemeines über Land und Leute

Keine Polargegend bietet wohl so vielseitiges Interesse wie Grönland. Die Gletscherbedeckung des Innern, die uns die Zustände vergangener Zeiten unseres eigenen Landes vergegenwärtigt, die Eskimobevölkerung mit ihrer Jägerkultur, die den schwierigen Lebensbedingungen genial angepasst ist, eine ähnlich merkwürdige Anpassung der Pflanzenwelt an diese Kampfesbedingungen, eine mannigfaltige Tierwelt – das alles muss den Besucher im höchsten Grade anziehen.

Ein Blick auf die Karte des grönländischen «Kontinents» – wie man zu sagen versucht ist – ergibt ohne weiteres eine Gliederung des Landes in eine Küstenzone und das gletscherbedeckte Innere. Dieses letztere, eine ungeheure, monotone Eis- und Schneewüste, an Oberfläche siebenmal grösser als die britischen Inseln, ist bis jetzt nur an wenigen Stellen erforscht worden. Wenn man absieht von jenen naiven Plänen des 18. Jahrhunderts, mit Kavallerie einen Ritt von der West- nach der Ostküste zu unternehmen, um die dort drüben vermuteten Normannen wieder unter dänische Botmässigkeit zu bringen, so stellt wohl das Unternehmen von Jensen und Dalager im Jahre 1878, bis zu einigen weit im Inlandeis drin befindlichen Felseninseln (den sogenannten Nunatakkern) durchzudringen, den ersten erfolgreichen Versuch in dieser Richtung dar. Im Jahre 1883 unternahm Nordenskiöld mit zahlreicher Begleitung einen Vorstoss unter $68^{1}/_{2}°$ Breite, mit besonders merkwürdiger Veranlassung. Er hielt es nämlich für möglich, ja für wahrscheinlich, dass im Innern wiederum eisfreie Gebiete mit Vegetation, ja sogar mit Wald angetroffen werden könnten, eine Erwartung, in der er sich freilich am Ende seines 100 km weit reichenden Marsches nach Osten getäuscht sah. Weder er noch seine Lappen, die noch weiter vordrangen, trafen etwas anderes als Eis und Schnee.

Von einem etwas nördlicheren Punkt der Westküste aus ging ein flüchtigerer Versuch von Peary und Maigaard, im Jahre 1886, wobei ungefähr die gleiche Entfernung erreicht wurde. Sehr bekannt ist die darauf von Nansen im Jahr 1888 glücklich durchgeführte Durchquerung Südgrönlands von der Ostküste nach der Westküste, wobei gefunden wurde, dass das Inlandeis von beiden Küsten her bis zu 2700 m Höhe ansteigt und sich wie ein flacher Schild über das Land wölbt. Seither ist, abgesehen von mehreren Schlittenfahrten Pearys zur Erkundung der Nordküste und einer 13tägigen von Garde- und andern dänischen Seeoffizieren ausgeführten Schlittenreise an der Südspitze Grönlands, kein Vorstoss nach dem Innern mehr unternommen worden. Unser Plan war, gegen das Ende unserer Reise einen solchen in einem schwer und erst spät erreichbaren, aber besonders interessanten Gebiet, im noch unbetretenen Hinterland der Nordostbucht in Nordgrönland unter 70° Breite, zu versuchen.

Wenn auch das Inlandeis weitaus den grössten Teil des Landes bedeckt, kommt es doch dem Besucher Grönlands zunächst kaum zu Gesicht. Ein felsiger Küstenstreifen, grösstenteils aus Gneis, im Norden auch aus Basalten und jüngern Sedimenten bestehend, ist ihm vorgelagert, der an einigen Stellen 150 km breit ist und ein selbständiges Gebiet mit eigenen Gebirgsmassiven darstellt, die in Nord- und Südgrönland bis zu 2000 m Höhe ansteigen, teilweise ganz alpinen Charakter tragen, teilweise an die massigen Gebirgsformen Norwegens erinnern. Überhaupt entspricht die Küstengestaltung im ganzen derjenigen Skandinaviens; Tausende von kahlen Felseninseln sind wie die norwegischen Schären dem Lande vorgelagert. Dieses ist von zahlreichen Fjorden zerschnitten, von denen einige über 100 km weit ins Innere dringen. Im Süden, aber noch mehr ganz im Norden der dänischen Westküste, wo breite Buchten in das Land greifen, schiebt sich das Inlandeis bis in den Hintergrund der Fjorde in gewaltigen Zungen, die bis zu 20 Meter im Tag vorgehen. An ihrem Ende lösen sich die Eisberge ab; der Eisstrom «kalbt», wie der Ausdruck lautet, wenn die vordringende Eisfront im tiefern Wasser den Boden verliert oder vom Auftrieb gehoben wird. Von Flut und Wind getrieben, erreichen die Eisberge, die eine Gesamtmächtigkeit von über 600 Meter besitzen können, aber nur mit etwa $1/7$ der Masse über dem Wasserspiegel ragen, langsam das freie Meer, das sie in so charakteristischer Weise beleben. Die Randberge der Küste besitzen ihre eigene Vergletscherung; die Schneegrenze mag dort auf 800–1000 m herab reichen. Bis zu dieser Höhe schmilzt im Lauf des kurzen arktischen Sommers der Schnee fast gänzlich fort.

Denn auch Grönland hat seinen Sommer! Es ist nicht ganz überflüssig, zu betonen, dass die Vorstellung eines immerwährenden Winters mit unerträglicher Kälte und steten Schneestürmen ebenso unrichtig ist wie die alte Mär von den trantrinkenden Eskimos. Gewiss ist der Winter lang und streng, wenn auch gegen Norden schneearm; an der Westküste, die noch wärmer als die Ostküste ist, beträgt unter 65° Breite (Godthaab) die Mitteltemperatur im Januar −10°, unter 70° Breite (Umanak) −20° und unter 78° Breite (Cap York) −33°, während sie an der vom Golfstrom so begünstigten europäischen Küste in gleichen Breiten gar nicht oder nur wenige Grade unter den Gefrierpunkt sinkt. Die Fjorde und weiten Meeresbuchten Nordgrönlands überzieht eine Eisdecke; damit beginnt, nach den Herbststürmen, die schöne Zeit der weiten Schlittenreisen, beim Dämmerlicht des Tages oder beim Vollmondschein, bis im Mai der Sommer das Eis bricht.

Über die Schönheit eines solchen Sommers macht man sich nicht leicht richtige Vorstellungen, wenn man ihn nicht selbst erlebt hat. Freilich ist er kurz. Im April herrscht noch Winter, im Mai kommen noch starke Schneefälle und Fröste vor, aber im Juni und Juli und bis in den August ist an der Küste kaum einmal eine Schneeflocke zu sehen, auch der Regen ist selten und meist nicht heftig. Die Temperatur bleibt stets einige Grade über Null, schwankt während des Tages wenig und kann sich unter dem Einfluss des vom Inlandeis herabwehenden Föhns bis zu 15, ja 20° steigern. Diesen kurzen Sommer benutzt die grönländische Pflanzenwelt zu schnellem Grünen und Blühen. Es sind ähnliche oder gar dieselben Pflanzen, die wir in den Alpen, oberhalb der Baumgrenze, finden. In Südgrönland bei Julianehaab steht als Unikum übrigens ein Wald von 4–5 m hohen Zwergbirken und Weiden. Sonst kriechen diese fast einzigen Vertreter der Baumwelt, die an der ganzen Westküste vorkommen, ängstlich dem Boden nach, an günstigen Stellen mit Alpenrosen oder Heidelbeeren und rot blühenden, heidekrautähnlichen Büschen vergesellschaftet. Unter den üppigen Polsterpflanzen, wie in den Mooren und Sümpfen, die die welligen Gneisplateaus oft weithin bedecken, finden wir manche bekannte aus der Heimat, die zierliche Silene acaulis, stattliche Saxifraga- und Sedumarten, eine viel verbreitete Pedicularis, ein Eriophorum, das weite Strecken bedeckt, auch manche Cruciferen und üppige Campanulaceen.

Unter der Tierwelt ist es weder der fast ausgerottete Grönlandswal, noch der Eisbär (welcher sich im Sommer weit nach Norden zurückzieht), der dem Besucher von Grönlands Küste am meisten Eindruck macht; es sind vielmehr die unleidlichen Stechmücken; sie treten anfangs Juni auf, besonders in der Nähe der Sümpfe, können dem Reisenden, den sie in dichten Schwärmen selbst bis aufs Wasser verfolgen, geradezu die Schönheit des arktischen Sommers vergiften. Abgesehen von diesen Plagegeistern, fehlt es nicht an speziellen Vertretern der arktischen Tierwelt; kleinere Walarten, vor allem der Krapokrak und der Weisswal, dessen Haut als erlesener Leckerbissen gilt, ein Haifisch, Walrosse, verschiedene Arten von Seehunden werden nicht selten gesichtet. Das grösste Landtier, das Ren, ist selten geworden und wird dem, der nicht die entlegenen Gebiete am Rand des Inlandeises besucht, nicht anders denn als Rentierbraten zu Gesichte kommen. Der Moschusochse fehlt ganz an der Westküste. Ab und zu stösst man bei einsamen Wanderungen auf einen Schneehasen, hat auch wohl ein Zusammentreffen mit dem Blaufuchs, dessen Pelz so geschätzt ist. Eine reiche Vogelwelt bevölkert die Luft. Die Möwen, besonders die sogenannten Tatteraten, werden gegessen, ebenso wie Wildgänse und Schneehühner. Eine angenehme Sommerspeise sind die Eier der Meerschwalben. Auch an Raubvögeln fehlt es nicht. Die Raubmöve und manche Falkenarten, auch Seeadler kommen vor.

So ist es denn keine erstarrte, keine traurige und tote Welt, die den Reisenden empfängt. Aber das Leben ist nicht mit einer solchen Fülle ausgegossen wie unter günstigeren Zonen, wenigstens tritt es nicht so hervor; die erhabene Ruhe und Stille dominiert. So ist es auch ein Ereignis, ausserhalb der spärlichen Ansiedelungen einen Menschen zu treffen. Und auch dort oben ist der Mensch dem Menschen das Merkwürdigste.

Mit Spannung erwartet der Reisende beim Einlaufen des Dampfers das erste Zusammentreffen mit den Grönländern. Mit Respekt betrachtet er den ersten Kajakmann, der zum Schiff hinausgerudert kommt, verwachsen mit seinem genialen Fahrzeug. Und so manches andere von dieser eigentümlichen Eskimokultur lernt man respektieren; besonders ihre sinnreichen Jagdwaffen, die Walross- und Seehundsharpunen; auch ihr grosses Fellboot, das Umiak, das wohl zwanzig Menschen und schwere Lasten in sich aufnimmt und doch so leicht ist, dass es gleich dem Kajak stundenweit über Land getragen werden kann. In allen diesen mit ihren beschränkten Materialien doch geradezu zur Vollkommenheit ausgebildeten Gerätschaften, wie auch in ihrer Kleidung, ist das äusserste von Anpassung an schwierige Naturbedingungen geleistet. Wir Europäer reden von den Grönländern wie von guten Kindern; aber was sie unter jenen Bedingungen leisten, ist kein Kinderspiel, und es ist wohl zu verstehen, wenn sie, die sich selbst zum Unterschied von uns als «Menschen» bezeichnen, ihrerseits uns als minderwertig einschätzen. Sie sehen ja, wie schlecht wir uns forthelfen könnten, wenn wir allein auf die Hilfsmittel ihres Landes angewiesen wären. Wir sind in ihren Augen ganz interessante Kopftiere, die recht brauchbare Dinge ausdenken. Aber in der Hauptsache taugen wir wenig, und sie fühlen sich darum auf Reisen für ihren europäischen Begleiter verantwortlich, wie wir für einen Minderjährigen. Immerhin hatten wir beiden Schweizer die Genugtuung, dass sie uns wenigstens als Landgeschöpfe anerkennen mussten.

Man bekommt in Godthaab trotz den weissen Stehkragen der grönländischen Katecheten und ihrem sonntäglichen Crocketspiel den Eindruck, dass man bei aller Mischung mit europäischem Blut, die auf der ganzen Westküste unverkennbar ist, doch noch einen recht ausgeprägt eskimoitischen Typus vor sich hat; untersetzte Figur, reiches, rabenschwarzes, schlichtes Haar, braune Augen mit eigentümlich an den mongolischen Typus erinnernden Augenlidern, breite Gesichter mit Stumpfnasen und wulstigen Wangen, eine breite Brust, schmale Hüften, kleine, feine Füsse und Hände. Auffallend ist bei den meisten ein wunderschönes Gebiss.

Die Männerkleidung ist unscheinbar; um so mehr tritt die Zierlichkeit der Figur bei Frauen und Mädchen hervor, dort gehoben durch die Eleganz und Farbenpracht der allgemein getragenen Tracht: Bis über die Knie reichende, meist scharlachrot gefärbte, weiche Seehundstiefel – die Kamiker –, eine mit geschmackvoller Lederstickerei verzierte kurze Seehundsfellhose, über dem Oberkörper der Amaut mit dem Kindertragsack auf dem Rücken, oder der Anorak von sackartigem Schnitt, jetzt aus europäischen Stoffen mit meist blaukariertem Muster, aber Ärmel und Halsbesatz oft aus Pelz und mit einem breiten Glasperlenkragen. Alle diese farbige Freude und die tänzelnde, sorglose Vergnügtheit einer Gruppe junger grönländischer Damen – das ist in Wirklichkeit weit entfernt von der Vorstellung unbedingter Unappetitlichkeit, die man mit dem Namen «Grönländer» sonst verbinden möchte. Man muss wünschen und darf auch hoffen, dass die Grönländerinnen ihre schöne und auch für ihre Arbeit ganz praktische Kleidungsart (mitsamt den Hosen und dem darüber prinzipiell in die Erscheinung tretenden Stückchen Hemd) noch auf absehbare Zeit beibehalten mögen. Warum der Reisende diese Tracht so harmlos würdigt, aber dafür später einiges Europäische um so tendenziöser empfindet, das wäre wohl Anlass zu einigen Glossen.

Was trotz der nationalen Tradition verschwinden dürfte, ist die Art, wie die Frauen ihr Haar straff zu einem turmartigen Büschel über dem Scheitel zusammenziehen, umwunden mit farbigem Band, rot bei den Mädchen, blau bei den verheirateten Frauen, schwarz bei den Witwen und grün – mit scheinbar kaum geringerem Stolz getragen – bei einigen, deren Familienverhältnisse zu unbestimmt für blau sind. So indianermässig kühn dieser originelle Haarbusch auch steht, verursacht er doch ein sehr frühes und höchst entstellendes Ausfallen der Haare.

Was Beziehungen betrifft, wie sie durch das grüne Band angedeutet werden, so scheint hier ein schwacher Punkt der sonst so sympathischen ursprünglichen grönländischen Ethik zu liegen. Die alten Grönländer sahen nichts Schlimmes darin, dass unter Verheirateten ab und zu die Frauen getauscht wurden, wie es noch jetzt bei den heidnischen Eskimos am Kap York geschieht. Bei der Beurteilung solcher Bräuche ist zu berücksichtigen, dass bei den im übrigen so primitiven Zuständen und dem sonstigen Kommunismus dadurch Familienleben und Kindererziehung nicht so geschädigt werden, wie es bei höherem Kulturstand der Fall sein müsste. Offiziell existiert übrigens dergleichen bei den Westgrönländern nicht mehr.

Gut wäre es, wenn auch das dumpfige alte Erd- und Steinhaus mit dem bekannten niedrigen Gang verschwinden könnte; denn es unterhält die Lungentuberkulose, an welcher ein grosser Teil der Grönländer leidet, obgleich die Luft dort oben so gesund und keimfrei ist, dass ein Reisender es bei allen Erkältungsextravaganzen nicht einmal zu einem Schnupfen bringt. In Godthaab sind wirklich die meisten Grönlandhäuser schon nach einem gemischten Typus gebaut, gewiss primitiv genug, aber doch mit einem hölzernen Oberbau und Giebeldach. Vielleicht könnte die europäische Kultur, deren Eindringen in Grönland von gewisser Seite so sehr beklagt worden ist, gerade in diesem Punkte der Volksgesundheit und damit der ganzen Volksexistenz einen grossen Dienst leisten. Dazu ist sie um so mehr verpflichtet, als durch sie das frühere gesunde Sommerzeltleben der Eingeborenen beschränkt worden ist. Damals liessen sie ihre Steinhäuser mit abgedecktem Dach verlüften und zogen auf einen Sommerplatz mit besserer Jagd – vielleicht in die Nähe eines der so beliebten Lachsflüsschen – und freuten sich ihres Lebens. Noch jetzt sind zu dieser Jahreszeit in manchen Ansiedlungen die Kolonien halb verlassen.

Es waren unter den Kolonisatoren namentlich die Herrnhuter Missionare, die in dem zuletzt genannten Punkte die für ein Jagdvolk unumgängliche Notwendigkeit nicht genügend berücksichtigt haben, in zerstreuten Siedlungen zu wohnen und den Wohnsitz zu wechseln, wie es eben die Fangplätze verlangen. Die Missionare wollten vielmehr ihre Grönländer unter Aufsicht halten und veranlassten sie deshalb, möglichst am gleichen Ort zusammen zu wohnen und das ganze Jahr dort zu bleiben. Es wird behauptet, dass deshalb auch die Herrnhuter Niederlassungen öfters an

Hungersnot leiden oder gelitten haben als andere. Seit etwa zehn Jahren hat sich übrigens die Brüdermission, im Einverständnis mit der dänisch-grönländischen Kirche, aus Grönland zurückgezogen. Wir hatten aber Gelegenheit zu beobachten, dass diese deutschen Missionare und ihr Einfluss noch nicht vergessen sind. In der Nähe von Godthaab liegt die kleine, früher herrnhutische Niederlassung Nordlyt. Wir machten dort die Bekanntschaft von Frau Sophia Johanap, die wir beim Ausbessern ihres Hüttendaches trafen, und krochen bei diesem Besuch in ihr Haus hinein, um uns das Innere anzusehen; für den riesengrossen Stolberg war das Passieren des Ganges eine schwierige Sache. Drinnen sah es gar nicht so übel aus. Die Hausfrau hatte drei appetitliche Kinderchen um sich. Wie alt bist du? (Karsinik ukiokarpit) fragten wir sie auf grönländisch. Und Sophia, die in uns ohne weiteres Herrnhuter, d. h. Deutsche, vermutete, antwortete ohne Zögern in schönstem Deutsch: «Fünfunddreissig». Dann zeigte sie uns als kostbare Reliquie eine halbvergilbte Photographie der früheren herrnhutischen Missionarfamilie, einen an sie gerichteten grönländischen Brief aus Deutschland und ein Exemplar der «Woche» vom Jahre 1904. Wir versprachen ihr, bei unserer Rückreise wiederzukommen und ihr Nähnadeln zu bringen, und hielten auch Wort. Aber Sophia war nicht mehr zu finden. Nur die drei kleinen Buben trieben sich zerlumpt herum. Wir fragten eine alte Nachbarin, wo die Mutter der Kinder bleibe. Die alte Frau deutete auf den Boden und dann zum Himmel, faltete die Hände und sagte: «Sinigpok» – sie schläft.

In den ehemaligen Herrnhuterstationen sind nicht nur die Hüttenanlagen ursprünglicher, auch die Rasse ist reiner erhalten, sehr wahrscheinlich deshalb, weil die dort geltende strengere Moral die Mädchen mehr als anderswo abgehalten hat, sich mit Matrosen und andern fremden Gästen auf Abenteuer einzulassen. Die Mischrasse ist übrigens entwicklungsfähiger als die reinen Eskimos. Der Vorsteher des Katechetenseminars, Propst Schultz-Lorenzen, bestätigte uns, dass es nach seinen Erfahrungen bei den letztern mit der intellektuellen Entwicklungsmöglichkeit über einen gewissen Punkt nicht hinaus gehe und dass auch nur die Mischrasse aus dem Kampf mit den Aufgaben der Zukunft siegreich hervorzugehen Aussicht habe.

Sind die Grönländer hässlich? Eine oft gestellte Frage, die um so schwerer zu beantworten ist, je länger man mit ihnen zusammen gelebt und gearbeitet hat. Da verliert man wohl ziemlich schnell den europäischen Massstab und wird besonders unter dem Eindruck ihrer unverwüstlichen guten Laune und Freundlichkeit geneigt, auch ihr Äusseres sympathisch zu finden. Aber auch nach hiesigen Begriffen wären wohl einige grönländische Mädchen ganz hübsch und anziehend. – Wer war es nur, dem ich damals auf dem Dampfer mein Taschentuch leihen musste, um der unvergesslichen Karen Jakobsen Abschied zu winken? Ich glaube, es standen wirklich Tränen in ihrem eigentlich ungrönländisch-madonnenhaften Gesichtchen, als sie zurückwinkte – mit einem auch von mir dedizierten Glarnertüchlein. So blieb mir gerührtem Zuschauer die platonische Genugtuung, beiderseits die zum Mechanismus des Abschieds nötigen Materialien geliefert zu haben, und die Notiz, dass auch Vertreter so sehr verschiedener Rassen und Gedankensphären in romantisch zarter, sprachloser Neigung sich begegnen können.

In Grönland gehört es zum guten Ton, sich bei jeder Begegnung freundlich anzulächeln. Das ist in Miniatur ein Stück idealen Menschentums. Wir sind gelehrt worden, jenes Seumesche Wort: «Wir Wilde sind doch bess're Menschen» als naiv zu betrachten. Aber wie oft haben wir uns gefragt, ob es nicht wenigstens bei diesem Naturvolke zutreffe. Ihre sozialen Tugenden haben nicht wir Europäer ihnen gebracht. Sie sind geneigt, mit andern zu teilen; sie streiten sich nicht; sie kennen keine Schimpfwörter (ihre schärfste Waffe ist die Ironie); sie haben gute Erfolge mit ihrer Kindererziehung (die merkwürdigerweise darin besteht, die Kinder nicht zu erziehen); sie stehlen nicht, und auch ihre kindliche und manchmal verhängnisvolle Art, nicht für den morgigen Tag zu sorgen, geht eigentümlich parallel der christlichen Forderung.

Aus der Erwägung dieser Tatsachen heraus nimmt F. Nansen Anlass – mit einem Schein von Recht –, die geschehene Einführung des Christentums als zum mindesten überflüssig hinzustellen. Aber jene besonders hergenommenen alten Vertreter einer alten Dogmatik, die den geduldigen Eskimos einst in ehrlichem Eifer sogar ein bisschen mit dem Prügelstock den Glauben an Gott und den Teufel beibrachten, sind aus ihrer Zeit heraus zu beurteilen, in welcher Nansen selbst vielleicht in guten Treuen mitgeprügelt hätte. Andere, gründliche Kenner grönländischen Wesens meinen, dass sich die bei den Grönländern ja schon zum grossen Teil vorhandenen, aber unklaren Werte ethischer Art doch um keinen bessern Kern kristallisieren konnten, nicht als gerade um den lutherischen Katechismus, aber um die christlichen Grundgedanken. Es ist auch kein Zweifel, dass ihre festen religiösen Vorstellungen ihnen bei ihrem gefahrenreichen Leben eine wertvolle Realität bedeuten. Wer wollte verantworten, den persönlichen Glauben eines Kajakmannes, er stehe draussen in Sturm und Wellen in Gottes Hand, zu ersetzen durch seine alten Fabelvorstellungen, oder etwa durch die Abstraktion, dass doch wohl im letzten Grund dem Getriebe des Kosmos ein bestimmter Sinn irgendwie zugrunde liege.

War es für dieses, wie ohne Zweifel in noch viel höherem Grade für andere Naturvölker verhängnisvoll, mit den Europäern in Berührung zu kommen, so lag das eigentliche Verhängnis anderswo als bei den Missionaren.

Nansen meint denn auch, dass die ganze europäische Kolonisation in Grönland überhaupt ein Unglück für die Grönländer sei, trotzdem er zugeben muss, dass dieses Naturvolk von seinen Kolonisatoren schonender und wohlwollender behandelt worden ist, als es irgendwo der Fall war. Wo wären jetzt die Eskimos der Westküste, wenn sie statt dem alkoholfreien Regiment der Dänen den Kultureinflüssen unkontrollierter Branntweinhändler ausgesetzt gewesen wären?

Um eine richtige Vorstellung von den eigenartigen Verhältnissen der dänischen Kolonie in Grönland zu bekommen, ist es nötig, auf deren Einrichtungen noch etwas näher einzugehen.

Der ganzen dänischen Kolonisation liegt eine Verbindung von praktischen und idealen Gesichtspunkten zugrunde, deren Tradition zurückgeht auf den ersten Missionar und Kulturbringer Grönlands, Hans Egede. Dieser kühne, begabte Mann hatte von Anfang an begriffen und betont, dass die Missionstätigkeit, die ihm nach seinen Auffassungen natürlich vor allem am Herzen lag, mit der Eröffnung eines Handels mit grönländischen Landeserzeugnissen verknüpft werden müsse, wenn das Interesse für eine an sich so weltferne Gegend und ihre Bewohner, und damit die Kulturtätigkeit selbst, in Europa fortdauern sollte. Dieser praktische Idealismus in der Kolonieverwaltung hat sich erhalten, wenn auch der Schwerpunkt sich zu Zeiten mehr auf der praktischen Seite befunden haben mag. So war von jeher, bis auf die Gegenwart, die Ausübung des Handels, und zwar des Monopolhandels, ein Hauptgeschäft der dänischen Verwaltung. Mit Administration und gar polizeilichen Geschäften hatte sie sich bei dem friedlichen Charakter der Grönländer nie viel abzugeben. Der einzige Kriminalfall der letzten Jahre, den wir in Erfahrung bringen konnten, war der aus Not geschehene Diebstahl eines Blaufuchses aus einer Falle. Der Dieb wurde einfach zum Schadenersatz verurteilt, machte aber geltend, dass er mit dem Abhäuten des gestohlenen Tieres Mühe gehabt habe, die zu berücksichtigen sei. Ein entsprechender Betrag wurde ihm auch wirklich abgerechnet.

Der dänische Kolonievorsteher, Bestyrer genannt (ja nicht mit «Besteurer», sondern mit Leiter zu übersetzen!), erschien also bis jetzt vor allem als der Mann, der mit den Grönländern im Namen des dänischen Staates handelte, ihnen Felle und Seehundspeck abkaufte und der den Schlüssel hatte zum dänischen Kaufladen, der Butik, wie der Pastor den Schlüssel zum Himmelreich. Beides bedeutet nicht wenig bei den Grönländern, die ebenso materiell wie gläubig sind. Die Butikglocke, die morgens um neun Uhr läutet, und die Glocke des Kirchleins am Sonntag, das sind in jeder Kolonie die Symbole der weltlichen und geistlichen Gewalt. Das Beste in den Butiken ist, wenn ich mich so ausdrücken darf, was dort nicht verkauft wird: Alkoholische Getränke. Dieses eine, auch strikt durchgeführte Verbot hebt für sich allein die dänischen Kolonisationen turmhoch über so viele andere Kolonialverwaltungen.

Die dänische Verwaltung mischt sich jetzt wenig mehr in die innern Angelegenheiten der Grönländer; die einzelnen Ansiedlungen haben ihre eingeborenen Vorsteherschaften, an deren Verhandlungen der Bestyrer allerdings mit einer Art von Vetorecht teilnimmt. Die Grönländer werden nicht direkt besteuert; indirekt aber doch in erheblichem Masse; denn wenn sie ihre Pelze an die Verwaltung verkaufen, wird ihnen nur vier Fünftel des Betrages ausbezahlt und der Rest an einen Hilfsfonds in Kopenhagen abgeführt, zum Teil auch in die Unterstützungskassen, die von grönländischen Vorstehern verwaltet werden. Diese greifen in Unglücksfällen oder Notjahren ein, verteilen auch Prämien an besonders tüchtige, strebsame Gemeindegenossen.

Es ist nicht unerhört, dass ein wackerer Gemeindevorsteher sich selbst die Prämie zuerkennt, mit der Begründung, er wisse wirklich keinen tüchtigeren, strebsameren Mann. Nur keine falsche Bescheidenheit! Es wäre ein Irrtum, zu glauben, dass unter den Grönländern gar keine sozialen Unterschiede bestehen. In jeder Kolonie gibt es eine gewisse Aristokratie weniger Familien, die sich über die andern erhaben fühlen und nur unter sich heiraten, auch wohl in der eben angedeuteten naiven Weise für sich und die Sippe sorgen. Doch ist dies hier wohl meist eine Vorherrschaft der wirklich Fähigeren.

Es ist ein Verwaltungsprinzip, das vielleicht zu nahe Beziehungen mit der Bevölkerung verhindern will, dass die Bestyrer sehr oft versetzt werden; so gehört das Packen und Umziehen mit Kind und Kegel zu den gewöhnlichen, manchmal fast alljährlichen Tätigkeiten der Beamten, so dass einige von ihnen einen ständigen Mobilisationsplan haben und längst auswendig wissen, dass zwischen die Beine des Stuhls A die Lampe B, und zusammen mit dem Stuhl C der Stahltisch D verpackt werden muss.

Gegenwärtig ist eine grosse Veränderung in den Kolonialeinrichtungen vor sich gegangen, wobei u. a. der Monopolhandel formell von der Verwaltung getrennt worden ist – eine Massregel, deren Erfolg noch abgewartet werden muss.

Unabhängig von der Verwaltung und nur in Verbindung mit der Kirche sind die Schulen. Es sind die im Seminar in Godthaab ausgebildeten Katecheten, welche in den kleinen Ansiedlungen sowohl das Schulhalten wie gottesdienstliche Funktionen besorgen. Fast alle Grönländer lernen lesen und schreiben, und zwar nur ihre eigene grönländische Sprache; es gibt unter ihnen weniger Analphabeten als in vielen Kulturländern. Auch die Predigt wird von den dänischen Pastoren auf Grönländisch abgehalten. Die Grönländer scheinen den Kirchenbesuch sehr ernst zu nehmen und haben eine sichtliche Freude am Gesang und volle schöne Stimmen, namentlich die Männer. Besucher eines grönländischen Gottesdienstes, in deren Bildung ein Verständnis für religiöse Kultur nicht gänzlich fehlt, werden sich eines starken Eindruckes nicht erwehren können.

Die Seminaristen in Godthaab werden, so weit wir sehen und erfahren konnten, recht vielseitig und verständig ausgebildet. Neben unsern Volksschulfächern und einem ziemlich ausgedehnten Unterricht in Glaubenslehre und Religionsgeschichte figurieren Naturkunde und Handfertigkeit, was ihnen besonders liegt; wir sahen einen schönen Turnsaal, in welchem im Jahr 1908 bei einem festlichen Anlass 600 Grönländer versammelt waren – und im physikalischen Kabinett sogar ein Modell zur Demonstration der drahtlosen Telegraphie. Das ist vielleicht des Guten etwas zu viel. Jedenfalls bildet das Kajakfahren, das auf den Montagnachmittag angesetzt ist, ein gutes Gegengewicht. Um den Kajak so zu beherrschen wie die Grönländer, bedarf es einer durch Übung erworbenen Gewandtheit, die ein Europäer kaum jemals erlangen wird. Dagegen ist es unserer Erfahrung nach nicht so sehr schwer und auch nicht ganz so gefährlich, wie es dargestellt wird, sich wenigstens eine gewisse Fertigkeit anzueignen, die uns z. B. später gut zustatten kam. Ein Europäer aber kann in kein eigentliches grönländisches Kajak schlüpfen, sondern muss sich ein eigenes, etwas grösseres bauen lassen.

Die dänischen Pastoren in Grönland, wie übrigens auch die gegenwärtigen Verwaltungsbeamten, stellen nach unsern Eindrücken und Erfahrungen eine Auslese besonders tüchtiger Leute dar und gehen ihrem

Amte sichtlich mit weitem Verständnis für ihre besondere Kulturaufgabe nach; gerade unter ihnen finden sich wohl die, welche den wirklichen Fortschritt am meisten zu fördern gewillt sind, während die Verwaltungsbeamten einer ältern Generation eher zum Konservatismus geneigt waren. Die gegenwärtige Einrichtung der Kolonien geht auf den um Grönland in jeder Richtung verdienten Inspekteur Rink zurück. Damals ein grosser Fortschritt, ist sie doch revisionsbedürftig geworden.

Aus dieser im Werk befindlichen neuen Ordnung der Dinge wird ohne Zweifel ein erfreuliches Zusammenarbeiten der geistlichen und weltlichen Gewalt hervorgehen, welches allein eine glückliche Lösung der Grönländerfrage ermöglichen wird, der Frage nämlich, die gegenwärtig die dänische Verwaltung und alle Freunde des Landes bewegt: Was soll aus den Grönländern in Zukunft werden? Nansens kaum ernst gemeinter Vorschlag, dass die Dänen sich ganz von ihnen zurückziehen sollten, bedeutet keine Lösung. Dann kämen nur andere her. Besser, ja allein denkbar, ist der positive Versuch, die Grönländer, die vielleicht gerade infolge des Fehlers allzu starker Bevormundung auch allzu kindlich geblieben sind, langsam zu grösserer Selbständigkeit heranzuziehen und neue Subsistenzmittel für sie zu suchen, wenn die frühern Lebensfaktoren sich verschlechtern, die Seehunde weniger werden und der Tran auf dem Weltmarkt vielleicht keinen Absatz mehr findet. Gerade jetzt ist die Einführung einer Art von Selbstverwaltung im Gang, zugleich mit Untersuchungen, um zunächst namentlich durch einen rationellen Fischereibetrieb einen Produktionsersatz zu schaffen. Andere Auskunftsmittel, wie zum Beispiel die Einführung der Schafzucht, die sonst nach dem Urteil Sachverständiger wohl möglich wäre, scheitern vorläufig an dem zu wenig vorsorglichen Charakter der Grönländer, die kaum an Vorräte für sich selbst, geschweige denn an Winterfutter für das Vieh denken. So würde wohl ein vergnügtes oder erzwungenes Schlachtfest periodisch der Viehzucht ein jähes Ende bereiten. Ein Jägervolk lässt sich nicht so schnell zum Hirten umformen.

So wenig der Grönländer sind, so grosse Teilnahme verdient doch die Frage, die ja andere Naturvölker in gleicher Weise betrifft, ob es selbst mit dem besten Willen überhaupt möglich sein wird, sie, wenn nicht als Jägervolk, so doch als Volk zu erhalten. Oder muss es von solchen Völkern heissen: *Sint ut sunt, aut non sint?* Sollte sich im hohen Norden bewahrheiten, was anderswo an den Grenzen der bewohnten Welt als Gesetz zu gelten scheint, dass nämlich mit dem Vordringen grösserer Kultur die menschliche Besiedlung ihre äussersten Kampfesvorposten zurückzieht?

Der Aufenthalt in Godthaab

Die ersten Tage unseres Aufenthaltes in Godthaab waren dem Auspacken unserer siebzig Kisten und der häuslichen Einrichtung gewidmet. Für unsere Apparate und Vorräte wurde uns jener Zimmermannsraum angewiesen, der als Tanzlokal von Godthaab schon durch Nansens Schilderungen bekannt ist. Wir selbst bekamen zwei Dachzimmer im leerstehenden neuen Hause des abwesenden Inspektors; auch seine Küche stellte er zu unserer Verfügung. Wir haben in jenem Raum Grosses geleistet, so dass wir sogar wagen durften, die beiden Krankenschwestern, die auf der Durchreise nach den Krankenhäusern von Sukkertoppen und Holstensborg sich kurze Zeit in Godthaab aufhielten, zu einem selbstgekochten Diner einzuladen. Es war zugleich eine Art Protestessen gegen die mit Zucker verwürzte dänische Kochart. Stolberg hatte eine Suppe gekocht, so genial kombiniert, dass sie in den Annalen der Expedition unvergesslich bleiben wird. Ausser unsern Konserven «verarbeiteten» wir damals allerlei Wild, Möwen, Fische, auch einen Rentierschlegel; einen halben Sack Kartoffeln überliess uns der Bestyrer aus seinem Vorrat, und ebenso liebenswürdig schickte uns der Herr Propst ab und zu frisch gebackenes Weissbrot.

Unsere Tätigkeit in Godthaab war recht mannigfaltig, vielleicht nur zu mannigfaltig. Mit den Temperatur- und Wassermessungen im Godthaabfjord hatten wir eher Pech, besonders da uns infolge ungenügender Einrichtungen schon in den ersten Tagen unsere 1000 Meter Aluminiumbronzedraht in Verwirrung gerieten. Baebler ging mit Befriedigung seiner wirbellosen Nivalfauna nach, machte auch mit Unterstützung des dänischen Arztes Dr. Andersen und meiner Assistenz eine Anzahl anthropometrischer Messungen an den Grönländern. Er konstatierte hierbei unter anderm die noch unbekannte Tatsache, dass der äusserste Skalenwert der internationalen Haarfarbentafel noch nicht genüge, um das fast absolute Schwarz des grönländischen Haars wiederzugeben.

Unsere Hauptarbeit war die Ausführung einer grossen Reihe von Pilotballonsaufstiegen, nach einer vom Verfasser ausgearbeiteten Methode, zur Bestimmung der Strömungsverhältnisse der höheren Atmosphärenschichten. Solche Messungen sind in jener arktischen Region noch nie gemacht worden und bieten deshalb für die Meteorologie ein grosses Interesse. Zu diesem Zweck verwendeten wir kleine Gummiballons, in die etwa 250 Liter Wasserstoffgas aus mitgeführten Gasflaschen eingefüllt wurden. So stiegen diese Ballons mit regelmässiger Geschwindigkeit bis zu Höhen von 10 000, ja 20 000 Metern, bis sie zerplatzten, und ihre Flugbahn konnte mit einem besonders konstruierten Instrument genau verfolgt und gemessen werden. Diese kleinen Ballons waren sicher die ersten, die den Grönländern zu Gesicht gekommen sind, und es lässt sich unschwer erraten, mit welchem Staunen sie die runden Bälle in die Luft steigen sahen. So oft wir unsere Messungen ausführten – gewöhnlich morgens um Sonnenaufgang, d. h. 4–5 Uhr, und abends um Sonnenuntergang –, war die halbe Niederlassung um unser Theodolitenstativ versammelt (tubinakrakak!, zu deutsch «so etwas ist noch nicht dagewesen»). Wir hatten mit diesen Messungen hier und auch später recht guten Erfolg.

Zum internationalen aerologischen Beobachtungstermin im Mai lieferten wir auch durch Benutzung des Fesselballons, von welchem selbsttätige Registrierapparate zur Bestimmung des Drucks, der Temperatur und des Feuchtigkeitsgehaltes der Luft empor getragen wurden, unseren Beitrag. Es war dies ebenfalls die erste Anwendung der Methode der Fesselballonaufstiege in Westgrönland. Zum Auslassen und Einholen des Ballons verwendet man eine Winde. Die Trommel dieser sogenannten Drachenwinde ist mit mehreren tausend Metern Klaviersaitendraht bespannt. Das Instrument darüber ist ein Aspirationspsychrometer zur Feststellung der Anfangswerte.

Die Höhepunkte unseres Aufenthalts in Godthaab, bildlich und wirklich, waren einige Bergbesteigungen, wohl, abgesehen von den Unternehmungen Whympers in Nordgrönland, die ersten Hochtouren in Grönland. Denn man darf bei dem Charakter dieser Berge wohl von Hochtouren reden; wenn die Gipfel bei Godthaab die Höhe von 1400 Metern nicht übersteigen, so liegen auch die Höhengrenzen hier eben 1800 Meter tiefer als in den Alpen, und die Bergformen sind oft von erstaunlicher Kühnheit. Auch beginnt der Aufstieg nicht erst in 1000 oder 1500 Meter Höhe, wie so oft in den Alpen, sondern unmittelbar im Meeresniveau.

Bei der Einfahrt in Godthaab fällt in der Landschaft vor allem ins Auge der stolze Gneisgipfel des Hjortetakken. Das wäre etwas für uns Alpensöhne, meinten die Dänen; der Gipfel sei allerdings unbesteigbar, die dänischen Grönlandforscher Ryder und Rink hätten sich umsonst daran versucht; letztes Jahr seien auch schon zwei Schweizer dagewesen, man habe aber mit ihnen Schritt halten können. Es hätte dieser Anspielungen nicht bedurft; der Anblick der Bergwände hätte genügt. Nun wollten wir den Dänen zeigen, was Bergsteigen heisst. Wir hatten auch alles wissenschaftliche Interesse an diesen Besteigungen, die einen vorzüglichen Überblick über die Gesamtgestaltung des Landes geben mussten; für Baebler war es eine wertvolle Gelegenheit, die Fauna jener schon weit über die Schneegrenze ragenden Gipfel zu untersuchen. Am ersten schönen Tag, den unser heilig gehaltenes wissenschaftliches Programm freigab, zogen wir aus; wie öfters musste von morgens 3–5 Uhr zuerst noch eine Messungsreihe besorgt werden. Dann erst konnte der Berg an die Reihe kommen, und da war, wie auch sonst bei grösseren grönländischen Landpartien, das erste eine fünf Stunden lange Bootfahrt; so sehr greift dort Land und Meer ineinander. Während der Fahrt hatten wir Zeit, die Flanken des Berges mit bewaffnetem Auge zu durchmustern; diese strategischen Erwägungen waren mit das Genussreichste der Ersteigung, und es war von guter Vorbedeutung, dass wir uns leicht über die ganze Anstiegsroute einigten. Wir waren mit Eispickeln, Steigeisen und Seil ausgerüstet und konnten das alles gut gebrauchen. Dass die Dänen und Grönländer mit ihren sonst so vorzüglichen Seehundstiefeln, den Kamikern, hier nicht viel ausrichten konnten, begriffen wir bald. Noch kaum je hatten wir einen vom Fuss bis zum Gipfel so ununterbrochen steilen Aufstieg gemacht. Nach fünf Stunden, wovon die Hälfte auf ein einziges sich schwindelnd jäh präsentierendes Firncouloir kam, waren wir oben angelangt. Wir fanden nichts, was auf eine frühere Besteigung hinwies; wir waren wirklich die Ersten, um diese stolze Umschau zu halten:

Im Westen glänzte weit hinaus das Meer, zwischen den vielen niedrigen Felseninseln und Schären des Küstensaums reichte es bis an den Fuss unseres Berges, und links und rechts umfasste es seinen Sockel und griff noch unabsehbar weit in das Land hinein in Fjorden, die scharf wie mit dem Messer in die Gneismassive hineingeschnitten sind. Wer gewohnt ist, in den Landschaftsformen nichts Gegebenes, sondern etwas Gewordenes zu sehen, bekommt den unmittelbaren Eindruck, dass hier in Art oder Stärke noch fremde, ungesehene Kräfte gearbeitet haben müssen, und versteht, dass es wohl nicht zum mindesten das Ergebnis der ausschürfenden Tätigkeit der mächtigen, schnell sich bewegenden Eisströme der Vorzeit ist, was hier vor uns liegt. Nach Osten zu suchte das Auge vor allem das Inlandeis; aber vergeblich. Wir sollten es erst später kennen lernen, dann aber gründlich genug; hörten wir doch einen Monat lang wohl jeden Tag unter unserm Zeltboden das Eis krachen und sahen tagsüber nichts als den Himmel über uns und rundum bis an den Horizont eine Eiswüste! Jetzt aber lag zwischen uns und dem Inlandeis wohl hundert Kilometer breit ein noch unbetretenes Gebirgsland. Dies Meer von Gipfeln heimelte uns zuerst an; aber als wir das Ganze zu entwirren und die einzelnen Formen zu verstehen suchten, da stockte mit einemmal beinahe der Atem, und die Hand liess das Glas sinken. Unerbittlich, tückisch jäh fielen von sanften Hochfirnen die schwarzen Wände in die noch dunklern Fjordwasser ab, ohne dass sich in dieser ungeheuren Verlassenheit dem Leben irgendwo auch nur die kleinste Stätte zu bieten schien. Wehe dem, der nicht wohl überlegt, nicht gut ausgerüstet in diesen Irrgarten lauernder Riesen eindringt; er kehrt nicht zurück. Wir hatten beide den gleichen Eindruck: so grausam hatten wir das Gebirge noch nicht gesehen.

Auf der Rückkehr von unserer Erstbesteigung genossen wir das Vergnügen einer regelrechten Rutschpartie, der Schnee lag noch bis fast ans Meeresufer hinab. Als wir wieder unten beim Zelt und der wartenden Bootsmannschaft angelangt waren, lag die Nacht über dem Fjord, und ein zunehmender Wind blies uns entgegen und wühlte wachsende Wellen auf. Sollten wir da draussen über Nacht bleiben? In Grönland bedeutet ein solcher Entschluss gar nichts; aber in diesem Fall hatten wir besondern Anlass, möglichst bald in der Kolonie zurück zu sein. Statt des Eispickels hatte ich nun wieder stundenlang die Steuerpinne in der Faust zu halten und durch das Dunkel nach Landmarken zu spähen. Aber nur wenn auf Augenblicke der Mond in den jagenden Nebeln frei wurde, konnten wir unsern Kurs sicher bestimmen. Unsere sechs Grönländer hatten ein langes böses Stück Arbeit, da ihnen nun auch der starke Strom der steigenden Flut entgegen war. Sie ruderten aber ganz unverdrossen, und der Humor ging ihnen niemals aus; als wir bedenklich nahe an die Uferfelsen getrieben und so sehr herumgeworfen wurden, dass die Herrschaft über das Boot verloren ging und einer von den Grönländern unter die Ruderbank fiel, da brachen doch in diesem kritischen Augenblick alle in das herzlichste Gelächter aus, der Betroffene nicht ausgenommen. Der kleine Zwischenfall war so recht bezeichnend für das kindlich-heitere Naturell, das ihnen nachgesagt wird.

In Godthaab wollte man uns nicht recht glauben, dass wir den Gipfel erreicht hätten.

«Das sei erstens unmöglich, und dann sehe man ja keinen Steinmann oben.»

Gewiss, man konnte auf die grosse Entfernung die paar Steine nicht sehen, die wir, da oben alles fest gefroren und halb in Firn begraben war, mühsam zusammengeschichtet hatten. «Aber wenn wir als ehrliche und bergkundige Leute erklären, oben gewesen zu sein, so gilt das wohl für zehn Steinmänner?»

«Ja, gewiss, aber sie sähen eben doch keinen Steinmann. Übrigens sei da noch ein anderer Berg, der Saddlen, der für uns passen würde; er sei nämlich ganz unersteiglich.»

Aber auch den erstiegen wir; ganz leicht war's nicht. Und auf der feinen Spitze erbauten wir einen Steinmann, so dick und hoch, dass diesmal nichts mehr zu zweifeln blieb. Der sollte ein gutes Jahrhundert lang den Godthaabfjord überragen – denn so leicht wird keiner von den Kleingläubigen daran rühren – und sollte bedeuten, dass man ehrlichen Leuten aufs Wort glauben darf. Wir hatten später Gelegenheit, selbst die Konsequenzen aus unserer moralischen Entrüstung zu ziehen; denn am Schluss der Reise trafen wir mit F. A. Cook zusammen, der erzählte, er sei am Nordpol gewesen. Den hatte er allerdings nicht mitgebracht und auch sein Steinmann war nicht zu sehen. Aber wir erinnerten uns an Godthaaber Erfahrungen und glaubten ihm. Im Glauben, dass einer ein Ehrenmann sei, getäuscht zu werden – schlimmstenfalls –, darin liegt nichts Erniedrigendes. Wohl aber setzt man durch ein umgekehrtes Verhalten sein eigenes Niveau herab.

Von Godthaab aus hatte man im Fernrohr die Saddlenspitze jenen Tag hindurch überwacht und am Abend endlich den Steinmann wachsen sehen. Des andern Morgens um 4 Uhr waren wir zurück. Als wir, noch müde von der vierundzwanzigstündigen Tour, wenig sieghaft, am Fussboden in unsern Schlafsäcken ausgestreckt lagen, besuchte uns Dr. Norman Hansen und überbrachte uns einen «Glückwunsch im Namen ganz Godthaabs», zugleich mit einer pompösen Siegeshymne, die deutsch abgefasst war und den Lesern nicht vorenthalten sei:

Godthaab, zum 11. Mai 1909.

Also hebt sich, jungfräulich unberührt,
Die kühne Felsenspitz' aus Morgennebeln,
Die ersten Sonnenstrahlen zu empfangen
In ewigem, unbesiegbarem Stolz!
Doch sieh! Aus dieses Morgens Nebelschleier,
Zum erstenmal besiegt,

> Wie eine junge Braut erhebt sie sich,
> Vom ersten Sonnenstrahl beleuchtet,
> Ihrem Besieger
> Glückselig entgegenlächelnd!

Man sieht, dass es dem dänischen Dichter nicht an Schwung und Sprachgewandtheit fehlte; wir waren auch dementsprechend gerührt, soweit es unsere Schlaftrunkenheit zuliess. So liebenswürdig aber die Godthaaber die Saddlenbesteigung quittierten, hatten sie im Herzensgrunde doch keine Freude daran; sie empfanden wohl die Sache ein wenig so, als ob wir ihre heilige Eiche gefällt hätten.

Die Landschaft von Godthaab revanchierte sich in jenen Tagen an Baebler, als er bei der Rückkehr von einem viel zahmeren Berg, der Store Malene, beim Insektensuchen nach Verabredung zurückblieb und plötzlich von Seenebeln überfallen wurde. In dem Wechsel von Gneisrücken und Tälchen, wo alles sich gleicht, und Nahes und Fernes nicht zu unterscheiden ist, verirrte er sich, musste die ganze Nacht in der Kälte bleiben, unter einen Felsblock verkrochen, und fand sich erst am Morgen zurück, nachdem er beim Schein eines letzten, zufällig entdeckten Zündhölzchens den Kompass hatte ablesen können.

Gegen das Ende unseres Aufenthaltes in Godthaab hatten wir noch den besonderen Genuss einer Fahrt ins Innere des 80 Kilometer langen Fjordes, indem wir uns einer Amtsreise des Arztes in dessen Motorboot «Äskulap» anschliessen konnten; es fuhr auch mit der schon genannte Dr. N. Hansen, ein Augenarzt, der im Auftrage der Regierung Grönland bereiste und schon interessante Beobachtungen über die hier nicht seltenen Fälle von Augenkrankheiten und Blindheit gemacht und manche erfolgreiche Operation ausgeführt hatte. Bei den Mädchen liessen die Mütter, wie er erzählte, das Schielen gern operieren, die Beseitigung eines solchen Fehlers war ja für die Heiratsaussichten wesentlich; hingegen bei den Knaben meinten sie, lohne es sich durchaus nicht; eine Frau kriegen die ja auch so.

Der Steuermann des Motorbootes war der intelligente junge Jon Möller, Sohn des jedem Grönlandfahrer bekannten noch lebenden alten Grönländers Lars Möller, des «Buchdruckers» und Herausgebers der grönländischen Zeitung «Atuagagdliutit» («Etwas zu lesen»). Sein Sohn Jon Möller war eine Zeitlang in Kopenhagen gewesen, hatte dort photographieren gelernt und ist vielleicht nur allzu klug nach Grönland zurückgekehrt.

An einem träumerisch schönen Tage fuhren wir ab; die Saddlenspitze grüsste aus der Höhe herab und aus der spiegelglatten Bläue des Fjordes herauf. Es war uns allen so friedlich zu Mute – bis plötzlich ein einziger Ruf die Situation verwandelte: Weisswale!

Vor uns schossen Wasserstrahlen empor; es war ein Paar, welches das schöne Wetter und die Sonne genoss, sich offenbar sehr behaglich fühlte und mit allerhand Tauchspässen und Wasserkünsten die Zeit in angenehmster Weise vertrieb. Jetzt hatte sie das Geräusch unseres Motors aufgeschreckt.

Unsere ganze Bootsmannschaft war elektrisiert; auch die Friedlichsten griffen nach Gewehren, ohne die man nicht auf diese Reise geht, weil man immer auf eine Ergänzung der Nahrungsmittel aus der Jagd rechnet. Der Motor wurde auf das Maximum seiner Leistung gestellt; in wilder Jagd, kreuz und quer, ging's den Walfischen nach. Da sind sie schon ziemlich nahe. Die Jäger stehen vornübergebeugt, mit gespanntem Hahn, kein Auge wird von den Tieren abgewendet. Die wollen jetzt zwischen zwei kleinen Felseninseln durch in einen andern Fjordarm entwischen. Den Weg abschneiden! Jon Möller, in der einen Hand schon die Flinte, reisst mit der andern das Steuer scharf herum. Da plötzlich wird das Wasser vor uns licht, ein Krachen, ein wuchtiger Stoss und die ganze Mordschar purzelt mit samt den Gewehren vornüber; Möller ist vom Steuer quer über den Motorkasten geflogen und hält sich die Magengegend. Wir sind auf ein Riff aufgefahren; die Weisswale werfen zum Abschied noch einen höhnischen Strahl in die Höhe und fort sind sie. Wir aber sitzen fest und können zufrieden sein, dass unser Boot nicht ernstlich leck geworden ist und dass die steigende Flut uns in einer Stunde wieder flott machen wird.

Am Abend spät kamen wir in Kornok an und blieben dort in unseren Zelten über Nacht. Es war ein fröhliches Lagerleben, begünstigt durch die jetzt schon lang dauernde Helligkeit; um Mitternacht war der Polarstern gerade noch zu erkennen. Die Leute von Kornok hatten sichtlich Freude an uns; wir waren für sie die ersten Sommerfrischler aus der Stadt, d. h. Godthaab. Würden wir ihnen einen Weisswal mitgebracht haben, so hätten sie uns vergöttert. Am andern Morgen, nach einigen lebensgefährlichen Lotungen aus einem äusserst wackligen Kahn, fuhren wir weiter in den Fjord hinein bis Umanak.

In diesen innern Verzweigungen tut sich ein sanfteres Gelände auf, das auch klimatisch weniger ungünstig bedacht ist als die Aussenküste. Freundliche Lehnen, mit Heidekraut und Strauchweiden bewachsen, finden sich da. Hier drinnen hausten auch einst die ersten normannischen Ansiedler; das war ihr «grünes» Land. Freilich jetzt war noch alles winterbraun, aber an der Sonnenseite konnten wir uns schon behaglich ins dürre Heidekraut legen – die bösen Mücken waren noch nicht da –, während die nach Norden gewendeten Hänge noch von Schnee bedeckt waren. Hier hatte seinerzeit eine Station der Herrnhuter gestanden. Das Kirchlein mit der bescheidenen Barockornamentik, die seine Entstehungszeit verrät, steht noch da, und am Berghang oben liegen in der Wildnis die Gräber der Missionare. Stolberg und ich machten uns zur Pflicht der Pietät, sie aufzusuchen. Wie viele Jahre mögen vergehen, bis auf diese verwitterten Steine wieder ein Blick des Verständnisses fällt!

Unsern Rückweg nahmen wir durch den wilden Korokfjord, dessen Ausgang nach Westen ein vorhergehendes Vollbild zeigt. Wie mit einem Riesenpflug ist er in das Gebirge hinein eingerissen; an seinen Flanken steigen Felsprofile von gespenstiger Kühnheit in die Höhe. Das rechte Fjordufer lag schon in dunkler Dämmerung, während auf den Schneehängen und Firnen über den linken Fjordwänden noch in satten gelben Lichtern der Widerschein des mitternächtlichen Nordhimmels ruhte. Ein mächtiger Adler folgte unserm Boot in langsamen Kreisen.

Nachts drei Uhr kamen wir müde und durchfroren in Godthaab an. Dem Steuermann Jon Möller und der übrigen Bootmannschaft stellten wir für den folgenden Tag ein rundes Trinkgeld in Aussicht. Wir verfehlten ihn aber am Morgen – und um Mittag waren wir schon im Besitz seiner höflichen, aber bestimmten schriftlichen Aufforderung zur Bezahlung eines Trinkgeldes von 10 Kronen! Das ist das Zivilisierteste, was uns in Grönland begegnet ist. Wir haben herzlich gelacht.

Am 17. Mai kam der Dampfer «Godthaab», und wir mussten zur Weiterfahrt nach Norden über Hals und Kopf packen und Abschied von unsern Freunden in Godthaab nehmen. Die alte Sabine, die unser Geschirr zu waschen pflegte, soll dabei eine richtige Träne im Auge zerdrückt haben.

Die Küstenfahrt

Die «Godthaab» ist wohl eines der kleinsten Schiffe, die den Ozean überqueren. Sie tut diesen grossen Schritt auch nur einmal im Jahre und besorgt während des Sommers die Fahrten an der grönländischen Küste. Mit ihrer gewaltig dicken Eismeerbeplankung aus Eichenholz ist sie hier auch ganz in ihrem Element. Wir waren eine recht gemütliche kleine Gesellschaft, und die Erinnerung bringt uns manche vergnügte Stunde im winzigen Schiffssalon zurück. Kapitän Skoubye war, unbeschadet seines ernsten Amtes, ein unübertrefflicher Spassmacher, und Spass verstanden auch die andern, der Inspektor von Nordgrönland, Daugaard-Jensen – ohne Zweifel der führende und wohl berufenste Mann in der Frage der grönländischen Verfassungsreform –, dann der weit gereiste Dr. Norman-Hansen und als äusserste Rechte Styrmand Hansen, der in Egedesminde die Führung eines Fangschiffes übernehmen sollte. Der vermutliche Erfolg dieses Fangschiffes, ebenso wie der Inhalt der von Hansen mit Hartnäckigkeit vertretenen, formell sehr strengen religiösen Ansichten, bildeten, namentlich unter der Besatzung, den Gegenstand steter und lebhaftester Diskussionen. Ob Hansen eins, zwei oder mehr Walrosse fangen, ob er überhaupt eines zu Gesicht bekommen werde, wurde ebenso gründlich und rückhaltlos besprochen wie die Frage der Prädestination oder der kirchlichen Trauung. Kein Problem, das Seeleuten zu hoch oder zu tief wäre. Und weil sie weit in der Welt herumgekommen, manche fremden Sitten gesehen haben, ist die Beweisführung meistens sehr bunt illustriert. So waren diese Dispute in der Baffinsbai anregender als die meisten akademischen Salongespräche des europäischen Festlandes.

Nach vierundzwanzigstündiger Fahrt hatten wir Sukkertoppen erreicht; die weisse, weit ins Meer hinaus sichtbare Hochlandeisbedeckung der Küstenberge haben der Landschaft diesen Namen gegeben. Die weiter im Hintergrund liegenden Gebirge tragen einen besonderen Charakter scharfer Gneiskämme, die lebhaft an bestimmte Alpengebiete erinnern. Die Kolonie selbst liegt in einem niedrigeren Rundbuckelgebiet, das typisch die glättende Arbeit der einstigen Eisbedeckung zeigt, und besonders auffallend sind die kleinen Tälchen, die unter sich streng parallel, und jedes wie mit dem Lineal gezogen, dieses Gebiet durchsuchen. Wir machten davon eine stereophotogrammetrische Aufnahme. Diese Tälchen folgen der Klüftungsrichtung des Gneises; sie finden sich noch an manchen andern Stellen der grönländischen Gneislandschaft.

Sukkertoppen ist eine der volksreichsten Ansiedlungen, es wohnen da etwa 400 Grönländer, aber im Gegensatz zu dem zivilisierten Anstrich von Godthaab kann man hier, was den äussern Eindruck betrifft, dem N. Hansen'schen: «Stein auf Stein und Dreck auf Dreck» beistimmen. Was den letztern betrifft, geben sich die Grönländer, namentlich mit allerhand Abfällen, nicht die geringste Mühe, dieselben aus der unmittelbaren Nähe der Häuser zu entfernen, so dass man oft seinen Weg durch die Ansiedlung zwischen faulenden Fischköpfen und Seehundseingeweiden suchen muss.

Unsre Schiffsgesellschaft ward ungemein freundlich empfangen in der Familie des Bestyrers Bistrup. Ein so splendides Essen wird einem auch in Europa nicht leicht aufgetischt. Unser liebenswürdiger weissköpfiger Wirt ist noch ein Bestyrer von der alten Art; die Bewohner der Kolonie sind «seine» Grönländer, wie ein Patriarch herrscht er dort, ein richtiger König in Thule, der nichts anderes wünscht, als seine Tage dort oben zu beschliessen, wo er so lange regiert hat. Wir fanden in seinem Hause eine interessante Reliquie, nämlich Nansens Inlandeisschlitten, der jetzt als Wiege für den kleinen Habakuk, den Enkel Bistrups, zurechtgemacht ist.

Im Hafen hatte ein Segelschiff des grönländischen Handels, die «Ceres», auf uns gewartet, um ihre Tranladung voll zu machen und dann nach Kopenhagen zu fahren. Weil innen im Hafen und an der Küste kein bisschen Wind war, wurde sie von der «Godthaab» eine Strecke weit in die Davisstrasse hinausgeschleppt. Dann setzte die «Ceres» ein Segel ihrer vollen Dreimasttakelung nach dem andern, bis kein Fetzchen mehr übrig war, und fuhr nun rauschend in stolzer Fahrt an unserm klein gewordenen Dampfer vorbei. Ein Hurra und letzte Rufe hinüber und herüber. «Lykkelig Rejse»; «Hilsen hjemme» und noch ein Flaggengruss. Wie ein Schwan zog sie nach Süden auf die lange Fahrt, und wir sahen ihr nach, bis der weisse Fleck am Horizont verschwand.

Wir selber setzten drei Tage später unsere Fahrt nach Norden fort, bis Kangâmiut, einer kleinen Aussenstelle, deren Tranertrag wir nach Egedesminde bringen sollten. Das Meer war stark bewegt; die grönländische Mannschaft zweier Storboote von Sukkertoppen – grosse Segelboote, die den kleinen Warenverkehr zwischen benachbarten Ansiedlungen besorgen –, die wir in Schlepp genommen hatten, machte bald lange Gesichter und verzichtete auf dem halben Wege auf das Mitgenommenwerden. Sie suchte Schutz an der Küste, die wir nie ganz aus dem Gesicht verloren. Das Land ist hier im allgemeinen niedriger; auffallend ragt der umbrandete, zackige Kin of Seal empor, ein bekanntes Seezeichen, dessen rätselhafter Name auf die ersten, wohl schottischen Walfänger zurückgeht.

Vor Kangâmiut kam als Lotse an Bord der Grönländer Gabriel Kreutzmann, ein berühmter Fänger, der in den letzten Stürmen mehreren Kajakleuten mit grosser Tapferkeit das Leben gerettet hatte. Von seiner rücksichtslosen Unerschrockenheit werden dort allerlei Geschichten erzählt. So hat er bei einem Unwetter seine Frau, um sie nicht zu einem ungewissen Aufenthalt auf einer Insel zurückzulassen, in ein Fell eingenäht und hinten auf seinen Kajak aufgebunden über das Meer nach Hause gerudert; diese ungalante Handlungsweise soll damals allerdings Entrüstung in der Ansiedlung hervorgerufen haben. Kreutzmann ist nach grönländischen Begriffen ein reicher Mann, der über 2000 Kronen in der Sparkasse besitzt. So sind auch in Grönland die Zeiten vorbei, wo ein sicherer starker Arm, ein gutes Fanggerät und nicht am wenigsten eine tüchtige Frau den einzigen Reichtum eines Mannes darstellten.

Den alten Zeiten spürten wir in den Heidengräbern von Kangâmiut nach. Baebler war so glücklich, mit Hilfe Dr. N. Hansens mehrere typische Schädel zu erbeuten, die von den Sammlungen von Strassburg und Zürich uns als dringende Desiderata genannt waren. Die alten Gräber liegen gewöhnlich auf Anhöhen und bestehen meistens, so auch hier, aus aufgeschichteten Steinen, die Felsunterlage oder der gefrorene Boden macht ein Versenken in den Grund unmöglich. Baebler hatte die begleitenden Grönländer unter einem Vorwand weggeschickt. Nun hatten sich doch Neugierige eingefunden, denen die Sache nicht recht gefallen wollte. Zwei Pfund Zucker und ein Pfund Kaffee brachten das gestörte Gleichgewicht aber wieder zustande.

Unterdessen wären Stolberg und ich fast mit dem Haftpflichtgesetz in Konflikt gekommen.

Wie bei jedem Aufenthalt an Land hatten wir auch hier die Bahnbestimmung eines Pilotballons vorgenommen, und beim plötzlichen Auffliegen des Ballons hatte sich eine ahnungslos zusehende Frau dermassen entsetzt, dass sie vor Schreck auf den Rücken fiel – glücklicherweise ohne Schaden zu nehmen.

Unsern Knochensack brachten wir, natürlich ohne Inhaltserklärung, an Bord. Etwas war aber doch ruchbar geworden, denn als wir nach der Ausfahrt in die Davisstrasse von einem tüchtigen Sturm gepackt wurden, wurde sehr bald, halb im Spass, gemunkelt, daran seien unsere Knochen schuld. Man weiss, wie zäh der Seemannsaberglaube ist, und namentlich in dieser Hinsicht. Wenn das Schiff nicht vorwärts kommt und Widerwärtigkeiten eintreten, dann hat das Schiff sicher einen Toten in der Last. So wird es keinen wundern, der die Seeleute kennt, wenn einige von ihnen unsern Sack doch am liebsten ins Wasser geworfen hätten. Der Sturm machte es schlimm, blies uns genau entgegen und fing sich so stark in der Takelung, dass unsere kleine Schiffsmaschine mit ihren 250 Pferdestärken nicht mehr dagegen ankommen konnte. Das Logg wies einen halben Knoten Fahrt. «Viele Kohlen, keinen Weg», kennzeichnete der Kapitän in resignierter Kürze die Lage. Zwei Tage dauerte der Sturm; am frühen Morgen des dritten, als wir nach längerer Zurückgezogenheit wieder an Deck kamen, war das Wetter besser und Land sichtbar. Jetzt scheinbar im Osten; das war aber doch ausgeschlossen. Des Rätsels Lösung – ich hielt für taktvoller, sie mir selbst zu geben, statt sie bei der Mannschaft zu erfragen – war die, dass wir schon zehn Seemeilen über Holstensborg hinausgedampft waren und jetzt nach Süden zurückkehrten. Sicher ist sicher. Die Schiffahrt in diesen klippen- und eiserfüllten Gewässern ohne Leuchttürme mit sehr unsicherm Kompass, fast ohne Seezeichen, wo man bei jeder Havarie ganz auf sich selbst angewiesen ist, das ist keine Kleinigkeit, und Vorsicht ist daher die erste Tugend der Eismeerkapitäne. Also lieber zehn Seemeilen zu weit und unterdessen die Küste genau besehen, bis man seiner Sache sicher ist.

In Holstensborg lernten wir ausser den liebenswürdigen Kolonialbeamten die ersten Schlittenhunde kennen; Fräulein Elsa, die Tochter des Bestyrers Baumann, die sich bei unserer Ankunft auf dem schön mit Sand ausgeebneten Weg der Kolonie auf Stelzen erging, zeigte uns stolz ihre Meute; dem grimmigsten Köter steckte sie, um ihn zu beschäftigen und von uns abzuhalten, einen Stein in das Maul, den er auch gehorsam, wenn auch verdrossen darin behielt. Hier ist der Gebrauch der Schlitten schon ziemlich beschränkt und weiter südlich überhaupt unmöglich, weil das Meer im Winter offen bleibt und das Land zerrissen und gebirgig ist. Auch hier in Holstensborg steigen noch gegen 1000 Meter hohe Berge vom Meeresstrand auf. Über alte Strandlinien hinaufsteigend und unterwegs Alpenrosen pflückend, erreichten wir den Kamm des 700 Meter hohen Praestefjelds. Oben hatten wir eine Aussicht auf ferne, rosig beleuchtete Mittelgebirge und auf nahe, öde Gehänge in starker Verwitterung, die in einem bessern Klima zu blumigen Alpen wie geschaffen gewesen wären.

Von den Sehenswürdigkeiten Holstensborgs ist, ausser den Hunden, dem Tor aus Walfischkiefern vor dem Bestyrergarten und dem grönländischen Kindermädchen des Pastors – ich habe diese berühmte Schönheit nur von weitem und von hinten zu Gesicht bekommen –, besonders zu erwähnen das schöne neue Spital, geleitet von Dr. Teichmann, der seinerseits auch eine grönländische Berühmtheit darstellt, sowohl durch seine berufliche Tüchtigkeit wie durch seine Teilnahme an der jüngsten ostgrönländischen Expedition und seine Gewandtheit als Schlittenführer, Kajakfahrer und Jäger, worin er es den besten Grönländern gleichtut. Er, wie seine Kollegen, haben keine leichte Praxis, und Büchse, Ruder und Hundepeitsche gehören ebenso sehr zur Reiseausrüstung eines Arztes dort oben wie die Reiseapotheke und das chirurgische Besteck. Fast alle grössern Kolonien besitzen einen Arzt, im ganzen mögen etwa ihrer acht an der Westküste tätig sein; sie werden von der Regierung angestellt und haben, wie die Pastoren, nach drei Jahren ein Jahr Urlaub, wobei sie aber eine gewisse Zeit auf einer Klinik Kopenhagens tätig sein müssen.

Dr. Teichmann kam damals gerade mit dem Pastor von einer langen Fahrt nach einem entfernten, kleinen Wohnplatz. Dort hauste seit Monaten infolge des Genusses verfaulten Fleisches eines tot angetriebenen Walfisches eine furchtbar jäh verlaufende und, wie es schien, rätselhaft ansteckende Infektionskrankheit, die schon manches Opfer gefordert hatte. Man möchte annehmen, dass die ausschliessliche Fleischnahrung den Grönländer für gewisse Vergiftungen viel empfänglicher macht.

Einen Tag lang konnten wir Holstensborg wegen eines Schneesturmes nicht verlassen und besuchten unterdessen den historischen Küstendampfer «Fox», ein Schiff, das seinerzeit von der Lady Franklin zum Aufsuchen der verschollenen Expedition ihres Mannes ausgerüstet worden war. Der «Fox» sollte wegen einiger Schäden seiner uralten Beplankung gedockt werden. Trockendocke sind in Grönland freilich nicht und die Fahrt über den Ozean darf «Fox» nicht mehr wagen; aber man weiss sich zu helfen. Am steilen Ufer gibts im Hafen von Holstensborg eine Stelle, wo bei Flut ein Schiff von diesem Tiefgang gerade noch hingebracht werden kann; während der Ebbe liegt es trocken, wird gestützt, und man kann an seinem Bauch arbeiten, bis die Flut wieder kommt. So wird mit vielen Unterbrechungen die Arbeit doch fertig gebracht.

Auf der weitern Fahrt nach Norden wurden die früher nur vereinzelten Eisberge zahlreicher; sie wurden wie auch die niedrigen Inseln durch die Strahlenbrechung oft völlig vom Horizont weg in die Luft gehoben. Die Küste wurde bald niedriger; wir hatten schönes Wetter. Eine Anzahl von gefährlichen Schären und Riffen lässt heiteres Wetter auch sehr erwünscht erscheinen. Aber auch so durften wir uns ohne einen ortskundigen Lotsen nicht in die Einfahrt des nächsten Küstenortes, Agto, hineinwagen. Zwei Seemeilen vom Lande drehten wir bei und liessen zwei Stunden lang Dampfpfeife und Sirene heulen. Aber niemand schien uns zu bemerken. So mochten die da drin denn ihre Tranfässer behalten, lieber als dass wir irgendwo aufliefen. Wir hatten die Fahrt nach Norden schon wieder aufgenommen, als doch gegen das Land zu ein schwarzer Punkt auf dem Wasser sichtbar wurde: ein Kajakmann. Wir fuhren ihm ganz langsam entgegen; er stieg mit wichtiger Miene an Bord, und auf das Befragen, ob man uns denn nicht bemerkt habe, antwortete er mit Grandezza: «Man habe uns schon gehört, aber ein Seehundsfänger wie er habe Besseres zu tun, als wegen jedem Dampfer von seiner Sache wegzulaufen.» Was das Lotsen betraf, wollte er der Sicherheit halber, wie er sagte, lieber warten, bis noch zwei auch heranrudernde Grönländer ebenfalls da seien; in Wirklichkeit war es wohl darum zu tun, den andern auch noch eine Lotsengebühr zuzuschanzen.

Diese drei Lotsen, ihrem Typus nach eher japanisch als grönländisch aussehend, stellten sich im Hochgefühl ihrer Bedeutung auf die Kommandobrücke und verbreiteten sich über das Fahrwasser und den zu steuernden Kurs in einem Grönländisch, das genau wie das Klappern eines Telegraphenapparates klang.

Wir haben immer bewundert, wie sorgfältig und abgemessen die Grönländer sprechen. Kein Vokal, kein Konsonant, keine Endsilbe geht verloren; letztere darf es auch nicht, weil in ihr gewöhnlich die entscheidende Beziehung oder Nuance liegt.

Von der grönländischen Sprache in kurzen Worten einen Begriff geben zu wollen, ist eine schwierige Sache, besonders, wenn man selber nicht viel davon versteht. Im ganzen klingt sie nicht schlecht, da sie vokalreich ist; sehr auffallend sind allerdings die vielen, in tiefster Kehle gesprochenen rkr (im Grönländischen durch K wiedergegeben). Zur Demonstration der Häufigkeit dieses Lautes und des Klangs des Grönländischen wird dem Neuling mit Vorliebe der Satz aufgetischt, den ich phonetisch möglichst richtig herschreibe:

krakrortut erkrane krarkrarkrarkrarkrorkaork
(die Umgebung von Julianehaab hat wahrscheinlich viele Gebirge).

An dem letzten, ganz korrekt gebildeten, immerhin ausnahmsweise schnarrenden Wortungetüm lässt sich hübsch nachweisen, wie im Grönländischen überhaupt die Verbalformen mit sogenannten Suffixen, welche dem Worte eine immer neue Bedeutungsnuance geben, zusammengebaut werden: *kakak* heisst der Berg; die Verbalform davon (die für sehr viele Substantive existiert) *kakakaok:* es gibt Berge usw.; folgendes Schema mag den Aufbau deutlich machen:

kakak	der Berg.
kaka – – – – – kaok	es gibt Berge.
kaka – kaka – – – ok	es hat viele Berge.
kaka ka – ka – rko kaok	es hat wahrscheinlich viele Berge.

Für die grönländische Sprache ist in den 50er Jahren des vorigen Jahrhunderts von dem frühern Missionar der Brüdergemeinde, Samuel Kleinschmidt, eine vorzügliche Grammatik und ein umfangreiches etymologisches Wörterbuch zusammengestellt worden; diese deutsch abgefassten, wissenschaftlichen Werke werden von den Kennern der Sprache mit grösstem Respekt genannt, können aber dem Reisenden nicht zu einer praktischen Einführung dienen. Bis er das Nötige gefunden hätte, wäre er wohl jeweilen ertrunken, verhungert oder erfroren. Gewissermassen als der «beredte Grönländer» dient ein dänisch-grönländisches Vocabularium des Direktors Ryberg. Der Weg zum Grönländischen muss also praktisch durch das Dänische gehen.

Bei unserer Ankunft in Agto begrüsste uns ein Hundekonzert, dessen Wirkung an Stärke des Geräusches, Dissonanz und Eigentümlichkeit der Stimmen selbst von einer gewissen modernen Musik kaum hätte erreicht werden können. Die Hunde mochten ahnen, dass wir auch ihretwegen kamen. Der Inspektor von Nordgrönland hatte nämlich Auftrag, Schlittenhunde für eine Expedition zusammenzukaufen, die den in Nordgrönland umgekommenen Mylius-Erichsen suchen sollte.

Von Agto bis Egedesminde fuhren wir nicht mehr draussen im offenen Meer, sondern suchten unsern Weg zwischen einem Gewirr von ziemlich niedrigen Inseln; es war Abend, als wir abdampften. Aber diese Nacht gab es kein Schlafen mehr, zu viel war zu sehen und zu hören. Zum erstenmal kamen wir ganz nahe an einem Walfisch vorbei; so nahe nur, weil er schon tot war, und sogar allzu nahe; denn er verbreitete einen bedenklichen Gestank. Wir riefen mit der Dampfpfeife die nächsten Grönländer herbei, denn ein solches Tier, obwohl nur ein Krapokrak, repräsentiert doch einen erheblichen Wert.

Überall, wo wir an bewohnten Plätzen hinfuhren, brachten wir einen wahren Freudentaumel hervor: Umiarssuit! Das erste Schiff des Jahrs. Mit Geschrei, Gejauchze und Geheul rannten Männer, Frauen, Kinder und Hunde dem Ufer entlang, man winkte sich mit Händen und Tüchern; die Dampfpfeife quittierte immer wieder für das Hallo vom Land her. Alle paar Stunden erneuerte sich das Volksfest, zu dessen Hebung auf der Schiffseite der Kapitän einige Extra-Grog und Glühweinauflagen zum besten gab.

Weit am Nordhorizont wurde zwischen Lücken im Gewirr der Inseln ein blauschwarzer Streifen sichtbar; es mussten die Basaltwände der Insel Disko sein. So konnte auch Egedesminde nicht mehr fern sein. Am Morgen früh drei Uhr fuhren wir in den Hafen ein; unser Schiff zerbrach mühelos die mürbe Wintereisdecke, die noch im innersten Teil der Bucht lag. Die Leute der Ansiedlung standen schweigend in Gruppen am Ufer herum; keine freudige Begrüssung, kein Willkommen! Was das bedeuten sollte, erfuhren wir, als der Bestyrer mit seinem Assistenten an Bord kam. In Egedesminde war vor einigen Wochen eine rätselhafte Krankheit ausgebrochen, die der Arzt für typhusverdächtig hielt, obgleich nur eine einzige Person gestorben war, und nun wurde beschlossen, dass zwischen dem Schiff und dem Land überhaupt kein Verkehr stattfinden dürfe, damit eine Übertragung in die vielen andern vom Schiff nachher zu besuchenden Niederlassungen der Diskobucht ausgeschlossen sei. Diese Rigorosität war vielleicht in jenem Fall übertrieben, wird aber verständlich, wenn man weiss, wie fremde Ansteckungskrankheiten unter den Grönländern zu wüten pflegten, z. B. zu verschiedenen Malen die eingeschleppten Pocken. Die Grönländer starben damals weg wie die Fliegen. In einem andern Fall wurden durch Kinder eines Bestyrers, die nach in Europa überstandener Diphtherie etwas früh nach Grönland gekommen waren, alle Kinder einer der grössten Kolonien angesteckt, und kaum eines kam mit dem Leben davon. Die grössere Empfindlichkeit gegenüber Krankheiten, die bei uns in leichtern Formen auftreten, ist eine Erscheinung, die bei der Berührung mit abgeschlossenen Völkern ja öfters bemerkt und auch beobachtet wurde, wenn die viel isolierteren Grönländer der Ostküste im Süden mit den Westgrönländern zusammenkamen.

Auf dem Schiff gab es wegen der Quarantäne lange Gesichter; alle hatten sich gefreut, an Land den Sonntag zu geniessen, besonders die Matrosen fanden sich um ihr unveräusserliches Recht gebracht, an Land mit den Grönländerinnen zu tanzen; und diese selbst waren sicher nicht weniger betrübt. Sie versuchten aber unter sich vergnügt zu sein, und bald trug der Wind vom Land die Klänge des grönländischen Nationaltanzes, des Arsinek-pingasut («Acht-Tour») herüber. Das war mehr, als die Tanzlustigen an Bord ertragen konnten; der Kapitän hatte denn auch ein Einsehen und erlaubte zu den Klängen der Musik am Land auf Deck zu tanzen; ja mehr als das, er hatte so viel Witz, selbst als erster zum Tanz anzutreten, und zwar mit der ältern der beiden Grönländerinnen, die wir an Bord hatten. Nie hat mir Kapitän Skoubye besser gefallen – ausser bei der Einfahrt im Sturm in die Bucht von Godhavn – als jetzt, wo er nach allen Regeln der Kunst mit Stampfen und Klatschen und mit einem durch unterschiedliche Grimassen gemilderten tödlichen Ernst den Arsinek-pingasut anführte. Das ist nämlich an und für sich eine Leistung. Es sind verschlungene Reigenfiguren, der Takt ist, wie bei den Rundtänzen, rasend schnell, und trotzdem sind die Grönländer unheimlich taktfest. Mit Leib und Seele sind sie beim Tanzen und es ist ein Genuss, ihnen zuzusehen. Von unsern Rundtänzen ist der Rheinländer besonders beliebt; die Begleitung wird meistens mit einer Mundharmonika, seltener einer Geige ausgeführt, und man kann beobachten, wie da oben die letzten Wellen einiger bei uns längst verklungener «Melodien» oder Gassenhauer auslaufen. So ist der «kleine Kohn» noch in Blüte, während der Walzer aus der «Lustigen Witwe» die Herzen erst zu erobern beginnt. Auch bei den Dänen hat sich einiges aus einer bei uns längst vergangenen Zeit erhalten, z. B. der Knix der jungen Damen und der ehrwürdige Ratsherrenstab aus der Biedermeierzeit, den auch der sonst sehr moderne neue Handelschef, Wesche, vielleicht zugleich als sichtbares Abzeichen seines Amtes, spazieren führte. Man empfindet es ganz wohltuend, dass die Zeit dort oben in einigen Punkten Halt macht; die grönländischen Dänen, denen sie in ruhigerem Flusse strömt, bekommen ihrerseits den Eindruck, die Leute, die da aus Europa herüberkommen, seien mit ihrem Hasten alle etwas aus dem Häuschen. Wir konnten aber beobachten, dass einige unter ihnen die europäischen Vorgänge sorgfältig verfolgen und besser orientiert sind als wir, die wir mitten im Wust der Aktualitäten stecken, die am andern Tage schon interesselos sind. «Ich übersehe die Vorgänge in Dänemark besser als meine dortigen Freunde», sagte uns mit feinem Lächeln der Vorsteher des Seminars in Godthaab, als wir ihn fragten, ob er sich nicht vom geistigen Leben der Heimat abgeschnitten fühle.

Die Quarantäne in Egedesminde bedeutete für unsere Expedition mehr als nur ein Abgeschnittensein vom Tanzplatz am Lande. Wir hatten darauf gerechnet, gerade den voraussichtlich längeren Aufenthalt in Egedesminde für die Ergänzung und völlige Fertigstellung der Inlandeis-Ausrüstung zu verwenden; das war nun unmöglich, und zugleich wurde die Zeit unserer Ankunft in Umanak, wo das Inlandeis auf uns wartete, voraussichtlich stark verzögert. Wir konnten es unter diesen Umständen als eine Chance ansehen, dass wir wenigstens nicht lange ganz untätig in Egedesminde liegen mussten, sondern dass der Dampfer bald einen Abstecher hinüber nach Disko machen und uns in Godhavn absetzen wollte, um uns dann auf dem Wege nach Umanak später dort abzuholen. Wir hatten ja eigentlich schon vorher bedauert, das berühmte Disko und die arktische Station auf der Südseite der Insel links liegen lassen zu müssen.

Unsere Einfahrt in Godhavn gehört zu unsern eindrucksvollsten Erinnerungen. An sich schon ist der Landschaftscharakter auf Disko anders als an der bisher uns bekannt gewordenen Küste. Die Insel ist fast ganz aus dunkeln horizontal geschichteten Basalten aufgebaut, die wie die Bastionen einer Riesenfestung jäh nach Süden ins Meer abbrechen. Damals, als wir uns der Küste im Sturme näherten, waren die obersten firnbedeckten Gipfel der Tafelberge von jagenden Wolken umzogen, und so schien die dunkle Felsenmauer, die uns entgegendrohte, bis in den Himmel zu wachsen. Am Fusse der Felswände und an den vorgelagerten Schären peitschte die Brandung turmhoch hinauf, und in diese Hölle hinein, durch die schmale Einfahrt, war unser Kurs gerichtet. Seit dem Abend war Kapitän Skoubye nicht von der Kommandobrücke gewichen, und auch wir selbst standen mit Spannung, wenn auch ohne alles Bangen, an Deck, als die gefährliche Stelle passiert wurde. Der Sturm war so stark, dass selbst in der geschützten Bucht in der folgenden Nacht die Anker nachgaben und Dampf aufgemacht werden musste, um im Notfall den Hafen verlassen zu können.

Die Kolonie Godhavn liegt auf einer kleinen flachen Halbinsel aus Gneis, der hier fast an der einzigen Stelle von Disko unter den Basalten noch zum Vorschein kommt. Diese kleine Ansiedlung hat besondere Bedeutung durch die arktische, biologische Station, die sich seit wenigen Jahren hier befindet. Sie steht unter der Leitung von Magister Morton P. Porsild, der hier mit Frau und Kindern lebt. Das Zustandekommen dieser wissenschaftlichen Station ist ganz seiner Initiative zu verdanken. Sein Gedanke war, den interessierten Naturforschern Gelegenheit zu geben, Natur, Tier- und Pflanzenwelt und ihre Lebensbedingungen hier oben im hohen Norden an Ort und Stelle untersuchen zu können, unterstützt von den nötigen Laboratoriumsräumen und einer speziell auf die Arktis bezüglichen, ausgewählten wissenschaftlichen Bibliothek. Diese ungemein wertvolle Gelegenheit ist schon mehrfach von europäischen Fachleuten benutzt worden, so im Jahre vor uns von den schweizerischen Zoologen und Botanikern Bachmann und Rikli, die hier einen sechswöchigen Sommeraufenthalt gemacht haben. Meine Landsleute lebten, wie wir bemerkten, noch stark in der Erinnerung der Grönländer mit all den Qualitäten, die sie denselben auffallend gemacht hatten und die den Grönländern zum Teil noch Anlass zu Sympathiebezeugungen, zum Teil zu mimischen Produktionen gaben. Es wird uns ähnlich ergehen.

Obschon wir nicht auf der arktischen Station arbeiteten, sondern durch die Liebenswürdigkeit des Inspektors von Nordgrönland, Daugaard Jensens, Quartier in dessen Hause nehmen durften, war uns doch dieses Institut in mancher Hinsicht sehr wertvoll; ich konnte dort z. B. in höchst erwünschter Weise den Gang meiner Chronometer verifizieren, was wegen der Unsicherheit der geographischen Länge der bisher berührten Küstenorte vorher nicht möglich gewesen war, und Baebler ergänzte einige abhanden gekommene Stücke seines Bestecks. Auch konnten wir dort unsern Proviant für das Inlandeis ergänzen, namentlich mit Pemmikan, und überhaupt noch manches in Ordnung bringen. Bei der arktischen Station, wie dem Bestyrer Thron und seiner Frau, fanden wir ein unerschöpfliches Entgegenkommen bei unsern Anliegen, und ich verdanke Herrn Porsild namentlich auch manche Einsicht und Belehrung über grönländisches Leben, die mir ungemein wertvoll geblieben sind.

Durch die Freundlichkeit des Gehilfen der arktischen Station, Herrn Nygaard, der uns zwei Kajake lieh, war es Baebler und mir möglich, unserm längst gehegten Wunsch entsprechend, einigermassen das Kajakfahren zu lernen. Man sitzt in diesem Fahrzeug mit den Füssen und dem Oberkörper wie in einem Futteral und könnte sich nicht leicht frei machen, wenn das sehr heikle Gleichgewicht verloren gehen sollte. Ebenso sehr zur Erhaltung des letzteren wie zur Fortbewegung dient das mit Knochenleisten beschlagene Doppelruder. Mit seiner Hilfe können die gewandten Fänger sich wieder aufrichten, selbst wenn sie völlig umgekippt sind, und in ihrem wasserdichten, eng an das Kajak und Gesicht und Hände geschnallten Anzug im Wasser auf dem Kopf stehen. An solche Künste konnten wir uns natürlich nicht heranwagen. Um aber nicht alle Überlegenheit auf der Seite unserer wohlwollend lächelnden grönländischen Lehrmeister zu lassen, hielt ich es für angemessen, ihnen etwas vorzuschwimmen; freilich war das Wasser infam kalt, und ich machte mich aus der Gesellschaft der Eisstücke schleunigst wieder ans Trockene. Doch war die Ehre der Expedition gerettet. Denn von den Grönländern kann kein einziger schwimmen; sie glauben, wenn ihnen Wasser in die Ohren komme, würden sie den Verstand verlieren, so dass es ihnen doch nichts hülfe. Auf dem offenen Meer hätten sie auch wirklich wenig Nutzen davon. Aber viele Unglücksfälle kommen auch ganz nahe am Ufer vor, beim Ein- und Aussteigen.

Es geschieht übrigens, dass ganz erprobte Kajakfahrer plötzlich von einer unbezwinglichen Angst befallen werden, das Gleichgewicht nicht mehr halten zu können; diese Krankheit des «Kajakschwindels», die unserer «Platzangst» entspricht, macht den Mann für sein weiteres Leben als Fänger unfähig.

Wir nahmen für späteren Gebrauch ein für mich und Baebler passendes Kajak mit. Für den langen Stolberg hätte ein Überkajak gebaut werden müssen.

Die grossartige Küstenbildung Diskos lernten wir auf einer Fahrt mit dem Motorboot der arktischen Station kennen, die Stolberg später zu wiederholen Gelegenheit hatte. Er schildert folgendermassen seine Eindrücke:

«Ein kilometerlanger, ebener Streifen schwarzen Basaltsandes verbindet die kleine Bucht von Godhavn mit dem Fuss des jähaufsteigenden Skarvefjelds. Ein Strand, an dem die Brandung nicht nur mit Schaumflocken, sondern auch mit Eisblöcken und Walfischknochen spielt. Kaum hundert Schritt entfernt ragen gestrandete Eisberge von wundersamen Formen in der wogenden See. Dicht dabei öffnet sich ein energisch in die Uferterrasse eingeschnittenes finsteres Tal, aus welchem der Röd-Elf seine rötlichen Gewässer ergiesst. Eismauern stehen noch an seinen Rändern, während nur wenige Meter höher auf der Strandterrasse Pedicularis in Mengen blüht. Meer, Lava, Eis und Frühlingsblumen dicht beieinander!

Fahren wir mit dem Boot über diesen ebenen, schwarzen Strand hinaus, dorthin, wo das Skarvefjeld, ohne auch nur einen schmalen Uferstreifen zu belassen, unmittelbar in das Meer abstürzt. Keine Klippen, keine Schären, nur die Eisberge mildern bei stürmischem Wetter hier den Wogenprall. Das dunkle Eruptivgestein zeigt sich in märchenhaftem, die schöpferische Phantasie weit überbietendem Formenreichtum. Da stehen

Türme, Pfeiler, Säulen, Gewölbe und andere Formen einer wundersamen Architektur so herauserodiert, dass man aus diesen Ruinen Baustile um so mehr herauszufinden versucht ist, als die Elemente des Gesteins, die feinen, sechskantigen Basaltsäulchen, ein wie von Steinmetzhand bearbeitetes Material vortäuschen. Die Felsen überschatten das Wasser, dass es dunkelgrün, ja fast schwarz erscheint. Unergründliche dunkle Höhlen, die in den Basalt hineinführen, erzeugen die Vorstellung, dass hier der Eingang zu den Tiefen des Planeten sich öffnet. Es war das Unheimlichste, was ich in der Natur irgendwo und irgendwann gesehen hatte. Urweltliche Tiere mischen sich chaotisch mit Toren, Grotten und Galerien. Truggestalten! Unmittelbar über dem dunklen Wasser steht in einer Nische eine Madonna, über deren Antlitz das rinnende Wasser einen Eisschleier entstehen liess. Vielleicht ist es auch nur die verwunschene Prinzessin des Märchens in der verwunschenen Umgebung. Erstarrt und doch lebendig!

Hier und da heben sich einzelne weisse Punkte von den braunen Felsen ab; es sind ruhende Möwen, die den erdrückenden Ernst der Szenerie etwas mildern.

Über dieser von einer längst entschwundenen Erdperiode geschaffenen schwarzbraunen, wilden Felsenwelt, die in düsterer Majestät unsagbar grossartig sich aus der Meeresweite emporbaut, breitet sich ein einziger, ungeheurer Gletscherschild. Aber nur hier und da wird ein in die Felskamine herabhängendes Stück von ihm sichtbar. Wasserfälle, dem Fuss unerreichbar, tauchen hoch oben in diesen Hohlkehlen als wehende Schleier auf und verlieren sich wieder in den Falten der Wände, ehe noch das Ohr ihr Brausen vernahm.

Um Mitternacht wenden wir unser Boot und steuern wieder westwärts nach Godhavn zurück. Wie hellblaue Seide schillert das offene Meer, in dem sich der Abendhimmel spiegelt. Die Strahlenbrechung hebt die weit draussen schimmernden Eisberge scheinbar aus dem Wasser, in das ihr Bild zurückfällt. Ein friedlicher Abendhimmel mit angegoldeten Schäfchenwolken wölbt sich über die Weiten, im Schatten der Felswände erscheinen die nahen Eisberge blassgrün und auch wie weissgrauer Atlas, während sie draussen, wo die Felsen des Kronprinzeneilandes auftauchen, im Scheine der Mitternachtssonne flammen; ein Bild der arktischen Nächte um Johanni.»

Einen andern Ausflug, der uns einen Einblick in den innern Aufbau der Insel gab, machten wir in das Blaesedal, das östlich von Godhavn sich nach Norden bis ans Ende des Diskofjordes zieht. Das gewaltige U-förmig in die horizontalen Basaltdecken eingegrabene Tal öffnet sich nach links und rechts in hohen Quertälern, in denen Gletscherzungen von den verfirnten Hochplateaus herabsteigen; diese Gletscherzungen haben in früherer Zeit ungeheure Moränen im Tal angehäuft, unter denen zum Teil noch jetzt vom Gletscher abgetrenntes, sozusagen fossiles Eis liegt. In dieser Wildnis veranlasste mich das Datum des Tages, meinen Geburtstag zu feiern. Ich hatte ein mir zu Hause schon vor meiner Abreise übergebenes Päckchen im Rucksack mitgenommen, das wurde jetzt nachts um ein Uhr in dieser Wüste feierlich «entwickelt» und die darin enthaltene Flagge mit dem Bernerbär aufgepflanzt, zur stummen Verwunderung unseres «Führers» Isaac. Stolberg, der die rührende Aufmerksamkeit gehabt hatte, sich den Tag zu merken, brachte darauf zu meinen Ehren eine Strassburger Gänseleberpastete zum Vorschein und ein Paar Glacéhandschuhe, die zunächst als Schutz gegen die Mücken dienen sollten, meiner unwidersprochenen Vermutung nach aber zugleich noch den tiefern symbolischen Hinweis enthalten sollten, ich möchte die andern Teilnehmer der Expedition künftighin gelegentlich «etwas zarter» anfassen.

Isaac deutete uns mit vielen Gesten seine Erlebnisse des Vorjahrs mit den beiden Schweizern an. Wir selbst mussten zu dem Verständigungsmittel greifen, allerhand Figuren und Striche in den Schnee zu zeichnen, um ihm klar zu machen, dass Baebler nun auf einen Berg links am Talhang klettern wolle (zu seinen Ehren resp. seinen Studien Flohberg benannt), während wir noch bis ans Ende des Tales gehen und dann Bäbler abholen wollten. Der Nebel beeinträchtigte in etwas die Schönheit dieser Exkursion.

Leider kam er uns noch viel mehr in die Quere bei einem spätern Unternehmen, der Beobachtung der totalen Sonnenfinsternis, die am 17. Juni stattfinden und auf der ganzen Erde allein hier in Nordgrönland, auf einem schmalen, die Insel Disko schneidenden Streifen sichtbar sein sollte, und auch hier nur während 4 Sekunden. Ein der astronomischen Rechnungen kundiger Bestyrer in Jakobshavn, Herr Ohlsen, hatte einen grönländischen Winter damit zugebracht, die Ausrechnungen auszuführen, und dieselben Herrn Porsild mitgeteilt, und wir hatten uns tagelang aufs sorgfältigste vorbereitet und geübt, um mit photographischen und direkten Beobachtungen alles zur wissenschaftlichen Feststellung des Phänomens zu tun, was in unsern Mitteln stand. Es hätte so die noch immer ziemlich unsichere geographische Länge von Godhavn und damit der ganzen Westküste recht genau bestimmt werden können. Die Beobachtung sollte nicht in

Godhavn selbst, sondern eine Strecke weiter östlich an der Fortunebay stattfinden, wo eine verlassene Walfängerstation steht. Ich hatte befürwortet, die Beobachtungen lieber oben auf einem der benachbarten Basaltberge anzustellen, mit Rücksicht auf zu befürchtenden Nebel, war aber versichert worden, dass die Nebelverhältnisse hier ganz andere seien als in Südgrönland und der Berg immer zuerst oder zugleich mit der Küste in Nebel gehüllt werde. So wählten wir den Standort unten an der Küste und verlegten ihn noch zuletzt, mit Rücksicht auf eine von Ohlsen gesandte Nachricht, auf die Insel Kakak.

Kaum hatten wir dort die Beobachtungszelte aufgeschlagen, so kam von Norden der Nebel gekrochen und verhüllte den vorher so verheissend klaren Himmel. An der Inselküste drüben stiegen die Basaltwände 800 Meter weit in die Höhe, ähnlich wie auf unserer Abbildung des Lyngmarkfjelds. Vielleicht gelang es dort, doch noch über den Nebel zu kommen. Keine Zeit war zu verlieren. Baebler und ich liessen uns eilig hinüberrudern und hasteten drüben den Abhang hinauf, Baebler etwas hinkend, weil er zum erstenmal einen grössern Marsch in grönländischen Kamikern machte; da waren Basalthänge kein geeignetes Versuchsfeld. Wahrhaftig, wir überholten den Nebel. Die Finsternis begann, mehr und mehr schob sich der Mond vor die Sonnenscheibe, die bald nur noch als eine schmale Sichel sichtbar war. Noch wenige Sekunden, so muss die Totalität eintreten; es hat schon stark gedunkelt. Aber jetzt fängt auch ein kalter Wind an zu wehen, die Nebel stürmen um uns in die Höhe, die Sonnensichel – sie ist noch fein wie ein Faden – wird dunkler – da ist sie hin; der Nebel hat uns um all' unsere Mühe betrogen.

Aber vielleicht kriegten wir doch das Ende der Finsternis, wenn wir die Basaltwand ganz erkletterten, hinter der die wachsende Sonnensichel jetzt verschwand. Baebler hielt das für unmöglich, jedenfalls in so kurzer Zeit, ich glaubte aber seinen Bergerfahrungen diesmal nicht und stürmte in einem Couloir hinauf, mehr als ich kletterte. Weiter oben war die Rinne mit hartem Firn gefüllt; da die Felsen links und rechts davon viel zu steil und bröcklig waren, musste der Firnstreifen benützt werden. Den Pickel hatte ich nicht mit und wollte mir nun mit einem wuchtigen Fusstritt Stufen schlagen; ich vergass nur, dass ich keine eisenbeschlagenen Bergschuhe, sondern nur dünne Kamiker an den Füssen hatte, und zerschlug mir auch richtig eine Zehe. Nachträglich war das unangenehm; im Augenblick merkte ich es kaum. Es gelang mir, oben auf der Basaltwand gerade den letzten Augenblick der Finsternis zu erhaschen; ich legte den Chronometer vor mich, nahm die Stoppuhr in die eine Hand und riss das Zeissfernrohr ans Auge, war aber so in Schweiss gebadet angekommen, dass sich das Okular sofort beschlug. Ich wischte es ab, sah wieder hin – aber schon vorbei war der Kontakt. Baebler war unterdessen nachgeklettert, er hatte beim Heraufkommen die merkwürdigerweise unversehrten Bestandteile meines Kompasses gesammelt, der mir aus der Tasche gefallen und das Couloir hinabgepurzelt war. Nun blieb uns nur ein betrübter Rückzug übrig, wobei ich über die Sonnenfinsternis im allgemeinen und über meine Zehe im speziellen, und Baebler über seine Fusssohlen nachdachte.

Am Tage der Sonnenfinsternis war von Egedesminde unsere Post und zugleich unser Landsmann, Arnold Heim, angelangt. Er war mit «Hans Egedes» zweiter Reise gekommen und sollte im Auftrage einer Minengesellschaft Untersuchungen über die Kohlenvorkommnisse auf Disko und Nugsuak anstellen. Augenblicklich war er noch ziemlich mitgenommen von der Seereise und betrachtete – allein, wie er war – die Herrlichkeiten Grönlands mit ziemlich skeptischen Augen. Wir freuten uns der Gelegenheit, ihn ein bisschen zu pflegen, und unsere Gesellschaft schien ihm nicht unwillkommen. Nach wenigen Tagen musste er mit seinem Kollegen Ravn im Boot weiterreisen.

Wir selbst brannten auch, weiterzukommen; wir wussten, dass in dieser Jahreszeit mit jedem Tag das Inlandeis schlechter zu bereisen wäre, und schickten eine eigene Kajakpost mit einem flehentlichen Brief an den Inspektor nach Egedesminde, ob die «Godthaab» uns nicht bald holen wolle. Für Kajakposten gibt es einen besondern, behördlichen Tarif, der nach Länge und Gefahr der Strecke berechnet ist; für grössere Reisen gehen immer zwei Kajakleute miteinander.

In Godhavn konnten wir uns noch das Phänomen der Angmasettenzüge ansehen. Diese kleinen Lachse kommen im Juni enggedrängt zu ungezählten Scharen mit der steigenden Flut an gewisse Stellen des flachen Strandes, um dort zu laichen, gefolgt von vielen Raubfischen. Man schöpft sie ganz einfach mit Kübeln und Körben zu Hunderten aus dem Wasser und breitet sie am Ufer zum Trocknen aus, so dass weite Strecken ganz damit bedeckt sind; gebraten schmecken sie sehr gut, werden aber von den Grönländern nicht gegessen, sondern nur als Hundefutter für den Winter aufbewahrt. Am Anfang der Angmasettenzüge sind die mageren Hunde eifrig dabei und passen auf jeden Fisch, den die Wellen auf den Strand werfen. Schliesslich sind sie dann so vollgefressen, dass sie tagelang den Kopf mit Verachtung abwenden, wenn sie nur von weitem eine Angmasette sehen.

Lager in Ikerasak: Alfred de Quervain, August Stolberg, Emil Baebler (vlnr). 1909

Korokfjord bei Godthaab, Aufstieg zum Saddlen. 1909

Grönländerfamilie vor Steinhütten. 1909

II

Kajakmann mit weissem Tarntuch im Vaigat-Sund. 1909

Frau beim Kajakflicken in Godthaab. 1909

III

«Eisfuss» im Hafen von Godthaab. 1909

Inuitmädchen in Nugsuak. 1909

IV

Gestrandeter Eisberg bei Godhavn. 1909

V

Die «Hans Egede» im Eis, im Vordergrund die Kirche von Umanak. 1909
Die Kirche von Umanak. 1909

Grönländer mit Hunden in Ikerasak. 1909

Rekognoszierung im Spaltengebiet des Inlandeises. 1909

Emil Baebler und Alfred de Quervain beim Überwinden einer Gletscherspalte. 1909
Rand des Stromes des grossen Karajakgletschers. 1909

Am 4. Juni waren wir in Godhavn angekommen, am 27. mussten wir wieder Abschied nehmen. In der arktischen Station geschah es mit einem besonderen Nachdruck, da wir Porsild Mitteilung von unserer später noch zu erwähnenden Absicht gemacht hatten, bei besonders günstigen Verhältnissen eine Durchquerung zu unternehmen, und er ein solches Unternehmen mit unseren Mitteln für gleichbedeutend mit sicherem Untergang hielt, eine Meinung, die ich freilich nicht teilen konnte.

Die «Godthaab» kam schliesslich schneller als erwartet – es gab das gewöhnliche Packen über Hals und Kopf – und führte uns zunächst in die Diskobucht, nach Jakobshavn, mit seiner berühmten Eisbergbank; dort versuchte ein kleiner Eisberg den Spass, unser Schiff im Hafen einzuschliessen; es gelang ihm aber nicht, und wir kamen glücklich weiter nach Ritenbenk. Zu den Sehenswürdigkeiten dieser Kolonie gehört ein grosser Vogelberg, und es fand sich bald eine Gesellschaft zusammen, die den Schiffsaufenthalt benutzen und dorthin auf die «Jagd» fahren wollte. Ich verzichtete auf die Teilnahme an dieser Art von Jagd, fuhr unterdessen im Kajak spazieren und beobachtete die Tierchen, die da im Meerwasser wimmelten. Es traf sich dann, dass ich mit dem Arzt zusammen eine schwer kranke Grönländerfrau besuchte. Der bange Ton, in dem der Mann nachher den Arzt fragte, ob es wohl schlimm stehe, fiel mir auf und schien mir zu beweisen, dass es den Leuten nicht an Gemüt fehlt. – Es soll auch, wie mir Porsild erzählte, etwas ungemein Ergreifendes sein, dem Sterben eines Grönländers beizuwohnen, wenn die Nachbarn alle bei ihm versammelt sind und ihm auf seinen Wunsch die Sterbelieder singen; es müsse auch auf einen freidenkenden Beobachter den Eindruck machen, dass ihre Religiosität starke innerliche Momente enthalte, freilich neben manchem eben so stark abergläubischen. So sollen die meisten Fänger vorn in die Spitze des Kajaks ein Blatt aus ihrem Gesangbuch hineinstecken, damit sie, wenn ihnen auf dem Wasser ein Unglück zustossen sollte, im Jenseits eine Legitimation zur Hand hätten.

Vorzügliche Beiträge zur Psychologie und Denkweise der Grönländer, wenn auch vielleicht etwas offiziell gemodelt, liefern, beiläufig bemerkt, die auch ins Deutsche übersetzten von Signe Rink unter dem Titel «Kajakmänner» herausgegebenen Ausschnitte der von Grönländern selbst verfassten Erzählungen in dem schon erwähnten «Atuagag-dluitit», der grönländischen Zeitung.

Am Abend kam das Boot mit den Vogeljägern zum Schiff zurück. Baebler und Stolberg waren mitgewesen, hatten aber auf aktive Beteiligung verzichtet. Letzterer schildert den an sich sehr interessanten Abstecher folgendermassen:

«Nach 1½stündiger Ruderarbeit kamen wir an eine Flucht von gewaltigen, überhängenden weissgrauen Wänden, die so orientiert lagen, dass sie Tag und Nacht fast beständig von der Sonne angestrahlt wurden. Auf den über einander liegenden Absätzen und Bändern dieser Felsen, die sich wie ein riesiger Zirkus um uns aufbauten, brüteten Hunderttausende von Vögeln. Auf der einen Flanke nisteten mehr die Alken, auf der anderen die Möwen und Seepapageien. Unmittelbar vom Wasser aus zogen sich in fast unübersehbaren Reihen die Vögel hoch zum Himmel empor bis dorthin, wo der überhängende Fels, der unheimlich genug seine Schatten über Wasser und Boot warf, das Nisten unmöglich machte. Unter betäubendem Geschrei flogen die Männchen vor diesem Felsentheater auf und nieder, zum Teil wie im Spiel begriffen, zum Teil Beute im Meer fischend und sie dann wieder nach oben tragend. Die Vögel sitzen so dicht gedrängt, dass von einer weidgerechten Jagd keine Rede sein kann. Der Jäger hält einfach sein Gewehr direkt auf den Felsen und schiesst los, wobei er, wenn er will, nicht einmal zu zielen braucht, ja selbst die Augen schliessen kann. Jeder Schuss trifft und veranlasst ein gewaltiges Echo in den Felsen, das aber noch übertönt wird durch das betäubende Geschrei von weiteren abertausend Vögeln, die sich auf den Schuss hin wie weisse Wolken in die Lüfte emporheben. Die brütenden Weibchen hingegen bleiben auf ihren Eiern «ruhig» sitzen, selbst dann, wenn die Nachbarin zur Linken oder Rechten vom Schrot getroffen von Absatz zu Absatz kollernd ins Meer fällt oder gar angeschossen hilflos auf ihrem Neste umsinkt. Stoisch brütet der Vogel zwischen den Gefallenen weiter, dem Vorgang in einer Schiessbude vergleichbar, wo man aus der Reihe der Tonpfeifen eine hinwegschiesst und die anderen steif und starr daneben am Platze bleiben. Zum Teil fielen die Geschossenen unmittelbar beim Boot und in letzterem selbst nieder, wo ihnen dann durch Halsumdrehen schnell der Garaus gemacht wurde. Man könnte diese Vögel auch mit Stöcken totschlagen, sie würden ihren Brütplatz doch nicht verlassen!

Wenn auch die Männchen durch die Schüsse mit ihrem dauernden Echo erschreckt sich immer und immer wieder erhoben, so kehrten sie doch auch immer und immer wieder zu den Horsten zurück. Man braucht, wie gesagt, nur in diesen Strudel hineinzuschiessen, um Beute zu machen. Diese Art zu jagen würden wir bei uns wohl mit dem Worte Aasjägerei bezeichnen. Unter diesen Verhältnissen, wo alles frische Fleisch ein sehr willkommener und sehr nötiger Zusatz zum Proviant bedeutet, ist sie jedoch, weil nicht zu vermeiden, auch entschuldbar. Es ist ja grausam, dass der Mensch bis ans Ende der Welt kommt, um die Kreatur in ihrer Fortpflanzung zu stören und zu bedrohen, es kann einen jammern, wenn man sieht, wie die Vögel die Pflichten gegen ihre Nachkommenschaft bis in den Tod treu durchsetzen. Für normal empfindende Gemüter ist daher eine solche Schlachterei etwas Trauriges, und sie sollen einer solchen «Jagd» lieber fern bleiben. Wird sie nun aber ausgeübt nicht mit Rücksicht auf die Ergänzung des Proviants, sondern – was leider auch manchmal vorkommt – lediglich aus Freude am Schiessen, so ist diese Handlungsweise nicht anders als mit Bestialität zu bezeichnen.

Mit einigen 60 Vögeln beladen, kehrte unser Boot in den Abendstunden zum Schiff zurück.

Die «Godthaab» nahm von Ritenbenk ihren Weg nach Norden durch das Vaigat, die breite Wasserstrasse, die sich zwischen Disko und Nugsuak hinzieht. Wir gerieten bald in den Machtbereich des Torsukatakeisstromes, der das Meer weithin mit Eisbergen übersät, und mussten weit nach links ausbiegen und im Zickzack fahren; unablässig spähte die Eiswache auf dem Mast oben in der Ausgucktonne, und dementsprechend wurde gesteuert. Anfangs hatten wir helles Wetter, und auch der Nordwind konnte im Eis keinen Wellengang erzeugen. So konnten wir ruhig den Anblick der beiden Ufer geniessen; auf der Seite von Nugsuak reichen die Berge bis zu 2000 Meter; dort tritt der Formenunterschied zwischen der anfänglichen Gneislandschaft und den nördlicheren Basalten, die das gelbe kohlenführende Tertiär überlagern, besonders klar hervor, während auf der Diskoseite besonders die merkwürdigen Erosionsbildungen und mächtige alte Strandterrassen das Auge des Morphologen fesseln. An den südlicheren Teilen der Küste finden sich noch ähnliche Formen wie bei Godthaab, nämlich horizontal abgeschnittene Bastionen, unterbrochen von U-Tälern reinster Form; weiter im Norden hat, wie auf Nugsuak, die Erosion tiefer eingeschnitten und Gräte und Spitzen wie mit riesigen Gipfelsteinmännern herausgearbeitet, während die Basaltwände mit ihren vorspringenden Strebepfeilern an den Aufbau gotischer Riesendome erinnern.

Weiter nach Norden wurden die Eisberge spärlicher; der Wind nahm zu und das Vaigat machte seinem Namen (Windgasse) alle Ehre. Der Dampfer fing auf den Wellen zu tanzen an, und als nun noch Nebel eintrat, war ich bald auf Deck allein mit meinem Schlafsack, bis auch der ins Rollen kam und ich in die Koje hinabgenötigt wurde.

Auf das Inlandeis

Nie genossen wir ein herrlicheres Naturschauspiel als an jenem 29. Juni, der so trüb im Nebel begonnen hatte. Langsam suchte unser kleiner Dampfer «Godthaab» seinen Weg um die unsichtbare Nordspitze der Halbinsel Nugsuak; um Mitternacht hatten wir die eiserfüllten stürmischeren Gewässer des berüchtigten Vaigats verlassen und steuerten vorsichtig über den Spiegel der Nordostbucht nach Osten auf Umanak zu, unser nördliches Reiseziel, das da vorn irgendwo im Grau verborgen liegen musste. Nordgrönland sollte so schön sein. Aber bis jetzt sahen wir nichts als einen blassen Schein in der Richtung, wo die Sonne stehen musste, und in diesem geisterhaften Licht ab und zu die Umrisse naher Eisberge, deren Wände sich grünweiss dämmernd hoch oben im Nebel verloren. Das war nicht nur geheimnisvoll; es war das Geheimnis selbst! Und was nun kam – ich versuchte es schon damals vergeblich mit Worten festzuhalten. Hätte nicht das Erhabene so sehr das Überraschende überwogen, so müsste der Ausdruck Theatercoup hier Platz finden: Mit einem Male, schneller als sich beschreiben lässt, war der Nebelvorhang zerrissen, und eine lichtüberflutete Szenerie grossartigster Formen stand vor uns aufgebaut. Gleich zunächst ragte der unzugängliche Doppelgipfel der Gneisklippe von Umanak, weiter gegen Osten die tausend Meter hohen wuchtigen Wände der Insel Storö, hinter uns das weite gletscherbedeckte Plateau des vorgestreckten Festlandes. Wir nahmen diese Offenbarung nordischer Naturpracht als gute Vorbedeutung für den letzten Teil unserer Arbeiten, den Vorstoss auf das Inlandeis.

Das Inlandeis! Drohend und lockend zugleich, magisch wirkte auf uns der Gedanke, dass wir jetzt bald an den Schleier des grössten der arktischen Geheimnisse rühren sollten. Wer in Grönland war und kennt das Inlandeis nicht, der war nicht in Grönland! Denn merkwürdig mag es klingen: Viele, ja die allermeisten, die selbst jahrelang in Grönland leben, haben das Inlandeis gar nicht betreten. Wenn auch fast ganz Grönland von dieser Eisflut überschwemmt ist, so sind doch die menschlichen Wohnsitze getrennt vom Inlandeis durch einen von Fjorden zerschnittenen Felsengürtel, der bis

150 Kilometer breit ist. Und wenige gelangen dorthin, wo die Küste ein zweites Mal von einem Meer begrenzt wird, dem Eismeer des Binnenlandes. Als ob er aus der Zeit in die Ewigkeit trete, so ist dem zumute, der auf diesem Eismeer vordringt.

In Umanak trafen wir unsere letzten Vorbereitungen; dort ging auch das eigentliche Zeltleben an, während wir bisher auf dem Schiff oder in Häusern der dänischen Kolonien gewohnt und die Zelte nur bei Exkursionen benutzt hatten. Umanak ist für grönländische Verhältnisse so etwas wie eine kleine Stadt. Nicht weniger als vier dänische Häuser stehen dort, nämlich die des Kolonieverwalters («Bestyrer» genannt), seines Assistenten, des Pastors und des Arztes, dazu die kleine Kirche und zwei grosse Transchuppen. Die Häuser der Grönländer, primitiv genug und doch stattlicher, als wir sie anderswo sahen, sind aneinander gebaut, richtige Zweifamilienhäuser. Zwischen den Grönländerhütten lagen auf hohen Gestellen, den Hunden möglichst unerreichbar, die Kajaks und noch höher, in lange Streifen zerschnitten, trocknende Speckhäute von Haifischen und Seehunden.

Ach, diese Hunde! Keiner von uns kann an Umanak zurückdenken, ohne auszuholen zu einem langen Sündenregister über diese Bestien. Schöne, kräftige Tiere sind's, und allen Respekt vor der Arbeit, die sie im Winter leisten. Aber im Sommer, wo die Schlittenbahn fehlt, werden sie zur Räuberbande, und ein bisschen notgedrungen, muss man zugeben. Denn von ihren Herren werden sie mit Fusstritten abgespeist und müssen selbst ihren Unterhalt suchen. Und entweder ist ihr Hunger sehr gross, oder ihr Geschmack sehr gering, denn sie fressen einfach alles, ausgenommen Stein und Eisen. Für europäisches Lederzeug haben sie eine besondere Vorliebe; wir wussten das anfangs nicht genügend und bezahlten unsere Unwissenheit mit dem Verlust von dreieinhalb Paar Schuhen – dies binnen einer halben Stunde, besorgt durch einen kleinen Hund, der den hohen Gitterzaun der Bestyrerwohnung überklettern musste. *Labor omnia vincit improbus!* Alles mein europäisches Schuhwerk! So war mir geradezu die Rückkehr nach der Heimat abgeschnitten. Trost fand ich bald darauf als Zuschauer bei der Verfolgung der Hunde durch Baebler, dem ein ähnliches Malheur passiert war. Sein Lieblingshund hatte ihm in treuer Anhänglichkeit seine grönländischen gestickten «Sonntagskamiker» aus dem Proviantzelt herausgestohlen; gerade drückte er sich mit dem Raub um die Zeltecke, als wir kamen. Ein Blick hatte genügt, um die Lage zu überschauen. Wie schnell verwandelt sich Liebe in Hass! Aber der folgende Steinhagel und die im Sturmschritt unternommene Verfolgung machten die traurigen Überreste nicht mehr ganz. Nun lernten wir Vorsicht und wussten bald, dass es überhaupt kein Geschäft gab, bei dem man nicht mit ein paar Steinen gegen die Neugier der Hunde gewaffnet sein musste.

Wir hatten bei unserem Tun auch andere Neugierige, die uns lieber waren, die Grönländer selbst. Wenn wir abends vor dem Zelt abkochten, war ein grosses Publikum von Kindern und Erwachsenen versammelt, das für unsere Haushaltungsgeheimnisse unermüdliches Interesse zeigte. Wir waren einander sympathisch, auch ohne Worte. Wir machten uns noch populärer, indem wir eine Schachtel mit Hustenbonbons verteilten, die mir vorsorglich für die Reise gestiftet worden waren, für die wir selbst aber keine Verwendung hatten. Auch benützte ich die Gelegenheit, um mir, zum Gaudium der Gesellschaft, eine Anzahl grönländischer Brocken beibringen zu lassen, die uns nachher sehr nützlich wurden: Tuperk – das Zelt, Imerk – das Wasser, Sermerk – der Gletscher, bedeuten fundamentale Kenntnisse und Daseinsbedingungen für einen Grönlandreisenden, und man lernt diese Vokabeln auch mit ganz anderer Spannung, als einst *la pipe*, die Pfeife und *le canif*, das Federmesser oder *mensa*, der Tisch. Von praktischer Bedeutung sind auch die Ausdrücke für das Mögliche und Unmögliche, in die wir bei unserem Besuch bei dem freundlichen Pastor Jespersen und seine Nichte Fröken Gudrun Larsen eingeweiht wurden. «Ajorpok», es geht schlecht – «ajungilak», es geht gut, «ajornakrak», es geht überhaupt nicht, das ist der Angelpunkt aller Reisegespräche. Diese junge Dame war übrigens so liebenswürdig, die Besorgung unseres Barographen während unseres Inlandeisvorstosses zu übernehmen. Wir bedurften dieser fortlaufenden Luftdruckregistrierung zur genauen Reduktion unserer Höhenmessungen während jener Zeit.

Der offizielle Plan war, im Hintergrund der Nordostbucht das Inlandeis zu betreten, etwa 4 Wochen auf einen Vorstoss nach Osten zu verwenden und die noch übrig bleibende Zeit, wir hofften, etwa zwei Wochen, mit Vermessungen am grossen Karajakgletscher auszufüllen, als Fortsetzung der Arbeiten des deutschen Polarforschers E. v. Drygalski.

Im Hintergrund all unserer Vorbereitungen schwebte aber der Gedanke: Wäre nicht eine Durchquerung bis an die Ostküste möglich? Wir wussten, dass ein solches Unternehmen nur bei ungewöhnlich günstigen Umständen Aussicht auf Erfolg haben konnte; aber diese Umstände konnten eintreffen, und daraufhin wollten wir gerüstet sein. Nansens kühne Durchquerung im Süden unter 65° Breite hatte noch viel zur Erforschung des Inlandeises übrig gelassen, und seine eigene ursprüngliche Absicht war es gewesen, nicht südlich bei Godthaab, sondern in Nordgrönland, bei Christianshaab die Westküste zu erreichen. Eine Überquerung Grönlands von West nach Ost, wie sie uns vorschwebte, setzt voraus, dass sich an der Ostküste irgend ein Stützpunkt und eine Schiffsgelegenheit findet. Das ist wirklich der Fall seit 1895, wo die Dänen in Angmagsalik eine kleine Kolonie gegründet haben, die jedes Jahr einmal im August von einem Schiff besucht wird, wenn wenigstens der Eisgürtel der Ostküste die Annäherung erlaubt. Es ist allerdings in zwei Jahren vorgekommen, dass die Leute von Angmagsalik von den Bergen herab wochenlang draussen im Eis den kleinen Dampfer kämpfen und schliesslich enttäuscht ihn wieder verschwinden sahen, ohne dass die Verbindung mit der Kolonie hergestellt werden konnte. Die Entfernung von unserem Ausgangspunkt an der Westküste bis nach Angmagsalik hätte 750 Kilometer betragen. Der Proviant, den wir schleppen konnten, reichte nur dann für diese Strecke, wenn wir von Anfang an sehr günstige Verhältnisse vorfanden; ausgeschlossen war das nicht, namentlich wenn man die Erfahrungen berücksichtigte, die bei der letzten Inlandeisreise an der Südspitze Grönlands von drei dänischen Forschern gemacht worden waren, die im Mittel 20 Kilometer im Tag vorrücken konnten, während Nansen, der in einer spätern, ungünstigeren Jahreszeit reiste, im Durchschnitt nur 16 Kilometer vorwärts kam. Eine erhebliche Schwierigkeit würde uns noch an der Ostküste vor unserem Zielpunkt erwartet haben: Angmagsalik liegt nämlich auf einer Insel, vom Inlandeisteile durch den 10 Kilometer breiten Sermilikfjord getrennt. So waren wir schon in Godhavn bedacht gewesen, einen unserer Schlitten so einzurichten, dass er als Schlittenboot dienen konnte. Der Vorsteher der arktischen Station auf Godhavn hatte uns hierzu drei wasserdichte Schlafsacküberzüge und sein Gehilfe, Herr Nygaard, manche Stunde geopfert, bis wir ein Fahrzeug zustande gebracht hatten, das zwar wacklig genug war, aber doch zur Not zwei Mann tragen konnte. Zugleich hatten wir für den andern Schlitten auch eine Segelvorrichtung gebaut, um auf dem Inlandeis selbst günstigen Wind ausnutzen zu können.

Wir rechneten von Anfang an damit, dass wir Hunde zum Schlittenziehen auf dem Inlandeis nicht würden benutzen können, weil die Randgebiete viel zu uneben und zerschrundet sein würden, sondern diese – Hundearbeit selbst besorgen müssten. Die spätere Erfahrung zeigte, dass wir mit unserem Verzicht fürs erstemal ganz recht gehabt hatten. In einer anderen Jahreszeit und mit der jetzt gewonnenen Erfahrung wäre allerdings bei einem zweiten Vorstoss die Frage neu zu erwägen.

Wir warteten sehnsüchtig auf eine Gelegenheit, von Umanak weiter zu kommen nach Ikerasak, das den eigentlichen Ausgangspunkt unserer Reise nach dem Inlandeis bilden sollte. Der Verkehr und Warentransport zwischen einzelnen Kolonien wird von grössern zweimastigen Segelbooten, sogenannten Storbooten, besorgt, und mit einem solchen traten wir am 2. Juli die Fahrt nach Osten an, mitten zwischen den Eisbergen durch, welche den innern Teil der Nordostbucht erfüllten. Um Mittag fuhren wir ab; das Packen und Verstauen war schliesslich sehr eilig vor sich gegangen, denn es hatte sich ein günstiger Wind erhoben, und unser alter grönländischer Kapitän Jesaias wollte natürlich lieber segeln als Vorspann benutzen. Wir waren etwa eine Stunde unterwegs, als Stolberg entdeckte, dass sein Goerzfeldstecher zurückgeblieben war. Was tun? Da feierte die spezifische Eskimokultur einen kleinen Triumph; ein Kajakmann wurde mit einem Zettel zurückgesandt, und eine Stunde später war das vergessene Stück wieder in unseren Händen.

Das Leben auf Deck unseres Storbootes war das denkbar schönste nordische Idyll. Unsere Mannschaft stand, sass und lag in möglichst bequemer Positur auf dem Deck herum, mit sanftem Wohlbehagen den milden Sonnenschein geniessend, und ihre Wünsche gingen nicht weiter als bis auf den Inhalt der Kaffeemühle, die die wackere Grönländerin Anna mit verheissendem Lächeln drehte. Eine richtige Miniaturküche hatte sie eingerichtet und überwachte gleichzeitig mit der Bereitung des grönländischen Leibgetränks die Fortschritte der Fische, die zum Abendessen in der Pfanne sotten. Jesaias, der Kapitän, schickte von Zeit zu Zeit einen Mann auf den kleinen Mast, um Ausschau über das Eis zu halten.

So verging Stunde um Stunde; die Sonne hatte sich weit bis nach Norden herumgedreht und warf nur noch ein gedämpftes Licht über den Fjord; die Felsen von Storö waren in ein warmes Rot gekleidet, auch das strahlende Weiss der Eisberge hatte einen rötlichen Anflug bekommen, der harmonisch zu dem Blaugrün ihrer Schatten und des Fjordwassers selbst, sowie zum satten Blau der fernen Berge stimmte. Meine Begleiter schliefen in ihren Schlafsäcken auf dem Deck. Sie liessen sich nicht stören, auch wenn ab und zu die grosse Stille durch das Donnerrollen zusammenbrechender Eisberge plötzlich unterbrochen wurde. In der winzigen Kajüte stöhnte nur Herr R., der Musiktheoretiker aus Norwegen, der die Kap-York-Expedition begleiten sollte, um die Gesänge der heidnischen Grönländer aufzunehmen. Er kam mit uns bis Ikerasak und war jetzt etwas vom Fieber geplagt, weil er tags vorher ein allzu kaltes Seebad genommen hatte. Was mich ebenfalls nicht schlafen liess, war auch eine Art Fieber; die Schönheit dieser Fahrt, die Lieblichkeit und Wucht der Stimmung war übermächtig. «Solange Sie leben, eine solche Harmonie der Stimmung werden Sie nicht mehr erleben», hatte ich schon am Tage vorher zu Baebler gesagt. Und das Auge konnte sich nicht satt sehen, nicht satt trinken.

Nach Mitternacht tauchte fern am Osthorizont zwischen Bergeinschnitten eine sanft geschwungene horizontale Linie auf: das Inlandeis! «Sermerk?» fragte ich einen Grönländer, der aufwachend da lag. «Ap, Sermerk», sagte er, nicht ohne einen respektvollen Akzent. Also zum erstenmal in Sicht des Gegners! Was würden wir ihm abringen?

Gegen Morgen hatte mich der Schlaf doch überwältigt. Da weckte mich ein zunehmendes Unbehagen; noch schlaftrunken befühlte ich mein Gesicht, meine Hände: voller Mückenstiche! So konntest du auch nicht mehr fern sein, stechmückenumflogenes Ikerasak! Richtig, da lag unser Boot ja schon in der kleinen Bucht, und am Ufer wehte der Danebrog auf einer kleinen Faktorei, um sie herum die Grönländerhäuser. Im Hintergrund ragte das Wahrzeichen des Ortes, die Klippe von Umanetsiak.

Ich mochte nicht warten, bis ein Boot klar war, schlüpfte in meinen Kajak und war schnell am Lande, um vor allem den dänischen Unterbeamten zu suchen, der hier als einziger Europäer ein weltabgeschiedenes Dasein führte.

Unter der Tür einer der grösseren grönländischen Wohnungen stand ein älterer Mann, halb grönländisch angezogen, mit einer eigentümlichen Kombination von Schirm- und Zipfelmütze auf dem Kopfe, mit feinem, doch tief gefurchtem Gesichte. Das musste Jens Fleischer sein. Ich teilte ihm die Ankunft unserer kleinen Expedition mit und fügte auf sein Befragen hinzu, dass ich die Leitung habe. «Ja», sagte er, «einer muss entscheiden», und fuhr fort:

ουκ αγαθον πολυκοιρανιη, εις κοιρανος εστω, εις βασιλευς.
[Vielherrschaft ist nichts Gutes, einer sei Herr, einer König]

Ich traute meinen Ohren nicht: Homerzitate in Ikerasak! Jens Fleischer, von dem die Fama so mancherlei erzählt hatte, kam nun auch mir ungewöhnlich vor. Neben ihm stand ein Junge von unverkennbar grönländischem Typus. «Mein Sohn», stellte ihn Jens vor. «Taler tu dansk?»

(sprichst du dänisch) fragte ich ihn. «Namik» (nein), erwiderte er grönländisch.

Welcher Kontrast! Der Vater antwortete mit griechischem Zitat, der Sohn spricht nicht einmal mehr des Vaters Sprache. Wohl eher Tragik als Komik, auf jeden Fall lag etwas Wehmütiges in diesem kleinen Zwischenfall und sprach mehr als viele Worte von den Konsequenzen der zu nahen Berührung so verschiedener Kulturen. Diesem Manne, der einst Vorsteher in einer der grösseren Niederlassungen gewesen und durch seine Begabung und seine gründlichen Kenntnisse der Verhältnisse berufen war, in der grönländischen Kolonieverwaltung eine erste Rolle zu spielen, war diese nahe Berührung verhängnisvoll geworden. Er hatte eine Grönländerin geheiratet, musste deshalb nach den damals geltenden Bestimmungen seine Vorsteherstellung aufgeben und sich auf den Aussenplatz Ikerasak versetzen lassen. Die Einsamkeit, die ausschliesslich grönländische Umgebung mochten eine Neigung für Alkoholika gefördert haben, deren Genuss, wenn es zur Seltenheit dazu kam, den sonst so prächtigen, herzensguten Jens dann freilich aus dem Geleise brachte.

Meine Begleiter waren unterdessen an Land gekommen und Jens lud uns ein, in sein Haus zu treten; es war wie die andern, ein echtes Grönländerhaus, d. h. von aussen nicht viel anders aussehend als wie ein stattlicher, gutgeschichteter Steinhaufen, grasbewachsen und mit kleinen Fensteröffnungen. Drinnen sah es aber recht wohnlich, ja luxuriös kultiviert aus; eine Flucht von Zimmern – sein Haus war 40 Schritte lang –, ein hübsches Arbeitszimmer mit Mahagonischreibtisch, im «Salon» sogar ein richtiges Klavier. Wie leuchtete Jens, als Baebler zu spielen anfing. Denn er selbst kannte nur die Einfingertechnik. Er sass ganz ergriffen, stützte den Kopf in beide Hände, und wir ahnten, was den alten Mann bewegen mochte. Aber Stimmungen dauerten bei ihm nicht lange; er lud uns zum Essen und bewirtete und unterhielt uns mit der besten Laune und der vornehmen Höflichkeit und dem feinen Witz eines französischen Aristokraten. Seine Frau erschien (es war seine zweite), eine Grönländerin, in grönländischer Tracht natürlich, d. h. mit Anorak, ledernen Hosen und hohen Stiefeln. Sie war eine bleiche, feine Erscheinung und von vollendeter Haltung; es war nichts anderes denkbar, als dass wir uns verbeugten, wie wir bei irgend einer Dame im Gesellschaftssalon getan haben würden. Jens zeigte mir ihr Bild als Mädchen, vielleicht im Bedürfnis einer Begründung der vorliegenden Situation (damals hatte sie geradezu etwas Anziehendes gehabt), und sagte halb entschuldigend: Ich habe immer für solche freundliche Mädchen etwas übrig gehabt. Etwas zu viel, sollte es vielleicht heissen. Er ist zu begreifen. Wer Sinn für unmittelbare Freundlichkeit hat, wird immer ein wenig Heimweh nach Grönland bewahren.

Wir hatten Herrn Jens Fleischer über unsern Plan verständigt, zuerst einen Versuch zu machen, um das Inlandeis auf dem südlichen kürzeren Weg über den kleinen Karajakfjord und den Karajak-nunatak zu erreichen. Wäre dort der Fjord noch zu sehr mit Eisbergen verstopft, so würden wir umkehren und den längern Weg über den weiter nördlich gelegenen eisfreien Sermidlet versuchen.

Zuerst musste noch alles ausgeschieden werden, was die Inlandeisreise nicht mitmachen sollte. Es war mit der Möglichkeit zu rechnen, dass wir von dort nicht zurückkommen würden, und dies war bei mancher Aufschrift und Anweisung zu berücksichtigen.

Am Abend war unsere Ausrüstung in zwei kleinere Walfängerboote verteilt, und wieder ging's vorwärts. Die grönländischen Ruderer, Männer und Frauen, suchten sich unter lustigen und spöttischen Zurufen gegenseitig zu überbieten. Aber die Stimmung wurde weniger zuversichtlich in dem Masse, als sich das Eis mehr um uns zusammenschloss. Wir hatten von Ikerasak aus von den zwei Wegen nach dem Inlandeis den kürzern nach Süden eingeschlagen. Bei beiden Wegen war es übrigens ganz ausgeschlossen, das Eis direkt da zu betreten, wo es sich im Hintergrund der Fjorde ins Meer hinuntersenkt; ein solches Betreten ist nur da möglich, wo die Inlandeismassen an ausgedehnte eisfreie Felsengebiete grenzen.

Die Bedenken gegen den südlichen Weg erwiesen sich als gerechtfertigt; die Eismassen, die der grosse Karajakgletscher ausspeit, lagen noch mauergleich vor den Uferfelsen, die unser Ziel waren. Die grosse Reinigung vom schwimmenden Eis, die durch Stürme und Strömungen besorgt wird, war in diesem Sommer noch nicht weit genug vorgeschritten.

«Ajorpok», liessen sich die Grönländer vernehmen, «es geht schlecht.» Ein paarmal antwortete ich ihnen noch mit einem «Ajungilak» (es geht ganz gut). Ich tat es aber bald mehr aus Prinzip als aus Überzeugung, denn es ging wirklich immer schlechter. Schliesslich setzte ich mich in meinen Kajak und fuhr mit einem andern uns begleitenden Kajakmann auf Rekognoszierung.

Auf dieser wie auf andern ähnlichen Kajakfahrten habe ich erst recht ein persönlich zu nennendes Verhältnis zu der schwimmenden Eiswelt gewonnen. Die Kolosse, die scheinbar so starr daliegen, sind ja vielleicht bereit, im nächsten Augenblick in Trümmer zu gehen. Fast ununterbrochen rollt zu Zeiten über den Fjord der Donner solcher zusammenbrechender Eisberge; haushoch spritzt der Gischt der Flutwelle empor; bald wird ihre Macht gebrochen an den vielen andern Eistrümmern, aber hoch hebt und senkt sich noch hier in der Ferne unser Kajak, und mit angehaltenem Atem sehen wir zu dem Eisturm auf, an dem wir jetzt vorbeirudern müssen. Wird ihn die Flutwelle aus dem Gleichgewicht bringen? Man mag an das Schillersche Wort denken:

Und willst du die schlafende Löwin nicht wecken,
So wandle still durch die Strasse der Schrecken!

Aber es ist doch nicht Schrecken, was den einsamen Fahrer erfüllt, sondern vielmehr eine feierliche und zugleich heitere Ergebenheit.

Unsere Rekognoszierung im Kajak, ebenso wie der Ausblick von einer mühsam erkletterten Felswand, bestätigten leider die letzte Diagnose der Grönländer: «Ajornakrak.» Sagt der Grönländer so, so gibt's dagegen keine Einsprache. Wir versuchten zwar noch ein letztes Mittel, das allerdings eine gewisse Heiligung durch den Zweck nötig hatte. Der Reisende ist berechtigt, den Ruderern nach grossen Leistungen eine kleine Quantität eines von der Kolonieverwaltung gelieferten Kümmelbranntweins zu verabfolgen. Sonst werden ja alle alkoholischen Getränke von den Grönländern ferngehalten. «Snapsemik» nennen die Grönländer diese Extrabelohnung, die wir in besondern Fällen, trotz antialkoholischer Tendenzen, doch zu verabreichen verantworteten, natürlich nicht als Stärkung, sondern am Schluss des Tagewerkes, als Zeichen der Anerkennung, als Lied ohne Worte, das die Grönländer sehr gut verstanden. Der Augenblick schien da, um diese Sprache zu versuchen. Umgekehrt wie Hannibal auf die Poebene, wies ich hinauf zu den fernen Wänden des Karajak-nunatak; zugleich hob Stolberg den Krug mit dem Snapsemik und verhiess zwischen Daumen und Zeigefinger eine Libation, wenn wir erst dort drüben wären, die jedes Seehundsfängerherz rühren musste. Die pantomimische Aufforderung blieb nicht ohne Eindruck auf die Mannschaft; aber sie sahen auf die Eistrümmer, die unsere Boote schon eng umschlossen, auf die Eismauern vor uns und gaben mit einem resignierten Lächeln zu verstehen, dass es selbst um eine noch so grosse Quantität des geliebten Snapsemik nicht möglich sei.

So blieb es bei dem fatalen Ajornakrak. Wir mussten umkehren und uns zu der nördlichen Route entschliessen. Dort lag ein Fjord, der eisfrei blieb.

Unsere Grönländer trösteten sich bald; die beiden uns begleitenden Kajakmänner hatten nämlich einen Seehund harpuniert, und es fand sich am Ufer eine gute Stelle, wo man kochen konnte. Aber die Ruhepause war nicht von langer Dauer, denn noch viel mehr, als sich die Grönländer auf die Seehundsmahlzeit freuten, interessierte sich ein dichter Schwarm von Stechmücken für eine menschliche Mahlzeit. Es gibt in Grönland nur 10 000 Menschen, aber viele Millionen von Stechmücken, die zur Sommerszeit Tag und Nacht auf ihre Opfer warten. Wir mussten den kürzern ziehen und in unsern Booten wieder aufs Wasser und zwischen das Eis flüchten. Wenige Stunden hatten wir weiter gerudert, da erhob sich ein leichter Wind uns entgegen, und unsere Grönländer steuerten wieder nach einem Uferplatz, um zu warten, bis er aufhöre. Dass wir Eile hatten, begriffen sie nicht. Für die Wertschätzung der Zeit haben sie keinen Sinn. Ich hörte von einem dänischen Beamten in Südgrönland folgende hierfür recht bezeichnende Geschichte:

Er hatte ein paar Grönländer wenige Stunden weit mit einem Boot über den Fjord geschickt, um dort für seine Ziege Gras zu holen. Tag um Tag verging, ohne dass die Leute zurückkamen; man befürchtete schon ein Unglück und begab sich nach der betreffenden Stelle. Da fand man die Grönländer ganz wohlbehalten; sie hatten ein Zelt aufgeschlagen und erklärten mit Seelenruhe, das Gras sei noch zu kurz gewesen, da hätten sie gerade gewartet, bis es etwas länger geworden sei.

Dieser Geschichte erinnerte ich mich und bedeutete unserem Bootführer Titus, wir wollten weiterrudern; es sei zu befürchten, dass der Wind später nur schlimmer werde, und die Föhnwolken, die ich von der Schweiz her kannte und jetzt am grönländischen Himmel wiederfand, täuschten mich nicht. Noch hatten wir unser Ziel nicht erreicht, da brach ein regelrechter Föhnsturm los, so dass die Wellen in unsere Boote schlugen. Nur mit der grössten Anstrengung konnten wir gegen Sturm und Regen vorwärts kommen, und es tat uns leid, unsere Mannschaft sich so abmühen zu sehen; leider verstanden wir selbst die Handhabung dieser schweren Ruder nicht genügend, um mithelfen zu können.

Das zweite Boot blieb zurück; die Ruderer hatten in einer kleinen Sturmpause an einer Felseninsel anlegen können und waren gegangen, Vogeleier zu suchen. Wir waren über diese echt grönländisch-kindische Unterbrechung zuerst recht aufgebracht; sie hatten ja die Zelte und den meisten Proviant an Bord und liessen uns nun im Unwetter warten. Aber unser Unwille verwandelte sich bald in Besorgnis. Denn das zweite Boot hatte sich nun zwar auch ans Fjordende zu einem Landungsplatz durchgearbeitet, aber von dort das Fahrzeug quer zum Sturm bis zu unserm Bootplatz zu bringen, schien höchst gefährlich, wenn nicht unmöglich, denn der Föhn heulte hier so rasend aus den Felsen heraus, dass er schon unmittelbar am Ufer das Wasser schäumend in die Höhe fegte und uns ein aufrechtes Stehen und Gehen unmöglich machte. Es waren bange Minuten, als wir untätig das Boot sich bis zu uns durchkämpfen sehen mussten, jeden Augenblick gewärtig, dass ein seitlicher Windstoss es zum Kentern bringe. Aber sie kamen glücklich durch, und nun gab's den ersehnten, für alle Mühe tröstenden Snapsemik.

Die wackere Anna, die vorhin mit dem Ruder so tüchtig sich gezeigt hatte wie früher mit dem Kochtopf, wies den Gedanken an dergleichen weit von sich. Aber da hatten wir noch ein schönes rotes Seidenband, gekauft bei Henneberg in Zürich. Das musste sie bekommen; wir hatten uns schon lange darauf gefreut, ihr Gesicht zu sehen, wenn wir damit aufrücken würden. Und das glückselige Lächeln, das ihr rundes, rotwangiges Eskimogesicht verklärte, liess uns ganz auf unsere Rechnung kommen. Am andern Tage brachte sie als Gegenleistung meine Kamiker, kunstvoll geflickt; sie waren so zerfetzt gewesen, dass ich schon zum Teil auf meinen höchsteigenen Sohlen ging. An der Überreichung dieser sinnigen Gegengabe schienen die Grönländer grossen Spass zu haben; denn es fielen viele ohne Zweifel witzige Bemerkungen, die mit allgemeinem Gelächter und von Anna zugleich mit einer gewissen Verlegenheit und lebhafter Replik aufgenommen wurden. Wir verstanden von allem nichts und lachten mit, wie es sich schickt.

Wir hatten jetzt die Zelte aufgeschlagen, Anna hatte Seehundfleisch in ihrem Kessel und war mit Suchen und Zutragen von dürrem Heidekraut und Zwergbirkenzweigen beschäftigt. Auch unser Petroleumkochapparat, der Angelpunkt unseres Daseins, brummte seinen Bass. Zelt und Kochtopf – das sind hierzulande die nötigen und hinreichenden Bedingungen des Wohlbefindens. Dazu kam, dass der Sturm nachliess, und unsern Landungsplatz hatten wir nicht schlecht gewählt. Es war ein wonniger Winkel, wenigstens für grönländische Ansprüche an Vegetation und Wärme. Zwischen kahlen, glattgeschliffenen Gneisbuckeln waren grüne Rasenflecke verteilt mit niedrigem Heidekraut, Zwergweide und sogar mit Heidelbeeren, welche reifende Früchte trugen. Das hatten wir so nahe dem Inlandeis nicht erwartet! Lange konnten wir leider dieses Glück im Winkel nicht geniessen, obgleich es nun die zweite und für einige von uns die dritte Nacht, wo wir kaum zum Schlafen gekommen waren. Aber in jener Zeit, wo Tag und Nacht die Sonne am Himmel steht, nimmt man es nach Landesbrauch damit nicht so genau.

Nach wenigen Stunden machten wir beiden Schweizer uns auf, um durch die Felsenwildnis einen Weg zu finden für unsere Grönländer, die unsere Ausrüstung bis an den Rand des Inlandeises tragen sollten. Wir erkletterten einen 1200 Meter hohen Gneisgipfel, den die Grönländer wegen seiner Gestalt «Ajnerk» (den Zerspaltenen) nannten. Von dort oben konnten wir das ganze Felsenvorgelände und eine gewaltige Strecke des Inlandeises überblicken.

Ein unvergesslicher Eindruck! Das war wirklich ein Eismeer, unbegrenzt, nach Osten aufsteigend, bis sich dort drüben am fernen Horizont die feine ebene Linie des Eises fast untrennbar mit der Luft vereinigte. Gegen uns zu schoben sich die Eismassen gewaltig gegen die freien Randfelsen vor und senkten sich in wildzerrissenen Eisströmen links und rechts zum Sermilik- und Karajakfjord hinab.

Zwischen uns und dem Inlandeis war das Felsengebiet von einem tiefen Tal, einem alten, jetzt von Eis und Meer verlassenen Fjord verschnitten. Da mussten wir durch. An den jenseitigen Felswänden, die das Tal überhöhten, entdeckten wir glücklich eine Scharte, wo wir die Träger glaubten hinaufführen zu können. Von dort an blieb noch ein breites Felsplateau zu durchwandern, mit vielen kleinen Seen besetzt; daran grenzte erst das Inlandeis!

Aus dieser grossen Entfernung erschien es bis an den Rand ganz weiss und ziemlich eben, so dass wir uns der Illusion hingaben, es liege noch bis an den Rand eine Schneedecke. Das wäre für unser Fortkommen sehr förderlich gewesen. Wir hatten früher so oft die Karten von Drygalski angesehen, dass wir uns sofort zurechtfanden. Dort im Südosten keilte sich der lange Felsenzug des Karajak-nunatak weit ins Eis, den grossen und kleinen Karajakgletscher trennend. Noch weiter, über den grossen Karajakgletscher hinaus, lag im Inlandeis der isolierte Renntiernunatak. Mit Staunen sahen wir, dass er sich noch sehr weit ins Inlandeis hineinzog, viel weiter, als die Karten angaben. Und parallel zu seinem Streichen war bis an den Südhorizont eine Eiswelle hinter der andern zu erblicken. Ich zählte 7 solcher deutlich zu unterscheidenden Eisrücken. Ähnliche Eiswellen zogen auch vom Gebiet des grossen Karajakeisstroms bis nach Osten, soweit das Auge reichte, und nun fiel uns auch das unruhige Grau dieser Eisrücken auf und machte uns selbst unruhig; wir ahnten mehr, als dass wir uns ganz klar werden konnten, dass da noch allerhand Schwierigkeiten auf uns warteten. In Eile nahm ich eine kleine Skizze der Punkte auf, die für unsern Anmarsch besonders in Frage kamen. Da waren einige unbewegliche dunkle Flecken;

das mochten kleine Seen oder Eissümpfe sein. Andere Flecken bewegten sich langsam; es waren Wolkenschatten. Unser Aufenthalt auf dem Gipfel dauerte nicht lange. Da oben heulte immer noch ein grimmiger Ostwind, und dazu hatten wir alles Recht, sehr müde zu sein. Beim Abstieg regte sich trotz allem in Baebler der zoogeographische Instinkt für wirbellose Fauna, er begann die Jagd auf einen einsamen Falter; ich wollte auf ihn warten, schlief aber, an einen Felsblock gelehnt, augenblicklich ein, bis mir sein Signalhorn aus nächster Nähe in die Ohren tönte.

Um Mittag konnten wir unten am Fjord bei den Zelten, wo Stolberg unterdessen den Aufbruch vorbereitet hatte, die frohe Botschaft verkünden, dass ein Weg gefunden sei und dass das Inlandeis nicht so schlimm aussehe – von weitem wenigstens. Wir sollten durch die Erfahrungen der nächsten Wochen eines anderen belehrt werden!

Wir gingen jetzt daran, ein Depot zu errichten, und packten und verteilten dann die Traglasten für den Marsch in die Felsen hinauf. Dabei stellte sich heraus, dass das Hypsometer, das zur Kontrolle der Aneroidangaben durch Siedepunktsbestimmungen dienen sollte, in Umanak zurückgeblieben sein musste. Durch wessen Schuld? Das war jetzt nicht zu untersuchen. Sicher war nur, dass der Apparat kaum zu entbehren war. Was nun? Wieder feierte der Kajak einen Triumph. Der wackere Andreas Andreasen, einstmals schon Drygalskis Begleiter, erbot sich trotz des mässigen Wetters nach Umanak zu fahren und machte sich stolz anheischig, in 24 Stunden zurück zu sein. Einen Zettel bekam er mit und war bald weit draussen im Fjord verschwunden. Es wurde nun entschieden, dass ich am Fjord unten warten sollte, während Stolberg und Baebler die Träger bis zum Eis hinaufführten. Baebler hatte die Lasten möglichst gut verteilt, wie er denn überhaupt bei der Organisation und Führung der Trägerkolonne sein ganzes Geschick zeigte, auf das ich auch gerechnet hatte.

Die Grönländer machten zuerst bedenkliche Gesichter, als sie die verschiedenen Packen sahen, begriffen aber, dass nichts anderes zu machen war, und zeigten sich dann sehr willig. Eine Last war übrig geblieben; alle hatten schon ihr redliches Teil; da traten ohne jede Aufforderung zwei der Leute schweigend heran und nahmen das Überzählige noch auf ihren Buckel. Bald verlor sich die Kolonne oben in den Felsen, voran flatterte eine kleine Schweizerfahne, und die Leute folgten ihr mit Stolz. Die beiden kleinen Schweizerflaggen und der Berner Bär, die uns von lieben Angehörigen gestiftet waren, zeigten sich noch sehr oft von grossem Nutzen. Wenn wir uns in den Felsen auf längere Zeit trennen mussten, pflegte der Alleingehende immer eine solche Flagge an seinen Stock oder Pickel zu binden, damit man sich von weitem leichter erkannte und wiederfand; dies erwies sich als sehr praktisch.

So war ich nun zusammen mit einem buckligen Grönländer allein bei dem Zelt geblieben und schrieb in der Wartezeit die letzten Anweisungen für Ikerasak. Nach drei Wochen sollte alle drei Tage ein Kajakmann hierher nach dem (sonst ganz unbewohnten) Sermidletfjord geschickt werden, um nach uns zu sehen. Waren wir bis zum 3. August nicht zurück beim Depot, so sollte angenommen werden, dass wir einen Durchquerungsversuch unternommen hatten, oder verunglückt seien; eine entsprechende Mitteilung sollte dann nach Umanak geschickt werden zu Händen des Dampfers «Godthaab», der später Angmagsalik befahren sollte. Für diesen Fall schrieb ich auch ein kurzes Urlaubsverlängerungsgesuch an den Schweizerischen Bundesrat.

Unterdessen wartete ich sehnsüchtig auf Andreas Andreasen, wohl zwanzigmal stieg ich am Abhang in die Höhe und spähte mit dem Feldstecher über den Fjord. Da, am Nachmittag des andern Tages, wahrhaftig, das war kein Eisstück! Die Bewegung eines im Sekundentakt links und rechts tauchenden Doppelruders war unverkennbar. Ich rief den Buckligen und die beiden Träger, die nach der Abrede nur den halben Weg zum Eis gemacht hatten und schon zurückgekommen waren: Sie guckten durchs Glas und bestätigten vorsichtig: Imara Andreas. «Imara, vielleicht!» Vorsichtig drücken sich die Grönländer aus. Dieses «Imara» ist für sie so typisch wie das «Nitschewo» für den Russen. Und die Dänen haben den Grönländern das «Vielleicht» abgelernt und gebrauchen es bis zum Beleidigendwerden. Du erzählst eine Tatsache, die du als Gentleman ohne weiteres auf Treu und Glauben angenommen haben willst. «Maaske», vielleicht, antwortet der skeptische, diplomatische Däne.

Aber diesmal war's nicht «imara», sondern gewiss; es musste Andreas sein. Ich konnte mich nicht länger halten, zog meinen Kajak ins Wasser und schon war ich unterwegs, zur Verwunderung der zurückbleibenden Grönländer. Aber ich hatte meine Leistungsfähigkeit überschätzt. Als ich mit Andreas zusammentraf, meinte ich, die Arme sollten mir vor Müdigkeit abfallen. Mit um so grösserem Respekt sah ich mir diesen Mann an, der jetzt seine 80 Kilometer hinter sich hatte. Andreas lächelte (es war genau genommen eher ein Grinsen, mir aber erschien es von engelhafter Holdseligkeit) und sagte, indem er auf die Seite seines Kajaks klopfte: ajungilak! Zugleich gab er mit ein Zettelchen, in welchem bestätigt war, das Instrument habe sich gefunden; und da stand noch hinzugefügt: «Zugleich soll ich Ihnen noch sagen, dass Mr. Cook am 22./23. April den Nordpol erreicht hat...» Unter stilvolleren Umständen hat kein Mensch diese Nachricht erhalten: Im Kajak sitzend, im Schatten der Eisberge, aus der Hand dieses Sohnes der Arktis! Damals ahnte ich nicht, dass dieser mir zunächst unbekannte Mr. Cook noch eine erhebliche Rolle in unserm Daheim der nächsten Monate spielen sollte.

Am Zeltplatz angekommen beging ich eine Dummheit, indem ich dem wackern Andreas statt des einen Snapsemik, den er ertragen konnte, in der Freude meines Herzens deren zwei anbot. Andreas sagte nicht nein. Die Folgen hatte ich am andern Tag selbst zu tragen, und zwar buchstäblich zu tragen. Da waren wir, ich mit Andreas und den beiden zurückgekehrten Trägern, unterwegs, um den Rest der Ausrüstung ebenfalls hinauf zum Inlandeis zu bringen. Auf Andreas kamen die beiden Petrolkannen. Aber er blieb immer wieder zurück, griff zur Erklärung zuerst mit berechtigtem Stolz an seine Arme und sagte «ajungilak», wies dann betrübt auf seine Füsse und bemerkte «ajorpok». Diese Landtour war für sein Alter nach der anstrengenden Fahrt schon an sich eine Zumutung; aber die beiden Snapsemike hatten offenbar das übrige getan. Kurz und gut, mein eigenes Tragkonto wurde zu dem Erklecklichen, was schon da war, in der Folge noch mit 40 Pfund Petrol belastet – bergauf eine dämpfende Zugabe, umsomehr als ich selber den Weg noch zu suchen hatte; vom Ajnuk aus hatten wir ja nur die ungefähre Anmarschroute ermittelt. Die Karte hatten Stolberg und Baebler mitgenommen; ich musste mich mit einer rohen Bleistiftskizze und dem Kompass behelfen. Immer wieder ein kleiner See, immer wieder ein Rundbuckelrücken und immer noch kein Inlandeis.

Den Grönländern wurde die Sache offenbar ungemütlich, sie hielten sich dicht an mich und gingen ohne mich auch keinen Schritt weiter. Für mich kam nun noch die Sorge, ob in dieser Felsenwüste das Zelt der Vorausgegangenen überhaupt ohne weiteres zu finden sei; etwas Bindendes über den Lagerplatz am Eis hatten wir nicht abmachen können. Von alledem durfte ich mir vor den Grönländern aber nichts merken lassen, sondern musste vorwärts, als ob ich meines Weges absolut gewiss sei.

Nach zwölfstündigem Marsch kamen wir endlich auf einen Felsbuckel, wo auf der andern Seite wunderbarerweise nicht wieder ein Felsrücken den Horizont begrenzte, sondern diesmal, wenn auch noch weit entfernt, das Inlandeis. Gespannt musterte ich mit dem Zeissglas die Felsen und die weisse Fläche, und aufatmend sah ich ein winziges Viereck mit ein paar Punkten daneben auf dem Eisrande sich abzeichnen – das Zelt! Die Vorausgegangenen hatten es mit Vorbedacht auf das Eis gestellt, damit es sich abhebe.

Als wir abgemattet dort angekommen waren – ich hatte gar nicht daran gedacht, mich beim ersten Betreten des Inlandeises alle die Gefühle durchrinnen zu lassen, die hierher gehört hätten –, da erwartete ich einen herzlichen Willkomm und Freudenbezeugungen, dass wir nun bei einander seien. Aber niemand kam uns entgegen; nur einer streckte wortlos den Kopf durch die Zelttüre; ich erriet und erfuhr nachher aus ihrer Erzählung, dass sie beide auch recht erschöpft waren und der Transport bis zum Eis mühsam gewesen war.

Als wir Nachzügler ankamen, waren die Träger alle schon fort, ohne dass wir sie unterwegs angetroffen hätten. Das war insofern fatal, als ich damit gerechnet hatte, ihre Hilfe noch einen oder zwei Tage lang auf dem Eis zu beanspruchen. Auf eine weitere Begleitung hätten wir freilich so wie so verzichten müssen, denn sie waren dafür nicht ausgerüstet und hatten auch nicht die geringste Lust dazu; denn das Inlandeis, der grosse «Sermerk», ist für sie etwas Unheimliches, ein Ort, wo Gespenster hausen und von wo nicht leicht einer zurückkehrt. Wir mussten also unsere Sachen allein weiter bringen; ein Zelt aus Segeltuch mit wasserdichtem Boden, für drei, zur Not vier Mann Platz gewährend (nach grönländischen Begriffen fanden allerdings ein Dutzend Personen bequem darin Platz), drei Schlafsäcke, Pelze, Kochapparat, astronomische und meteorologische Instrumente, drei Paar Schneeschuhe, 8 Skistöcke, Eispickel, 3 Gletscherseile, 120 Kilo Proviant, für 6 Wochen berechnet, und nicht zu vergessen einen Kasten mit einer medizinischen und chirurgischen Ausrüstung. Das alles sollte auf unsern beiden Nansen-Schlitten von 2,80 und 3,80 Meter Länge verladen und auch gezogen werden.

Dass dieses Schlittenziehen seine Schwierigkeiten haben werde, wussten wir im voraus, und die Erwartung wurde auch «voll und ganz» bestätigt. Schon der Übergang vom Fels zum Eis war nicht ohne weiteres möglich gewesen, denn dazwischen befanden sich entweder kleine Seen oder Schmelzwasserbäche, die man durchwaten musste, ohne Rücksicht, ob das Wasser einem bis an die Brust reichen werde. In solchen Fällen nahm ich zur Vorsicht meine Chronometer aus der Tasche und hängte sie um den Hals. Mehr konnte ich nicht für sie tun. Wir fanden zunächst folgende Beschaffenheit des Inlandeises:

Ganz am Rande, auf einer Dicke von etwa 50 Meter, war das Eis grau von darin enthaltenem Schlamm und Steinen; dann wurde es ganz weiss und rein wie Schnee, wenn man die Oberfläche seitlich ansah. Sah man aber senkrecht von oben auf das Eis, so blickten einem dicht nebeneinanderstehend tausend schwarze Fugen entgegen, runde Löcher im Eise, einen halben Meter tief, am Grunde mit schwarzem Schlamm, dem sogenannten Kryokonit, belegt, und von einem Durchmesser von einem Millimeter bis zu zwei Metern; diese Löcher waren mit Schmelzwasser angefüllt. Man bemerkte sie sehr oft beim Schlittenziehen erst dann, wenn man schon drin stand.

Spalten waren in diesem äussersten Randgebiet nur selten vorhanden, dagegen war die Oberfläche, abgesehen von den Kryokonitlöchern, von zahllosen Schmelzwassergräben ganz zerschnitten. So war das Vorwärtskommen mit Schlitten ungemein mühsam, Schritt um Schritt musste ein Weg gesucht werden; die zentnerschwer beladenen Schlitten wurden oft mehr gehoben und getragen als gezogen. Vielfach konnte man sie mit der vollen Ladung gar nicht weiter bringen und musste den gleichen Weg dreimal machen.

Die Schwierigkeiten wurden von da an noch grösser. Nach dem dritten Zeltplatz stieg die Eisoberfläche stärker in die Höhe; wir hatten Neigungen bis zu 12 Grad zu überwinden, und zugleich wurde das Eis immer mehr zerschrundet. Nach Norden und Süden fand der Blick nichts als Spaltensysteme, die sich kreuzten. Wir verloren hier mehrere Tage, bis wir endlich am 15. Juli nach manchem Suchen einen schmalen Durchgang nach Osten hin gefunden hatten. Den einzigen, viele Kilometer nord- und südwärts. Den galt es besonders bei der Rückkehr nicht zu verfehlen. Ich schrieb in mein Tagebuch:

«Neue grosse Rekognoszierung, die erlösend wirkt, weil sie nun einen grossen Einblick in die innern Gebiete gibt und einen sicher praktikabeln Weg zeigt. Der Eindruck dieser unabsehbaren Mulden und flachen Höhen ist gewaltig. Ich bin ungeduldig, hineinzukommen.»

Unser Proviant war aber in dieser Zeit schon so stark beansprucht worden und die Geschwindigkeit unseres Vorrückens war noch so gering, dass wir den Gedanken an eine Durchquerung aufgeben mussten; das war ein bitterer Entschluss. Aus allem Proviant und Material, was unter diesen veränderten Umständen überflüssig erschien, errichteten wir am Zeltplatz 4 ein Depot und zogen mit kleinerer Last weiter. Als wir unser Zelt zum fünftenmal auf dem Eis aufschlugen, auf dem «Seracrücken», hatten wir eine Höhe von 1000 Metern erreicht, wir durften hoffen, von jetzt an schneller vorzurücken. Die Eisoberfläche wurde ebener, die Löcher seltener.

Wir konnten jetzt eine regelmässige Tagesordnung einführen: abends gegen 10 Uhr pflegten wir aufzubrechen; zwei zogen am grossen, einer am kleinen Schlitten. Es wurden keine überflüssigen Worte gewechselt. Nachts gegen 2 Uhr gönnten wir uns eine kleine Pause. Zum Schutz gegen den fast unaufhörlichen Südostwind kauerten wir uns hinter die Schlitten, den matten Strahlen der tief am Horizont stehenden Sonne zugekehrt. In rote und blaue Lichter getaucht, streckte sich die Eisebene vor uns. Wir nahmen die Grösse und Schönheit dieser Stimmungen in uns auf. Wollen wir aber ehrlich sein, so interessierte uns bei jenem Halten ebensosehr ein Stück Emmentaler Käse und eine – leider täglich kleiner werdende – Speckseite. Speck, herrlichste Labung, erst jetzt in deinem Wert so ganz gewürdigt! Wir konnten uns damals nichts anderes vorstellen, als dass es unser erstes bei unserer Rückkehr sein werde, dass sich jeder eine Speckseite kaufe.

Nach diesem mitternächtlichen Halt spannten wir uns wieder vor die Schlitten bis morgens 6 oder 7 Uhr; da schlugen wir das Zelt auf. Es musste mit Stöcken, Eispickeln und Schlitten sorgfältig gegen den Wind verankert werden, und auch so war es das eine- oder anderemal fraglich, ob wir nicht samt unserm Haus fortgeblasen würden. Es wehte uns unaufhörlich Ost- oder Südostwind entgegen. Die Temperaturen bewegten sich während der Schlittenreise zwischen plus 4 und minus 8 Grad. «Nachts» froren schon am Rand des Inlandeises die Wassertümpel immer zu. Metereologisch interessant war die häufige Föhnwolkenbildung.

Was unser häusliches Leben betrifft, war der äussere Komfort unserer Tafel nicht übertrieben. Wir hatten bald für uns drei nicht mehr als im ganzen zwei Suppenlöffel; das störte aber unser Glück nicht, so wenig wie es störte, wenn infolge der küchenpolitischen Ansichten unseres Kochs, der in punkto Abwaschen die äusserste Linke vertrat, auf dem Abendtee noch die Fettaugen der Morgensuppe schwammen. Wir durften uns den Luxus von Wasch- und Abwaschwasser übrigens sehr bald schon deswegen nicht mehr leisten, weil dasselbe später nur durch Schmelzen aus Eis gewonnen werden konnte und wir unsern Petrolvorrat schonen mussten.

Unsere Speisekammer war recht gut versehen; wir waren von dem Grundsatz ausgegangen, lieber solche Sachen mitzunehmen, die nicht nur grossen Nährwert hatten, sondern uns auch gut schmeckten. Deshalb war der sonst auf Polarexpeditionen so viel verwendete Pemmikan (ein gepresstes Gemisch von Fett und wasserfreiem Fleischpulver) nur mit

20 Pfund als Notproviant vertreten. Wir hatten uns allerdings zu sehr abschrecken lassen von Aussagen wie die, «dass Pemmikan schmecke wie Sägespäne mit Vaselin vermischt». Im Gegenteil fanden wir es bald recht erträglich, an diesen Würfeln zu kauen, die andere später mit der Aussage: «genau wie Seife» von sich schoben; ja Stolberg zeigte sogar eine Vorliebe für dieses Polarprodukt. Über unsere Speiseordnung ist in meinem Tagebuch unterm 28. Juli folgendes eingetragen:

«Dr. S. kocht fast immer. B. oder ich rühren des öftern den Pemmikan an und machen den Kaffeebrei, weil S. die nötige Liebe in diese kapitalen Kleinigkeiten, seinem Naturell nach, nicht hineinlegen kann und will.

Wir kriegen jeden Tag 13 Kakes und eine Pumpernickelschnitte. Morgens nach der Ankunft Suppe aus 4 Maggi; dazu 30–40 Gramm Pemmikan hinein; dazu Fleischkonserve, Fleischpastete meistens, oder hochgeschätzte «Frankfurterchen» (die letzten heute morgen). Dazu Schinken, von Stolberg geschnitten (anfangs furchtbar klotzig); von mir verteilt. Ich verteile auch etwas Honig zu den Kakes als Nachtisch. Baebler isst keine Butter, bekommt also etwas mehr Honig, besonders seit der Speck alle ist. Nachmittags 3 Uhr nach dem Erwachen der beiden andern gibt's meist einen kleinen Tee mit 2 Kakes und einer Spur Honig und Butter. Abends 8 oder 9 Uhr gibt's Kaffee oder Kakao komplett (mit Schinken, Butter), bis zum 26. Juli auch Käse, Honig, alle 4 Tage eine Fruchtkonserve. Bei dieser Kocherei wird auch die Thermosflasche mit heissem Tee oder Kakao (oder Maggibouillon p. s.) für die Nacht gefüllt.

A noter: Dr. S. lehnt ab, sich an bestimmte Beziehungen zwischen der Menge des verwendeten Materials und des Wassers zu halten. Öfters ist die Suppe wässerig – aber man hat Durst; öfters auch der Kakao. Namentlich anfangs musste man seine superiore Behandlungsweise solcher Kochfragen durch starken Milchzusatz korrigieren – es lässt sich überhaupt sagen, dass er in unkontrollierbarer Weise kocht und im allgemeinen lieber das Minimum von Kochenszeit, Rührenszeit, Knollenzerdrückungszeit anwendet. Hier lässt ihn sein Idealismus ἔστε τέλειοι [bis zum Ende] völlig im Stich. Aber die Hauptsache: er kocht und hat von seinem Bedürfnis, es sich unter gegebenen Umständen doch möglichst bequem zu machen, manchmal erfreuliche Einfälle, und im allgemeinen einen guten Humor, der auch durch die Kritik des Volkes nicht so leicht erschüttert wird.»

Das Volk, das waren Baebler und ich, und wie aus diesem Tagebucherguss ersichtlich, war das Volk zur Kritik manchmal sehr aufgelegt.

In unserm Zelt hatte in den ersten Tagen eine erhebliche Unordnung und Platzmangel geherrscht. Besonders der grosse Stolberg konnte sich mit den beschränkten Abmessungen nie abfinden. Aber von Tag zu Tag schien uns das Zelt grösser zu werden; und schliesslich wurden auf der 2 Meter mal 2,30 Meter grossen Grundfläche regelmässig folgende Räumlichkeiten abgegrenzt: die drei Schlafzimmer von Dr. S., B. und Q.; die Bibliothek samt Arbeitszimmer und Chronometerraum, für Q. reserviert; das waren die noblen Räume, welche die grüne, wasserdichte Decke zur Grundlage hatten und nicht mit schmutzigen Schuhen betreten werden durften. Dazu kamen als Dependenzen die Küche, der Vorratsraum und die Schuh- und Kleiderkammer. Man sieht, Raum ist in der kleinsten Hütte – auch ohne den Schillerschen Zusatz.

Nach der Morgenmahlzeit krochen wir in unsere Schlafsäcke, und trotzdem das Eis oft genug unter unserem Zeltboden unheimlich krachte und trotz der Tageshelligkeit schliefen wir immer augenblicklich ein. Unsere Schlafenszeit war verhältnismässig knapp bemessen, und es ist bezeichnend, dass Baebler einmal beim Appell ausrief: Ich könnte noch zwei Wochen lang schlafen. Ich war verhältnismässig am schlimmsten dran. Etwas vor Mittag musste ich hinaus; um die erste Messung für die astronomische Ortsbestimmung des Zeltplatzes vorzunehmen. Gegen 6 Uhr abends war eine zweite Messung von Sonnenhöhen auszuführen, daran schloss sich die sofortige Ausrechnung dieser Messungen, die etwa eine Stunde in Anspruch nahm. Diese astronomischen Ortsbestimmungen gaben uns allein auf zuverlässige Weise unsere wirkliche Lage auf dem Inlandeis; wir waren auf diesem Eismeer auf solche Messungen angewiesen, gerade so wie der Seemann auf dem Ozean.

Es ist vielleicht von Interesse, zu erwähnen, dass bei Anwendung grosser Sorgfalt ein Ort auf dem Eise in der Nordsüdrichtung auf etwa 200 Meter genau und in der Ostwestrichtung auf 500 bis 1000 Meter festgelegt werden kann. Die Genauigkeit der letztern Bestimmung hängt ausser von der Güte der Messung der Sonnenhöhe wesentlich von der Qualität der mitgeführten Chronometer ab; in dieser Hinsicht waren wir vortrefflich ausgerüstet mit zwei schweizerischen Chronometern von höchster Präzision, die uns der Verfertiger Herr P. Ditisheim in zuvorkommendster Weise zur Verfügung gestellt hatte.

Ausser diesen astronomischen Ortsbestimmungen und ausser meteorologischen Messungen, die Baebler zum grössten Teil besorgte, während Stolberg sich um das Aktinometer kümmerte, machten wir an jedem Zeltplatz eine sorgfältige Aufnahme des uns umgebenden Horizontes, hinter dem die Randfelsen jeden Tag mehr hinabtauchten, bis sie ganz verschwunden waren. Die Bearbeitung aller unserer an den Zeltplätzen und unterwegs gemachten Messungen wird erlauben, die Oberflächenverhältnisse des von uns durchzogenen Inlandeisstreifens recht genau darzustellen, entsprechend dem Zwecke dieses Vorstosses.

Am Tage selbst war es namentlich im geschlossenen Zelt bei Sonnenschein recht behaglich warm, gelegentlich sogar heiss, und um das Zelt herum bildeten sich wenigstens in den tiefern Lagen des Inlandeises kleine Pfützen. Alle Gegenstände, die man auf dem Eis liegen liess, schmolzen schnell ein; wir mussten auch aufpassen, dass uns nichts in die Kryokonitlöcher schlüpfte,. Gegen Abend wurde es kälter, die Wasserlöcher froren zu, und der uns entgegenwehende scharfe Südostwind liess die Kälte um so empfindlicher erscheinen.

Es war der ungemütlichste Augenblick des Tages, wenn wir abends gegen 9 Uhr unser Zelt abbrechen und unsere sieben mal Siebensachen mit den hartgefrorenen Seilen und mit steifen Fingern auf die Schlitten führen mussten. Die Sonne wurde mit dem Kompass angepeilt, die Schattenrichtung festgestellt, und dann ging's weiter in die Eiswüste nach Osten.

Vom Zeltplatz «Seracrücken» hatten wir über eine Art Ebene hinüber in einer Entfernung, die wir auf 5–25 Kilometer schätzten – selbst unser staatlich anerkannter Spezialist im Distanzenschätzen, Hauptmann Baebler, verzichtete auf dem Inlandeis auf irgend welche bestimmte Aussagen –, eine Nordsüd ziehende neue Eiserhebung gesehen, die einen Schimmer der ersehnten Schneedecke zu tragen schien; ich nannte ihn kraft alttestamentlicher Reminiszenzen Berg der Verheissung. Wir brauchten eine Tagesreise bis an seinen Fuss. Mit dem «Berg» und der Steilheit des Hangs war es übrigens nicht so schlimm, besonders die südliche Partie, die durch ihre Zerschrundung auf den Zusammenhang mit dem Karajak hinwies, sah aus der Nähe viel sanfter als von weitem aus. Wir tauften diesen Teil darum «Renommierhügel». An seinem Fusse fanden wir zu unserer Überraschung einen kleinen See, den wir, im Gegensatz zu seinem Bruder, dem einige Kilometer nördlich ebenfalls vor dem Verheissungsberg liegenden Nordsee, den Südsee nannten. Dieser Südsee hatte früher offenbar einen grösseren Stand gehabt; das bewies ein grosses Feld von Eisschollen, die mit ihrem reinen, weissen Eis sich vom grauen Inlandeis abhoben und die durch den Schutz vor der Sonnenstrahlung, den sie diesem gewährten, zur Bildung von Gletschertischen Anlass gaben. Ein Schmelzwasserbach ergoss sich von Norden in den Süden; er schien aus einer Einsenkung im Zug des Verheissungsberges zu kommen, die wir Geheimnistal nannten. Mit dem Überschreiten solcher Schmelzwasserbäche, deren wir in den folgenden Tagen noch verschiedene antrafen, hatten wir unsere liebe Not, und es war manchmal gut, dass unsere Ladung in wasserdichte Säcke aus Seehundshaut verpackt war. Im Geheimnistal, in etwa 1200 Meter Höhe, fanden wir die erste Schneedecke, und es ging nicht lange, so zappelte einer von uns in der ersten Spalte. – Von da an gingen wir mit aller gletschertechnischen Vorsicht, mit langen Zugseilen, Schlitten und Ziehende alle zu einem System verbunden.

Seit dem Anfang des eigentlichen Schlittenziehens am 9. Juli bis jetzt, am 18., hatten wir immer Steigeisen an den Füssen; sie zeigten sich als fast unentbehrlich, um beim Schleppen der Schlitten in sehr unebenen Eisgebieten festen Stand zu behalten und nicht zurückzugleiten. Zugleich wurden die Sohlen unserer Lauparschuhe besser geschützt, bis wir später in grösseren Höhen des Inlandeises, als es sich wegen der Spalten und auch wegen der halb pulvrigen, halb verharschten Oberfläche des alten Schnees, der uns nicht genügend trug, vorteilhafter erwies, die Skier anschnallten.

Oben im Geheimnistal fanden wir zu unserer Überraschung wieder einen See. Den wollten wir südlich umgehen; er hatte aber dort einen so starken und tief in das Eis eingeschnittenen Ausfluss, dass wir zurückkehren mussten und mit Mühe im stürmischen Wind oberhalb des trügerischen Sees Zelt schlugen. Von diesem Zeltplatz, Trugseeplatz genannt, zogen wir am folgenden Tage am hintern Trugsee vorbei bis zum Zirkussee, diesmal, gewitzigt durch die letzte Erfahrung, auf der linken Seite. Diese in Mulden liegenden kleinen Seen überraschten uns immer wieder. An jenem Tage erreichten wir noch einen dritten kleinen See, mehr eine Pfütze. Wir hatten uns schon früher damit begnügt, allerhand Sümpfe, Pfützen und Öden, an denen wir vorbei kamen, mit dem Namen lieber Freunde zu belegen, die sich uns für eine solche Kombination zu eignen schienen. Es gab da z. B. eine G...öde, eine R...pfütze, einen ...sumpf. Aber diese Privatnomenklatur wird bis ans Ende des Inlandeises Geheimnis der Teilnehmer bleiben. Und offiziell hiess der letzte Zeltplatz Nebeltal, denn dort wurden wir einen Tag durch Nebel festgehalten.

Am folgenden Morgen glaubten Baebler und ich durch das Glas am

Horizont vor uns einen schwarzen Punkt zu sehen, der sich ganz scharf vom Eis abhob. Ein Felsen, ein Nunatak! Ein förmliches Fieber packte uns; wir sagten Stolberg noch nichts, tauften vorläufig den Punkt «Schweizer Nunatak» und zogen mit stiller Begeisterung Kurs Süd 45 Grad Ost. Nach zwei Stunden schwankender Hoffnungen stellte sich heraus, dass wir nur den schwarzen Schatten einer weit entfernten Schneedüne gesehen hatten, der durch eine ungewöhnliche Strahlenbrechung stark in die Höhe gehoben worden war. Die Enttäuschung wurde dadurch einigermassen gemildert, dass wir fast spaltenfreie gute Firn-Oberfläche und wunderbares Wetter hatten, windstill und sonnig, so dass wir all' unser nasses Zeug trocknen, im Freien kochen und schliesslich bei geöffneter Zelttür in Hemdärmeln schlafen konnten. Wir hiessen den Platz Mont Soleil. Nach der Umgehung der riesigen flachen Mulde, die jetzt keinen See mehr barg – es gab auch am Tage kein fliessendes Schmelzwasser mehr –, mussten wir immer noch im Bereich des Einzugsgebietes der Karajakeisströme sein.

Wir zogen schon am Abend weiter und wurden bald inne, dass die Spaltenschwierigkeiten noch kein Ende hatten. Über ein Plateau weg kamen wir in eine leichte Senke, die von den schlimmsten Klüften umzogen war, die sich rechts und links endlos eine nach der andern erstreckten; dabei waren die Schneebrücken meistens unsicher. Die Situation wurde schliesslich so heikel, dass ich sogar mit Baebler, dessen Gletscher- und Spaltenerfahrung sich bewährt hatte, über den einzuschlagenden Weg uneinig wurde, so dass alle Verantwortung auf mir blieb. Wir gingen von Brücke zu Brücke vorwärts, so gut es eben ging, bis wieder einfallender Nebel uns auf dem Zeltplatz Kivigkok festhielt. Die Zeit war schon fast abgelaufen, die uns zum Vordringen zur Verfügung stand. Da wurde grosser Rat gehalten und beschlossen, dass wir noch eine Tagesreise mit den Schlitten weiterziehen wollten. Von dort sollten Baebler und ich mit Skiern noch einen weiteren Vorstoss nach Osten unternehmen, während Stolberg beim Zelt bleiben und die nötigen Parallelbeobachtungen ausführen würde.

Wir kamen an diesem letzten Tage mit den Schlitten ganz gut vorwärts; die Skier hatten wir jetzt angezogen, und sie waren recht nützlich; wir brauchten uns nun beim Überschreiten der Spalten kaum aufzuhalten. Links von unserm Weg zog sich ein langgestreckter, sanfter Firnrücken, der Nordhügel; er war von 20 bis 40 Meter breiten Spalten zerrissen, die aber ganz mit altem Schnee überbrückt waren und nur an wenigen Stellen klafften. Dort lagen dann immer Schneedünen, die das einzige Reliefdetail in der endlosen Einförmigkeit der Oberfläche darstellten.

Stolberg schrieb von diesem Teil unserer Reise:
«Beim Betreten des nunmehr beginnenden Plateaus kamen wir zwar an Schründe, welche die Breite von Grossstadtstrassen hatten und wo man besser als von deren Rändern von deren Ufern hätte sprechen können; jedoch waren die Übergänge wegen des hier reichlich vorhandenen, sehr alten Schnees nicht schwer und viel sicherer zu bewerkstelligen. Solche Riesenspalten sind wohl Jahrhunderte alt; sie waren, wie gesagt, auf weite Strecken hin mit altem Schnee völlig ausgefüllt und hatten mehr Ähnlichkeit mit weissen Strassen, die etwas in ihrer Umgebung eingesunken waren. Zuweilen sind wir längere Zeit auf diesen natürlichen Wegen, also in der Längsrichtung dieser Riesenspalten, wie in einem Hohlwege dahingezogen. Sehr schwer war jedoch auch noch auf den Plateaus das fortwährende Ankämpfen, bei Temperaturen, die bis gegen 10 Grad unter Null gingen, gegen den starken, eisigen, bis auf die Knochen dringenden Ostwind. Dieser Ostwind trieb mit losgerissenen Schollen verharschten Schnees ein flirrendes und klirrendes Spiel und liess sie um uns herum und weithin über die schimmernden Flächen tanzen. Nach Möglichkeit schützten wir das Gesicht durch den Pelzhandschuh, da die treibenden Schneestücke die Haut leicht aufritzten. Fiel man beispielsweise beim Ziehen mit der unbeschützten Hand auf den Schnee, so gab es wegen dessen Verharschtheit sofort Hautabschürfungen. Es war also nicht nur wegen der Kälte, sondern auch wegen des harten Schnees geraten, Gesicht und Hände nach Möglichkeit zu schützen.»
Vor uns im Osten stand eine unbewegliche Wolke, in irisierenden Farben glänzend. So unbeweglich stand sie trotz des Windes am Himmel, dass wir sie stundenlang, wie schon an früheren Tagen gelegentlich, geradezu als Richtpunkt bis zum Zeltplatz 11 nehmen konnten. Wir beide ruhten uns dort vor der geplanten Skifahrt etwas länger aus, und Stolberg kochte unterdessen zur Stärkung alles mögliche Gute.

Am Abend des 24. Juli fuhren wir ab und schoben unsere Skier fast ohne Pause dem heulenden Ostwind entgegen, die Nacht hindurch, bis zum andern Mittag.

Die Beschaffenheit des Inlandeises in diesem innersten von uns beiden betretenen Gebiet war folgende: Wir passierten nacheinander 3 ganz flache Plateaus, jedes 10 bis 12 Kilometer breit und jedes durch eine Steigung von 50 bis 100 Meter von dem folgenden unterschieden. Diese Ebenen kamen uns vor wie kleine Unendlichkeiten. Oben an den Steigungen, welche die Plateaus begrenzten, trafen wir jedesmal 10 bis 20 sich endlos gerade von Nord nach Süd ziehende Spalten an; diese waren bis zu 20 Metern breit, aber zum grössten Teil von Schneebrücken bedeckt. Da, wo die Schneebrücken in die Tiefe gesunken waren, konnte man vorzüglich eine Jahresschichtung des Firns erkennen; vereiste und weniger dichte schneeige Lagen wechselten regelmässig mit einander ab. Dies waren übrigens noch nicht die breitesten Spalten; auf dem Rückweg, von Zeltplatz 11 an, fanden wir solche, die bis 40 Meter Breite hatten.

Das Inlandeis erreichte hier an unserem fernsten Punkt eine Höhe von 1700 Meter. Nach Osten hin ging der Anstieg, soweit man sehen konnte, in ähnlicher Weise weiter.

Da machte ich mit dem mitgebrachten Sextanten eine astronomische Breitenbestimmung; dann legten wir uns ein paar Stunden zum Schlafen auf die Skier. Ich machte wieder eine Anzahl Sonnenbeobachtungen zur Längenbestimmung; einen letzten Blick warfen wir über den ganzen Eishorizont. Am längsten blieb er im Osten haften. Jetzt, wo wir freie Bahn hatten, wo wir uns so stark und unternehmungsfreudig fühlten, umkehren müssen! Bitter, bitter! – Wir müssen wiederkommen!

Wir wandten um, fuhren den Abend und die Nacht hindurch. Der Wind hatte die Spuren des Hinwegs schon völlig verwischt; ich benutzte fleissig den Kompass, und so kamen wir am folgenden Morgen früh doch glücklich wieder beim Zelt an. Die Berechnung zeigte später, dass wir den Hundertkilometerpunkt etwas überschritten und auf diesem Skivorstoss hin und zurück etwa 85 Kilometer zurückgelegt hatten.

Für den zurückgebliebenen Stolberg hatte vielleicht das ungewisse Alleinsein psychisch keine kleinere Leistung bedeutet, als es die Teilnahme an der strapaziösen Fahrt gewesen wäre. Er schreibt über dieses Alleinsein in seinem Tagebuch:

«Mit den nötigsten Instrumenten und schweren Rucksäcken ziehen de Quervain und Baebler am 24. August, 9 Uhr abends, gegen einen starken Ostwind kämpfend, auf den Skiern ab. Fauchend drückt der Wind gegen die Zeltwände und bauscht dieselben tief ein. Ich stelle meine Skier mit den Spitzen gegeneinander, wie einen Leerbogen, im Zelte auf, was demselben einen unerwartet guten Widerstand gegen den seitlichen Druck verleiht.

Nun sitze ich allein auf weiter Flur, im Genuss einer Einsamkeit, wie sie auf dieser Erde nicht ungestörter gedacht werden kann. – Natürlich liegt mir auch der Gedanke nicht fern, was zu tun sei, falls die

beiden sich verirren, oder sonst ein unvorherzusehendes Ereignis eintritt, das sie verhindert, innerhalb der verabredeten Zeit von zweimal 24 Stunden wieder zu erscheinen. Ich lege mir zurecht, auf alle Fälle den Sicherheitskoeffizienten des Wartens um einige Tage zu vergrössern und erst im Angesicht ernstlichen Proviantmangels, unter Belassung des Zeltes und möglichst vieler Vorräte, mit dem zum Überschreiten der Spaltensysteme geeigneteren grossen Schlitten auf der Linie der Hinaufwanderung den Rückweg zu versuchen. – Verhehle mir nicht, dass die Wahrscheinlichkeit, dabei in einer Gletscherspalte zu enden, zu dem Glücksfall, über die tausendfach drohenden Gefahren der Tiefe hinweg wohlbehalten den Ausweg aus dem Labyrinth zu finden, sich etwa wie 10 zu 1 verhält. – Die wieder in Sicht tretenden Landmarken böten dabei nicht die geringste Gewähr. Gelingt es mir allein nicht, die schmale Austrittsschwelle am Depot beim vierten Zeltplatz, zwischen den Seen hindurch, wieder zu erreichen, so würde ich auch nach glücklicher Überwindung der Gletschergefahr noch angesichts der nahen Randberge beim Suchen des Weges aus der Falle verhungern müssen.
Doch wozu solche Gedanken? So etwas gibt es einfach nicht, dass de Quervain und Baebler den Rückweg zum Zelt nicht finden. Ich beginne also durchaus zuversichtlich meine zweistündlichen Ablesungen, messe eine Basis, schlafe dazwischen und schmelze nach und nach einen Kessel Wasser für die Abwesenden, die mit einem Wüstendurst zurückkommen müssen.
So vergehen dreissig Stunden. Wenn ich draussen vor dem Zelte zu tun habe, dieselbe schweigende Öde um mich, derselbe Ring der Unendlichkeit, die weisse Wüste, der blaue Himmel. – Da, in der Frühe des 26. Juli, vernehme ich von Osten her einen schwachen Ruf, und bald darauf erscheint Baebler. Sein erstes Wort ist, wie erwartet: «Haben Sie Wasser?» Und das war vorhanden. Nicht lange darauf erscheint auch de Quervain: beide hatten erreicht, was noch zu erreichen war.»

Über den Rückweg will ich mich kurz fassen. Wir wählten ihn ein Stück nördlicher als den Hinweg, um die Eisoberfläche noch besser kennen zu lernen. An zwei Tagen konnten wir den Wind, der uns bisher entgegengeweht hatte, für uns ausnützen und Segel auf den Schlitten aufsetzen. Dann kamen wir wieder in ein Spaltengebiet, das die Benützung des Segels unmöglich machte.

Unsern Zeltplatz 12 auf dem Rückweg nannten wir Einbruchsplatz, nicht etwa, weil wir dort mit Dieben zu tun bekamen, sondern weil er sonst in einer ungemütlichen Gegend lag, wo der Schnee oben eine feste Kruste hatte, durch die man aber ohne Skier doch häufig durchbrach und dann bis an die Hüften in den darunter befindlichen Pulverschnee einsank. Weil nun unter dem Schnee verborgen dort auch viele Spalten kreuz und quer liefen, war man nie sicher, ob das Einbrechen tragisch zu nehmen sei, und im Publikum behauptete sich sogar (trotz dem offiziellen Dementi) das Gerücht, dass wir auch das Zelt selbst gerade über einem verborgenen Schrund aufgestellt hätten. Eine Vorstellung, die schon geeignet war, bei einigen Beteiligten die Nachtruhe zu beeinträchtigen.

Es sind noch zwei besondere Schwierigkeiten dieses Rückwegs zu erwähnen: erstens mussten wir bei dem alten Zeltplatz 6 am Südsee den Rückweg wieder in die frühere Route einmünden lassen; denn nur von dort aus konnten wir jene kritische Stelle weiter westlich wieder treffen, die den einzigen Ausweg aus dem Eis darstellte. Es war eine recht heikle Sache, durch alle Spalten hindurch auf dem neuen Rückweg wirklich den früheren Zeltplatz 6 wieder zu erreichen. Einen Augenblick hatte es den Anschein, als wolle uns die Inlandeiswüste wirklich nicht mehr herausgeben. Das war auf der Strecke zwischen dem Zeltplatz 6 und dem Depotplatz. Der Übergang über den dazwischen liegenden Seracrücken war fast nicht aufzufinden und wäre ohne meine sorgfältigen Kompasspeilungen des Hinwegs überhaupt unauffindbar geblieben. Diese Strecke, für die wir beim Hinweg zwei Tagesreisen gebraucht hatten, legten wir diesmal in einemmal zurück. Das Depot selbst hätten wir wohl auch nur mit grossem Zeitverlust oder gar nicht wiedergefunden, wenn nicht die Schweizerfahne noch darauf geweht und uns gewinkt hätte. Zum Depot zurückzukommen war uns ganz lieb; denn schon den vorletzten Zeltplatz hatten wir, freilich etwas pathetisch, Hungerplatz getauft, weil uns der Zucker, die Kakes und die Milch dort ausgegangen waren. Am Depotplatz schrieb ich über diese letzte Wegstrecke in mein Tagebuch:

«Das war eine Nummer! – um mit S. zu reden. 24 Stunden unterwegs. – Am Seracrücken verrannt, dreimal angesetzt; kleine Pausen, mit Pemmikan und mit Erwägungen über Kompassrichtungen, und ob das Inlandeis uns überhaupt wieder hinauslässt. Die Eingangspforte war schwer, der Ausgang noch schwerer zu finden. B. bleibt bei gutem Humor; das soll ihm gedacht bleiben. – Ich rekognoszierte ein grosses Stück über den Seracrücken und hinab. Manchmal hing die

Möglichkeit des Durchgangs an einem halben Meter – aber es ging. Die «Ebene» am Fuss des Seracrückens schlimm. B. allein mit dem kleinen Schlitten kam schlecht genug vorwärts. Halbwegs wünschte er, begreiflicherweise, Ablösung. Da bekam ich den kleinen. – Dieser Teufel in Schlittengestalt! Wo er sich überschlagen kann, tut er's; wo er's nicht kann, tut er's trotzdem. Rennt sich bei jeder Gelegenheit mit dem Vorderteil fest, schiesst mir dann plötzlich von hinten in die Beine und bleibt dann bockstill. Es ist zum Heulen.»
Eine andere Schwierigkeit des Rückwegs bestand darin, dass in der Randzone unterdessen durch die Abschmelzung die Oberfläche noch unebener, die Schmelzwassergräben tiefer geworden waren.

Der Weg zwischen dem Depotplatz und dem Eisrand wird uns dreien besonders erinnerlich bleiben; wir hatten dieses Stück nördlicher gelegt, um abzukürzen.

Es war auch eine Abkürzung, aber kurzweilig war sie nicht, trotzdem es an Zwischenfällen nicht fehlte. Links und rechts überschlugen sich die Schlitten mit der schweren Ladung in die Wasserlöcher, vorwärts und rückwärts rutschten sie in Schmelzwassergräben. Namentlich mit dem kleinen Schlitten, der nicht die schlangenartige Schmiegsamkeit seines grösseren Bruders besass, war es wieder zum Tollwerden. Wir bekamen einen förmlichen Hass auf ihn, der sich in allerhand Kosenamen Luft machte. Ich fürchte, wir haben damals überhaupt ab und zu die Grenzen der geziemenden Salonwendungen überschritten, trotzdem unsere persönlichen Umgangsformen während der Inlandreise sonst sichtlich gewonnen hatten. Darüber hatte ich schon unterm 27. Juli notiert: «Wir sind auf einen verbindlicheren, vor allem vorsichtigeren Ton gekommen: «Vielleicht.» «Denken Sie nicht?» «Was meinen Sie dazu?» «Wir haben uns vielleicht missverstanden.» Und dann wieder die lobende Zensur: «S. war übrigens immer so in seinen Ausdrücken.»

Ganz ist uns aber auch bei der schlimmsten Schinderei, wo wir uns erschöpft und luftschnappend über die Schlitten legten, der Humor nicht ausgegangen. Wir unterschieden z. B. die Schmelzwassergräben nach Stolberg in Zwei-Männer-Gräben und Drei-Männer-Gräben, je nachdem es unserer zwei oder drei brauchte, um den Schlitten darüber weg oder heraus zu bugsieren.

Am 1. August waren wir wieder am Rande des Eises angelangt; das war für uns ein sauer verdienter Ruhe- und Festtag. Stolberg gibt seine Eindrücke folgendermassen wieder:

«Ein fast feierliches Gefühl erfasste uns, als wir, es war Sonntag der 1. August, morgens fünf Uhr, die äusserste Kante des Eises erreichten und auf dessen steilen Abfall, hoch über einen Schmelzwassersee, von dem her der Schrei der Wildenten, das erste Zeichen des wiederbeginnenden organischen Lebens, ertönte, zum letztenmal auf dem Eise selber das Zelt aufschlugen. Nun tat sich die weite, schöne Welt wieder vor uns auf. Bergkulissen auf Bergkulissen erhoben sich in bläulicher Färbung nach Westen der offenen Baffinbai zu. Die hohen Berge der Insel Agpat und die lange Alpenkette der Halbinsel Nugsuak mit dem gewaltigen, über 2000 Meter hohen Kilertinguak grüssten herüber. Freundlich grüsste auch der bläuliche Fjord des Sermilik herauf, der seine weissen Eisberge nach Westen dem offenen Meere zuschob. Ganz in der Nähe erhob sich die schwarze Silhouette des Ainuk, der mit seinen mächtigen, schneelosen Wänden der schweigende Gebieter dieser einsamen, in ihrer Gesamtwirkung aber doch so unendlich grossartigen Welt ist. Jetzt kam auch der grosse Moment, auf den ich mich schon seit vier Wochen heimlich gefreut hatte. Offiziell hatten wir nicht einen Tropfen Alkohol bei uns geführt, wenigstens Dr. de Quervain und Dr. Baebler wussten davon nichts, um so grösser war daher die Überraschung, als ich einen Viertelliter Rum zum Vorschein brachte, den ich heimlich bei mir geführt hatte. Dieser Rum gestattete uns, sechs Gläser bzw. Tassen eines mässigen Grogs herzustellen, und mit diesem Getränk, sowie mit zwei Zigarren und einer Zigarette, die ich ebenfalls heimlich in einer leeren Konservendose aufbewahrt hatte, feierten wir nun ein kurzes Siegesfest, welches sich, einem hübschen Zufall gemäss, zugleich mit der auf den 1. August fallenden Schweizer Bundesfeier zwanglos vereinigte.»

Wir durften uns das Zeugnis geben, dass wir alles erreicht hatten, was unter den gegebenen Umständen möglich war. 26 Tage Schlittenziehens und einen Gesamtweg von gegen 250 Kilometern hatten wir hinter uns. Was die Ausdehnung unseres Vorstosses abgekürzt hatte, das hatte ihn auch zugleich wissenschaftlich interessant gemacht. Viel weiter hinein, als es bisher bekannt war, hatten wir noch eine Abhängigkeit der Eisoberfläche von der Gestaltung des Untergrundes gefunden. Noch über 80 Kilometer vom Rande entfernt trafen wir ja gewaltige Spaltenscharen, während einst Nansen im Süden die letzten Spalten an der Westküste in 40, an der Ostküste in 15 Kilometer Entfernung vom Eisrand gefunden hatte.

Wir kamen überein, dass Baebler nach seinem Wunsch noch beim Zelt am Eisrand bleibe, um im anstossenden Felsengebiet seiner nivalen Fauna nachzugehen. Stolberg und ich, mit den Schlafsäcken und einigem andern ziemlich beladen, stiegen möglichst rasch zum Fjord hinab, um mit den Kajakleuten in Verbindung zu treten. Wir hatten Eile, weil vor dem Abgang des Dampfers in Umanak noch die geplanten Messungen am Karajak-Nunatak auf uns warteten.

Der Ausfluss des Schmelzwassersees trennte uns noch vom Lande. Wir fanden eine Furt, banden die Chronometer um den Hals und passierten dergestalt den etwa zwanzig Meter breiten recht kalten Fluss, der uns noch von dem endlich wieder errungenen schneefreien Boden trennte. So arm dieser Boden auch war, mit seinen paar Mohnblüten und Wollhauptgräsern, so machte er doch einen geradezu festlichen Eindruck auf uns.

Am Fjord unten fanden wir das Depot in Ordnung, nur der Sack mit 50 Pfund Schiffsbrod fehlte; die Grönländer hatten bei der Rückkehr offenbar Mangel gehabt und alles mitgenommen. Da staken auch an einer Kiste zwei Briefe von Jens Fleischer, die von Kajakboten hinterlassen waren. Der letzte lautete ziemlich bekümmert hinsichtlich unseres Schicksals. Warum waren aber jetzt keine Kajakboten da? Im letzten Brief stand auch etwas vom Ausbruch einer Krankheit unter den Grönländern. Das konnte für uns fatal werden. Vorläufig galt es zu warten. Wir schlugen das im Depot gebliebene Zelt auf und versuchten vor allem zu schlafen. Die Luft war mild und die Zeit der Stechmücken vorbei, so dass die Zelttür weit offen blieb und wir die Landschaft anschauen konnten.

Da erlebte ich etwas Unheimliches: So oft ich erwachte, sah ich mich inmitten einer Eislandschaft: die hohen Wände des Ainuk, die nahe Klippe, die Gneishügel, der Boden vor dem Zelt: alles drohendes Eis. Ich trat vor das Zelt, steckte die Füsse ins Wasser; endlich wich die Verzauberung. Aber so oft ich wieder erwachte und zum Zelt hinaussah; wieder war die Eislandschaft da; vergebens rieb ich die Augen, vergebens suchte ich mich verstandesmässig vom Gegenteil zu überzeugen, mir die rotbraune Farbe der Felsen, das Grün der Grasflecke zu vergegenwärtigen. Alles half nichts, bis ich wieder vor das Zelt hinausging und den Boden und die Felsen anfasste. Ich merkte erst jetzt, dass die Anforderungen der letzten Tage und Wochen bis an die Grenze des Möglichen gegangen waren; für mich wohl mehr als für die andern, weil die Sorge und Verantwortung, wie wir uns aus der Sache ziehen würden, doch im wesentlichen auf mir allein lag, und weil ich meistens nur vier bis fünf Stunden Schlaf gehabt hatte, zwei Stunden weniger als die andern. – Die Eishalluzination verfolgte mich später noch lange auf dem Dampfer. Selbst das Schlagen der Schiffsschraube und das Betasten der Kajütenwand konnte mich manchmal nachts nicht überzeugen, dass wir nicht in einer Eisspalte steckten. Solange ich auf dem Eis unterwegs gewesen war, war ich ruhig und meiner selbst sicher geblieben.

Während unseres Wartens hatte der Wind von Südost nach Nordwest gedreht und das Wasser an unserm Fjordrande so gestaut, dass es bei Flut sehr nahe an unser am Strande stehendes Zelt heranreichte; zugleich hatte er einen mächtigen Eisberg ganz nahe herangetrieben. Das war eine ungemütliche Nachbarschaft; denn er schien nicht recht im Gleichgewicht zu sein, und immer wieder lösten sich mit Knallen kleinere Eismassen ab und stürzten ins Wasser. Wenn bei diesem hohen Wasserstand der Berg gänzlich aus dem Gleichgewicht kam und so nahe am Ufer sich wälzte, dann überschwemmte die Kalbungsflut ganz sicher unser Zelt. Eine solche Überraschung im Schlaf wäre bedenklich gewesen. Unsere Besorgnis war nicht überflüssig; am folgenden Tag verlor er völlig die Haltung und fing an sich zu wälzen. Ich stand gerade draussen etwas ferner vom Ufer. Es krachte und donnerte, das Meer schäumte auf; die ganze bisher sichtbare Eiswand verschwand im Wasser, und die tiefsten Teile tauchten empor wie eine neue Insel. Eine hohe Kalbungswelle lief dem Ufer zu. Stolberg, jäh in vorsichtigen Badeversuchen unterbrochen, raffte seine irdischen Hüllen zusammen und strebte der Höhe zu, und ich rannte in grossen Sprüngen zum Zelt und riss die Rucksäcke mit unseren Kostbarkeiten, den Notizbüchern und Chronometern heraus. Glücklicherweise war gerade die niedrigste Ebbe, und der Berg schwamm schon wieder weiter draussen, so dass die Flut nur einige Eisstücke und eine Menge Tang vor unserm Zelteingang absetzte. So schnappte das Inlandeis noch nachträglich nach uns.

Die angeschwemmten Eisstücke wären uns unter Umständen hochwillkommen gewesen, um uns Trinkwasser zu geben. Wir hätten nämlich solches weit und breit sonst nur nach langen Klettereien oder einer ziemlich weiten Kajakfahrt zum Lachsfluss gefunden – wenn wir nicht unsere Quelle gehabt hätten. Einer der Grönländer unserer ersten Mannschaft war jeweilen geheimnisvoll verschwunden und nach zehn Minuten mit herrlichem Wasser zurückgekehrt; von ihm erfuhr ich den Ort der Quelle. Die später Kommenden kannten ihn nicht, und ich war dann ungemein stolz, den Grönländern gegenüber einmal selbst der Wissende zu sein.

Am Abhang stieg man hinauf bis zu einem riesigen flechtenüberwachsenen Block, von dessen Fuss sich, an den Boden geschmiegt, ein

Zwergbirkengesträuch am Hang hinabzog und durch seine Üppigkeit den wassergetränkten Grund verriet. Vom Wasser selbst sah man nichts; nur ein leises Gluck, Gluck tönte unter dem Felsen hervor und lud ein, sich niederzubeugen, bis man unter dem Block eine natürliche, kleine wassergefüllte Höhlung erblickte, die in unsichtbarer Weise gespeist wurde. Die Grönländer horchten hin und lächelten; sicher nicht nur, weil sie es bequem fanden, sondern weil die Heimlichkeit und das freundliche Glucksen der Quelle sie vergnügte.

Warum so viel Aufhebens wegen einer Quelle, mag ein an Brunnen und Wasserleitung gewohnter Leser denken. Aber wie viel anders hatten wir in unserer völligen Abhängigkeit von den Naturmächten empfinden gelernt. Uns war sie eine Freundin; wir hatten ein persönliches Verhältnis zu ihr. Wie zu einer Geliebten stieg man hinauf, den Schritt beschleunigend, um sie bald zu hören. Man sagte zu ihr: «Liebe Quelle», und sie antwortete in ihrer einfachen, treuen Sprache. Und mit warmer Dankbarkeit, fast mit religiöser Bewegung ging man von ihr weg. Wer über die Beziehung des Menschen zu den Naturmächten und die Art und Weise, wie sich da supranaturalistische Gedankengänge und Vorstellungen ergeben, zutreffend philosophieren will, der darf es nicht in der Studierstube tun; mit uns auf dem Eis und bei der Quelle konnte er es lernen.

Am zweiten Tag, bei strömendem Regen kamen endlich die Kajakboten; durch Sturm waren sie zurückgehalten worden und mussten jetzt wegen des Unwetters auch bei uns warten. Wir kochten ihnen alles Gute, was wir finden konnten, und sie luden uns dann zu ihrem schwarzen Kaffee ein, den sie in einer trockenen Felsritze trotz des Sturmes und Regens zu brauen fertig gebracht hatten. Als das Wetter sich etwas besserte, erbaten sie meinen Feldstecher, musterten von den Felsen herab den Zustand des Meeres draussen vor dem Fjord, meinten dann: «Imara ajungilak» und machten sich auf den Weg mit dem Brief an Jens Fleischer, in dem wir ihm kurz die glückliche Rückkehr meldeten und um die Zusendung eines Bootes baten. Schon in der folgenden Nacht knallten Schüsse vom Wasser her: Jens Fleischer selber kam gefahren, und seine erste aufgeregte Frage war: «Wo habt ihr den jungen Mann? Ist er tot?» Der junge Mann, das war Baebler. Die beiden Kajakboten hatten ihn nicht bei uns gesehen und auf Grund davon die Nachricht nach Ikerak gebracht: Baebler sei auf dem Inlandeis umgekommen. Das hatte den nervösen Jens so erschreckt, dass er trotz meines Briefes selber herkam. Ausser seiner Besorgnis brachte er zwei geräucherte Lachse mit, eine herrliche Mahlzeit. Während der folgenden Tage blieb unser Landungsplatz sehr belebt. Es kam das Boot mit den Trägern zum Rücktransport; und bald, nachdem Stolberg mit ihnen nach dem Inlandeis abgezogen war, erschien sogar auf einen kurzen Besuch das Motorboot des Arztes von Umanak mit Dr. Berthelsen selbst, der auch von dem vermutlichen Unglück gehört hatte und sich nebenbei für das Lachsflüsschen interessierte, das nicht weit von dem Fjordende floss.

Ich beteiligte mich eine Weile an der Lachsjagd. Man konnte die Lachse, die hinter den Steinen eines halb künstlichen, halb natürlichen Wehrs warteten, mit den Händen fangen, musste allerdings riskieren, im Kampf mit den grossen zappelnden Tieren auf den schlüpfrigen Steinen das Gleichgewicht zu verlieren und in den Bach zu fallen.

Leider musste das Motorboot abfahren, bevor Stolbergs Kolonne vom Eis zurück war. Er erzählte von den Schwierigkeiten, die er antraf, folgende, zum Teil geradezu tragikomische Geschichte:

«Es war Mitternacht, als ich mit meinen sechs Mann und den beiden Mädchen am Fluss, der das Plateau vom Inlandeis scheidet, ankam. Der Absturz des Eises ragte mit seinen Seracs wie eine zinnengekrönte Stadt zum Himmel empor, die Moräne als Wall und den Fluss als Graben. Als meine Leute von weitem das Zelt hoch oben auf der Eismauer erblickten, waren sie wenig erbaut gewesen von dem Gedanken, dort noch hinauf zu müssen, jetzt, als nun auch noch der ziemlich breite Fluss, von dem ich weislich geschwiegen hatte, als Hindernis auftauchte, erfasste sie eine gerechte Entrüstung über die ihnen zugemutete Aufgabe. «Ajorpok», «ajorpok», dieser Ausruf war einstimmig, ebenso die Weigerung, auch nur noch einen Schritt weiter zu gehen. Sehr einladend war die Situation allerdings auch nicht, bei einer Temperatur von mehreren Graden unter Null, die wegen des schneidenden Ostwindes mehr als 10 Grad bei Windstille bedeutet, einen 25 Meter breiten, wenn auch nicht tiefen Fluss zu durchwaten, darauf eine steile Eishalde hinauf zu klimmen, um dann erst mit der eigentlichen Arbeit beginnen zu können.

Halb und halb hatte ich diesen Streik erwartet und mich darauf vorbereitet. Ich entledigte mich also meiner Pelzstiefel und ging ohne weiteres durch den Fluss, wobei ich mich eines möglichst lebhaften Tempos befleissigte. So schnell es ging, fuhr ich, um die Füsse nicht zu erfrieren, drüben im Windschatten eines riesigen Moräneblockes in die Stiefel wieder hinein, entnahm dem Rucksack eine Flasche Aquavit und meiner Brieftasche einen 50-Öre-Zettel

und suchte dann, Flasche und Zettel verlockend schwingend, durch diesen doppelten Zauber die feindliche Partei zum Überschreiten des Rubicon zu veranlassen. Und der Zauber wirkte! Zuerst fühlte der starke Elias sich bewogen, mir zu folgen, und bekam auf der andern Seite sein verdientes Glas und 50 Öre. Dieses löbliche Beispiel und die redlich ausgeteilte Belohnung veranlassten darauf Johann und den ewig Hustenden, dasselbe zu tun. Zu vieren stiegen wir nun die schlüpfrige Eishalde hinauf, wobei mich der Besitz eines Steigeisens – das andere hatte ich verloren – sehr erfreute, und erreichten das zwischen den beiden Schlitten noch gut verankerte «Cuperk». Das Zelt war natürlich tief in den Eisboden eingesunken, inwendig aber noch in der peinlichen Ordnung, wie es Baebler einige Tage zuvor verlassen hatte. Die Verabreichung einer Dose kondensierter Milch und verschiedener Schokoladenwürfel aus dem noch im Zelt vorhandenen Proviant entzückte und rührte die Grönländer dermassen, dass sie nun mit Feuereifer an die Bergung gingen. Da wir nun zu vieren mit dem Einzeltransport eine beträchtliche Zeit verbraucht hätten, da beinah jeder Gegenstand einzeln eine Viertelstunde über Eis hinunter geschafft werden musste, so parlamentierte ich, von den Dreien unterstützt, aufs neue über den Fluss hinüber mit den «feindlichen» Männern. Barnad, der grosse Spassvogel, und der starke Zwerg wurden noch gewonnen; an Thomas, der mich lebhaft an ein Jugendbildnis Ferdinand Freiligraths gemahnte und den wir daher nur Ferdinand Freiligrath nannten, prallte aber auch jetzt noch jeder Appell wirkungslos ab. Dieser Lyriker zog es vor, jenseits des Flusses bei den Mädchen zu bleiben, die ich von vornherein von dem Hinabschaffen der Ausrüstung dispensiert hatte, wofür sie nun mit ehrlichem wiederholten «Krujanak» dankten. Auf dem gefrorenen Boden, aber möglichst im Windschatten der Blöcke, kauerte sich nun Freiligrath mit seinen Damen nieder, um sein *otium sine dignitate* weiter zu geniessen und unsere Bemühungen mit Wohlwollen zu verfolgen.
Zu sechs packten wir nun das ganze Lager auf die beiden Schlitten, welche wir in zwei Transporten vorsichtig an Seilen das Eis zwischen Scylla und Charybdis hinuntergleiten liessen. Links von der Halde drohte ein Eissee, rechts Schründe und wilde Seracs. Wenn ein Schlitten aus dem Kurs geraten wollte, so warf ich mich als hundert Kilo schwerer Bremsklotz entgegen und das genügte. Die von den Grön-

ländern bei diesem schwierigen Transport bewiesene Geschicklichkeit war wieder einmal bewundernswürdig.
Nach einigen Stunden war die gesamte Habe unten am Fusse der Eiswand. Nun kam das Hinüberschaffen über den Fluss. Beide Schlitten wurden der Länge nach aneinandergestellt und bildeten so ein Gerüst von 6 Meter Länge, zu dessen Belag die Skier verwendet wurden. Auf dieser improvisierten Laderampe, die gleichzeitig als Steg diente, wurden nun Zelt, Säcke usw. einzeln vorgeschoben und am Ende von Elias – leider in meinen Reservepelzstiefeln – und Johann gemeinsam über das Wasser bis zu den grösseren Steinen am jenseitigen Ufer geschafft, wo dann endlich Ferdinand Freiligrath zugriff und die Gegenstände unter Hilfe der Mädchen trockenen Fusses in Empfang zu nehmen die Güte hatte. Fünf Uhr war es, als ich erleichtert aufatmete, da alles hinübergeschafft und so der Fluss endgültig besiegt worden war. Wir schlugen nun das Zelt auf dem mit Moos spärlich bedeckten Boden auf. Ich kochte drinnen eine grosse Suppe, bei deren Verzehrung Ferdinand Freiligrath sich die allergrössten Verdienste erwarb, und wir alle neun schliefen dann im malerischen Durcheinander den Schlaf des Gerechten, während draussen eine blitzende Sonne höher stieg und das Inlandeis mit ihren Strahlen umflutete.»
Als wir am folgenden Tage alle unten wieder beieinander waren, stellte sich heraus, dass drei von uns nicht im Boot Platz hatten. So machten wir ab, dass ich mich mit zwei Grönländern zu Land nach Ikerasak durchschlagen sollte; es war ein unbekanntes Felsengebiet, von den Grönländern auf 24 Stunden Marsch geschätzt, und am Ende trennte uns ein Meeresarm von Ikerasak. Aber das Unbekannte reizte, und ich habe eine lebhafte und schöne Erinnerung an diese Wanderung, die freilich auch ihre Mühen brachte, als wir stundenweit tückische, verzweigte Seen und Buchten umgehen, steile Talwände erklettern mussten; dazwischen trafen wir auch auf richtige Heidelbeerfelder. Mein Begleiter Freiligrath verzog das Maul vor Vergnügen bis zu den Ohren. Auch der Fahnenträger Barnad Poulsen, genannt der Affe, ein quecksilbriges, nicht aus der guten Laune zu bringendes Bürschchen, bat oft mit bedeutsamem Blick um die Erlaubnis, sein Banner neben einem besonders viel versprechenden Busch aufpflanzen zu dürfen. Es war jetzt schon der 7. August; wir marschierten in der Mitternachtdämmerung über ein Plateau, das sich zu einem Pass erhob, der auf der Seite von Ikerasak in steilem Hang zum Meer abfiel. Aber bis wir auf der Passhöhe ankamen! Diese Höllenqual fehlt in Dantes Inferno.

Dort, jenseits dieses hübschen Sees, der uns wieder zu einem Umweg zwingt, dort winkt die Passhöhe. Endlich ist's erreicht; wir stehen auf der Höhe. Aber vor uns liegt wieder ein Hochsee und erst jenseits kommt die wirkliche Passhöhe. Geduld! Alles nimmt ein Ende, und – da sind wir oben!

Ach nein: vor uns zwei Seen, die zwar wunderhell den Nachthimmel spiegeln, uns aber von der linken auf die rechte Talseite drängen, um dort herum zur Passhöhe ...

Doch ich will dem Leser nicht alles antun, was uns der Pass von Ikerasak angetan hat. Sogar die unerschöpfliche Heiterkeit von Barnad Poulsen drohte zu versiegen.

Und dennoch erlebten wir die Passhöhe. Barnad sagte aus tiefstem Herzen: «kajanapatlara» (Gott sei Dank). Ich vergegenwärtigte mir das grosse Hallelujah aus Händels Saul. Barnad, der schon einen amerikanischen Matrosenwalzer zu pfeifen angefangen hatte, ging plötzlich zu einem Lobgesang aus der grönländischen Kirchenliturgie über, den er den Umständen für angemessener zu halten schien. Der unvermittelte Sprung im Thema war entschieden komisch. Aber wir waren noch nicht in Ikerasak. Der Meeresarm lag dazwischen. Wir hatten uns auf ein in Grönland übliches Verständigungsmittel verlassen und zündeten in der Mitte des Abhanges von zusammengetragenen Zwergbirken ein grosses Feuer an, mit möglichst viel Rauch. Lange brauchten wir nicht zu warten. Man sah den Rauch in Ikerasak, schickte bald ein Boot, und zwei Stunden später waren wir drüben, bewillkommnet von der ganzen Ansiedlung und den Kameraden von Sermidlet, die mit dem Boot zwei Stunden früher gekommen waren. Bei ihnen war auch Dr. Arnold Heim aus Zürich, der mit seinen Arbeiten für die Kohlengruben auf Nugsuak fertig und für die letzten Tage seines Aufenthaltes noch zu uns gestossen war, um womöglich noch mit uns bei Karajak den Rand des Inlandeises zu betreten, von dem er sonst nichts zu Gesicht bekommen hätte. Er hatte bisher gar keinen günstigen Eindruck von den Grönländern bekommen; das hing damit zusammen, dass er während seines kürzeren Aufenthaltes fast nur mit denen von den Kohlenminen von Karsuarsuk in nähere Berührung gekommen war, die nun wirklich, auch nach anderen Aussagen, ihr Volk nicht vorteilhaft vertreten. So war er zuerst ganz erstaunt, wie wir dieses Volk gern bekommen hatten, schloss sich dann bald aber unserer Meinung an und war zufrieden, bei uns die Grönländer auch von einer andern Seite kennen zu lernen.

Der folgende Tag war Sonntag; wir ruhten und assen und tranken.

Wir luden Heim morgens in unser Zelt zum Essen, waren dann bei ihm zu Gast – eingemachte Äpfel und Hafermus sind mir eindrücklich geblieben – und zogen schliesslich zu den Tafelfreuden bei Jens Fleischer, wohin wir noch einen grossen Topf Kakao mitbrachten. Goldgeränderte Tassen, Renntierbraten und Braunschweiger Kuchen, gebacken von Frau Fleischer, charakterisieren dort das Erinnerungsbild. Braunschweiger Kuchen in Ikerasak! Aber die Genüsse des Tages waren noch nicht zu Ende. Es schloss sich ein öffentliches Kaffeetrinken im Freien an, woran sich die ganze Ansiedlung beteiligte. Wir sassen in der milden Sonne im Gras – in Ikerasak wächst nämlich richtiges Gras – und wünschten, dass dieser Tag, diese Luft, diese Landschaft, diese friedliche Stimmung kein Ende nähme. Unsere Arbeit war aber noch nicht völlig getan.

Wir hörten in Ikerasak, dass die Mündung des kleinen Karajakfjords immer noch mit Eisbergen verstopft sei. Es gab für die Ausführung unseres Planes also keinen andern Weg, als mit Booten bis in die Bucht von Akulioserusersuak zu fahren, wo unser Andreas Andreasen sein Sommerzelt stehen hatte, von dort alles über die Berge bis an die Ansiedlung im Innern des Fjordnis zu tragen und dann womöglich auf Kajaks durch das Eis über den Fjord bis an den Karajak-Nunatak zu fahren. Die Zahl der Teilnehmer musste, mit Hinsicht auf diese Kajaküberfahrt, möglichst beschränkt werden. Stolberg fand sich bereit, in Ikerasak zu bleiben, und trat seinen Platz in unserm Boot an Heim ab, da dieser sich erbot, an Stolbergs Stelle auch für uns zu photographieren und mir bei unsern photogrammetrischen Aufnahmen behilflich zu sein. Wir nahmen nur das Nötigste mit, vor allem die stereophotogrammetrischen Apparate. Gerade als wir nach einer Kaffeepause bei Andreasen im Begriff waren, den Marsch über die Berge anzutreten, kam ein Kajakbote herangerudert und rief von weitem: «Umiarsuit!» O weh! Es bedeutete, dass «das grosse Fellboot», d. h. der Dampfer, schon in Umanak eingetroffen sei. Bald übergab mir der Bote einen Zettel des Inhalts, dass wir spätestens Samstag in Umanak sein müssten. Wir entschlossen uns trotzdem, unser Vorhaben durchzuführen; es musste nun allerdings eine Hetze daraus werden. Bei dieser Wanderung, die wieder über Berg und Tal, an kleinen Seen vorbei, führte, war bemerkenswert, dass ab und zu wirklich so etwas wie Spuren eines Fussweges zu sehen waren, in Grönland ein erstaunlicher Anblick. Dieser Übergang wurde offenbar ziemlich häufig benutzt. Ebenso bemerkenswert war die Geschicklichkeit und Ausdauer, womit ein Mann mein Kajak über alle Hindernisse hinweg trug. Kamen wir an einen See, flugs sass er drin und ruderte sich hinüber und nahm dann das Boot wieder auf den Kopf.

Die Grönländer am Karajakfjord trafen wir in ziemlich betrübter Lage. Pavia, das Oberhaupt der Familie, lag schon längere Zeit krank, so dass es mit dem Essen knapp stand. Wir konnten ihnen etwas aushelfen, wenn wir auch selbst nichts Überflüssiges mitgenommen hatten. Auch das Zelt war zurückgeblieben. Wir hatten aber wenigstens unsere Schlafsäcke, während unsere Grönländer gar nichts hatten. So gaben wir den Trägerinnen für die Nacht unsere Röcke, die ohne Kompliment mit Dank angenommen wurden. Herrliches Land! Herrlich durch einfache Sitten und durch die grosse Natur:

Vor uns lag der Karajakfjord, mit Eisbergen und kleinen Eistrümmern übersät, gegenüber erhob sich schräg die Wand des Karajak-Nunatak, und weit im Osten flutete von den grenzenlosen Weiten des Inlandeises der «kleine» Karajak zum Fjord hinab.

Wir selbst unterhielten uns bis spät in die Nacht, indem wir uns allerhand spezielle Erlebnisse mit Hunden erzählten, und lachten uns halb tot. Vergebens bat ich um Schonung, weil ich im Innersten fühlte, dass die Abendmahlzeit in Gefahr geriet. Das Zwerchfell hielt es nicht mehr aus – da habt ihr's – schade um das schöne Essen. Schade? Die dürren Hunde des kranken Pavia hatten nicht umsonst aus der Ferne alle unsere Bewegungen verfolgt. Wie der Blitz waren sie da, nichts ging verloren. In der Nacht weckte mich mein leerer Magen, und als ich sah, dass die Damen im feuchten Grase eng aneinander gekauert froren, brachte ich ihnen noch meine Decke. Ich denke, es war dieser Zwischenfall, der mir für die übrige Zeit bei den Eskimos den Übernamen Nikodemus eintrug («Nikodemus aber kam bei Nacht...»), während ich sonst, nicht ganz den Tatsachen entsprechend, «der Ältere» hiess, vermutlich, weil ich bei Verhandlungen gewöhnlich das Wort führte. Baebler hatte den Übernamen Daniel. Ich bringe es in Zusammenhang damit, dass er tot gesagt worden war («Daniel, lebst du noch?»). Die Grönländer sind nämlich sehr bibelfest. Stolbergs Übernahme hingegen hatte nichts mit der Bibel zu tun; wegen seiner etwas auffallend gelben Hosen hiess er Kussek (ein Vogel mit gelben Beinen).

Am Morgen setzten Andreas Andreasen, sein Sohn Hansi und der würdige Pele Therkelsen zwei Kajakflosse aus je drei Kajaken zusammen, die schräg hintereinander gebunden wurden. In den äussern Kajaken sassen die Grönländer und ruderten, in und auf dem mittleren wir mit den Instrumenten. Genau genommen, sass ich eher im Wasser als auf dem Kajak, und den Zuckervorrat, den ich in meinen Rocktaschen als einzigen Proviant mitführte, fand ich nachher in einen salzigsüssen Brei verwandelt, zu dessen Genuss viel Überzeugung und Hunger gehörte. Aber das waren Kleinigkeiten. Näher ging es uns, dass wir oft nahe an recht baufälligen Eisbergen vorbei mussten, die uns gar nicht gefielen, und meine Vorfahren interessierten sich dafür, was für ein Gesicht ich bei diesen Passagen mache. Der Befund schien zufriedenstellend. Bis wir dazwischen hindurch an den Karajak-Nunatak gelangt waren, dauerte es fast drei Stunden. Wir kletterten auf die Höhe des Nunatak und sahen den gewaltigen Karajakeisstrom vor uns liegen, wohl den grössten Eisbergproduzenten Grönlands; es galt, den Stand seiner Eismassen auf der Seite des Nunatak aufzunehmen. Dazu hatten wir ja die kostspieligen Apparate hergeschleppt; dieser eine Tag sollte zur Rekognoszierung eines guten Standortes und zur Auffindung eines Anschlusspunktes an die Drygalskischen Messungen dienen. Einzig der folgende Tag blieb für die Messungen übrig. Anders riskierten wir den Dampfer in Umanak zu verfehlen. Da gab es nun noch einen bittern Verzicht. Wir alle hatten uns den Renntier-Nunatak als Ziel gesetzt. Ein Besuch dieser von Eis umschlossenen, noch nie betretenen Felseninsel hatte tier- und pflanzengeographisch das grösste Interesse. Aber die photogrammetrischen Messungen durften auch nicht unterbleiben. So musste ich schweren Herzens erklären, dass ich auf den Vorstoss zum Renntier-Nunatak verzichten müsse. Baebler bestand aber darauf, ihn auf eigene Faust zu unternehmen, und er war auch der Mann, etwas zu erreichen, wenn es überhaupt in der kurzen Frist möglich war. Ich durfte ihn nicht zurückhalten. Die Sache war aber ernst genug, dass wir – es war Dienstag-Nachmittag – schriftlich abmachten, er solle bis Donnerstag vormittag wieder zurück sein. Andernfalls würden wir annehmen, es sei ihm etwas zugestossen, und alle entsprechenden Massregeln treffen. Mit Sorgen sahen wir ihn gehen. Glücklicherweise nahm uns unsere Arbeit bald völlig in Anspruch.

Nachdem wir die Standorte für die Aufstellung der Messapparate und mit Hilfe von Andreas Andreasen auch den Ort der Beobachtungshütte von Drygalski gefunden hatten, kehrten wir zum Fjord zurück. Heim blieb, mit meinem Schlafsack versehen, in Gesellschaft des muntern Hansi Andreasen über Nacht auf dem Nunatak, während ich diesmal nicht schmählich auf dem Kajakfloss, sondern allein in meinem eigenen Kajak über den Fjord zurückkehrte, um die Träger abzuwarten, die unterdessen den Weg über die Berge noch einmal gemacht hatten. Es war mit Andreas natürlich keine Ruderkonkurrenz möglich, und ich genierte mich nicht, von Zeit zu

Zeit, wenn meine Arme nicht mehr konnten, mich ins Schlepptau nehmen zu lassen. Wie am Morgen, gab es einige ungemütliche Eisbergpassagen, die von Andreas in beschleunigtem Tempo durchfahren wurden und wo auch ich das Doppelruder munter regte.

Kaum waren wir drüben angekommen, als einer der Eisberge, an denen wir vor kurzem vorbeigekommen, mit Donnergetöse auseinanderbrach und den Fjord weit hin in Aufregung brachte.

Am andern Ufer bedachte mich Madame Pavia mit einer prächtigen Portion Heidelbeeren. Es ist, beiläufig bemerkt, nicht unser *Vaccinium Myrtillus*, sondern *Vaccinium uliginosum*, das bei uns auch vorkommt, doch fad schmeckt, im Norden aber sich verbessert und vorzüglich mundet.

Ich machte Bekanntschaft mit den Sprösslingen der Familie Pavia. Sie waren arg zerlumpt, «aber» – wie mitteleuropäische Bürgertugend sagen würde – von feinen Manieren. Es lohnt sich wohl, die kleine Geschichte zu erzählen, die ich mit ihnen erlebte. Wie alle grönländischen grossen und kleinen Kinder machten auch diese es sich zur Pflicht, nach allem, was da kreucht und fleucht, mit Steinen zu werfen – sie müssen. In Ermangelung von Lebewesen übten sie sich jetzt gegen ein anderes Ziel. Ich wandelte die Übung zum Schützenfest, indem ich für jeden Treffer ein halbes Stück Würfelzucker als Preis setzte. Die Begeisterung stieg, und es währte nicht lange, bis ein Stein das Ziel traf, der des grössten Jungen, wie ich glaubte. Ich gab ihm den Ehrenpreis; der aber gab ihn weiter an einen fünfjährigen Knirps, mit der Erklärung, der Kleine habe einen Augenblick vor ihm geworfen und dessen Stein habe zuerst getroffen. Es musste sich um eine halbe Sekunde gehandelt haben. Das war mir in der Tat entgangen. Man bedenke, was ein Stück Zucker im Karajakfjord für einen Grönländer bedeutet! Sie haben den Zucker sehr gern. Es kam aber fast noch tugendhafter. Ich musste mein Preisrichteramt nämlich niederlegen, um den Trägern den Berg hinauf entgegenzugehen. Als ich nach einer Stunde zurückkam, lief der schon erwähnte Junge herbei und brachte mir die übriggebliebenen drei halben Stückchen Zucker, die ich den Kindern hingelegt und längst vergessen hatte. Natürlich bekam er sie zurück. Ich autorisiere alle Verfasser von Tugendschriften zum Nachdruck dieser Geschichte von dem braven Sohn des Pavia; sie hat den seltenen Vorzug, wahr zu sein.

Einer der Träger hatte ein Bündel Briefe für mich mitgebracht, die mit dem Dampfer angekommen und mit Kajakpost schliesslich hierher gelangt waren. Ich las sie begierig in der Mitternachtdämmerung, während die

Grönländer sich mit Kaffeekochen vergnügten. Karen, die Perle aller Trägerinnen, hatte mir die erste Tasse gebracht, und ich wies ihr stolz das Briefbündel: «Leute aus meinem Land» gab ich ihr zu verstehen und betonte das mir selber gegenüber, im unbestimmten Gefühl, dass in Zukunft auch Grönland ein bisschen «mein Land» sein werde. «Nun kommst Du bald wieder zu Menschen» (wollte sagen Mitteleuropäern), hiess es im ersten Briefe, der mir unter die Hand kam. Nun ja, dass ich dort unter dem 46. Grad Breite geistig und materiell zu Hause war, das war klar.

Aber doch: «Zu Menschen!» Verdienten denn die um mich her mit ihrer unmittelbaren Art nicht ebensosehr, nicht eher, Menschen genannt zu werden? Wenn es auch von jeher mein Fehler war, das Menschentum gerade in seinen einfachen, schlichten Formen zu würdigen, so war es doch auch meinen Begleitern nicht anders ergangen: ihnen allen tat es leid, von diesen Leuten fortzugehen – um ihrer einfachen Menschlichkeit willen. «Inuit» (Menschen), so nennen sie sich selber. Wir Europäer, wir sind «Kavdlunat», frei übersetzt: komplizierte Maschinen, in denen ja irgendwo ein Stück Mensch stecken mag, im Räderwerk der Konvention verborgen.

Nach zwei Stunden Schlaf weckte ich Andreas Andreasen, und wir fuhren mit den Instrumenten, die noch gefehlt hatten, wieder über den Fjord. Auf dem Karajak gab's einen angestrengten Tag. Heim teilte seine Zeit, mir zu helfen und mit seiner gewohnten Fertigkeit eigene Aufnahmen zu machen. Am Abend stiess Baebler wieder zu uns. Die Grönländer entdeckten seine flatternde Fahne natürlich zuerst. Wir liessen alle Apparate stehen und rannten ihm entgegen, glücklich, ihn wohlbehalten wiederzusehen. Er hatte das Mögliche versucht und war auch eine grosse Strecke weit gegen den Renntier-Nunatak vorgedrungen. Aber so toll, wie das Eis dort aufgetürmt ist, war in so kurzer Zeit nicht durchzukommen.

Baebler gibt von seinem Vorstoss selbst folgende anschauliche Schilderung:

‹Trotz der Warnung des alten Grönländers Andreasen, welcher mir beim Abschied von meinen Kameraden mit einer abwehrenden Handbewegung noch zurief ‹Sermerk ajornakrak› (es sei unmöglich, den Gletscher zu durchqueren), machte ich mich wohlgemut und hoffnungsfreudig auf den Weg. Ich kannte ja die Furcht der Grönländer vor dem Inlandeis und legte darum seinen Worten keine Bedeutung bei.

Rasch ging es am rechten Ufer des Karajakeisstromes aufwärts, über Rundbuckel, Moränen, ausgeronnene Becken von Randseen, über glatt geschliffene, ja glänzend polierte Felspartien, der Einstiegsecke Drygalskis entgegen. Brennend vor Begierde, bald diesen trotzigen, bis jetzt noch jungfräulichen Renntier-Nunatak betreten zu können, gestattete ich mir nur kurze Ruhepausen, während welcher ich von einem aussichtsreichen Punkte aus mit dem ausgezeichneten Fernglas Stolbergs das Spaltenwirrwarr des etwa 10 Kilometer breiten Eisstromes durchmusterte. Immer derselbe Anblick. Die Randzone scheint einer Durchquerung keine ernstlichen Hindernisse zu bieten; aber das Innere zeigte dunklere, in der Längsrichtung des Gletschers verlaufende Streifen. Ich kannte diese Erscheinung wohl; sie bedeutet stärker zerrissene Partien und grössere Unebenheiten in der Gletscheroberfläche. Aber von der Inlandeisreise her erinnerte ich mich, dass solche Gebiete mit mehrfachen Zerklüftungssystemen nur ernstliche Hindernisse für den Transport des Schlittens bildeten, für den erfahrenen Gletscherwanderer im übrigen aber verhältnismässig leicht zu durchqueren waren. Dennoch unterschätzte ich die Schwierigkeiten keineswegs, und die Ahnung, dass jene Gebiete mich zu zeitraubenden Umgehungen zwingen würden, wodurch ein Erfolg direkt in Frage gestellt würde, war wohl der Grund, dass ich von Zeit zu Zeit mit einer etwas trüben Stimmung zu kämpfen hatte. Standen mir doch für das Unternehmen nur 36 Stunden zur Verfügung.

Nach 2 Stunden erreichte ich die «Einstiegsecke». Ein schmutziger, reissender Gletscherbach trennte den Gletscherrand von dem apern Felsen. Aber eine Übergangsstelle war bald gefunden und durch einige Gneisblöcke gangbarer gemacht. Eine letzte Rekognoszierung der Gletscheroberfläche von einer Felsenrippe aus ergab dieselben Resultate: eine leicht begehbare Randzone, breite, dunkle Streifen im Innern. Landeinwärts, nach Osten, zeigte sich wohl das zusammenhängende Inlandeis viel weisser und regelmässiger, aber ich schätzte den Umweg auf zwei Tagesreisen. Ich musste also auf diesen längeren, aber bedeutend leichteren Weg verzichten, und es blieb mir nichts anderes übrig, als den wild zerrissenen Eisstrom senkrecht zu durchqueren. Durch einige sorgfältige Peilungen mit dem Peilkompass sicherte ich mir die genaue Richtung für den Rückweg sowie die genaue Lage der Einstiegsstelle; dann baute ich einen kleinen Steinmann, auf welchem ein rotes Tuch aufgepflanzt wurde. Dieses Wahrzeichen sollte meinen Kameraden den Ort verraten, wo ich den Gletscher betreten hatte, im Falle ich nicht bis zur verabredeten Zeit bei ihnen eintreffen würde. Eine halbe Stunde gönnte ich mir noch Zeit, um etwas Suppe mit Pemmikan zu kochen.

Dann flogen in weitem Bogen Rucksack und Eispickel über den Gletscherbach, ein Anlauf und ein Sprung, und ich war ebenfalls drüben. Ich wunderte mich selber, dass ich trockenen Fusses hinüber kam. Aber im «Weitsprung» hatten wir auf dem Inlandeise reichliche Übung gehabt. Wie erwartet, ging es in der Randzone rasch vorwärts; da und dort war eine Spalte von geringer Breite zu überspringen oder ein tief eingeschnittener Bach zu durchqueren, der in vielen Windungen sich einen Weg nach dem Gletscherrande suchte.

Nach einer anderthalbstündigen Eiswanderung wurde die Gletscheroberfläche schlimmer; die Kämme der wallartigen Erhebungen schärfer, die Eistälchen tiefer und steiler, die Spalten breiter, unregelmässiger; die Gletscherbäche flossen in tief eingeschnittenen Betten, mit beinahe senkrechten Uferwänden teils langsam und träge in vielen Windungen dahin, teils stürzten sie raschen Laufes tosend und brausend einer Spalte oder einem Trichter zu. Eine Flucht von Hindernissen folgt nun; immer wilder, zerklüfteter wird der Gletscher, und nach einer weiteren Stunde befinde ich mich in einem Wirrwarr von Spalten, tiefen Bächen, scharfen haus-, ja turmhohen Eiskanten und Eisbergen, trichterförmigen, gähnenden Schlünden, in einem Labyrinth, dessen richtige Schilderung durch Worte unmöglich erscheint. Noch waren mir meine Wanderungen auf dem Aletsch- und Fieschergletscher, auf den Gletschern des Monte-Rosa-Massivs aus den vorhergehenden Jahren in lebhafter Erinnerung. Aber welche Miniaturbilder sind jene Seracs, jene Spalten und Gletscherabstürze gegenüber den Riesenformen dieses gewaltigen Eisstromes!

Von Zeit zu Zeit erkletterte ich einen solchen, seine benachbarten Trabanten dominierenden Eisturm, um von dort aus neue Peilungen vorzunehmen, immer in der stillen Hoffnung, auf der andern Seite bessere Verhältnisse zu finden. Vergebens. Immer dieselbe Enttäuschung. Wie oft musste ich wieder zurück, da auf der andern Seite ein gähnender Abgrund mir den Weg versperrte. Aber nicht nur durch ihre Dimensionen imponieren diese Gebilde der Gletscheroberfläche, mehr noch fast durch ihre wunderlichen, phantastischen Formen. Da überbrückt ein gewaltiges Eistor einen grünen Gletscherbach, hier versperrt ein hoher Eisgrat mit scharfen Kanten und gefährlich glatten Flanken den Weg. Neben ihm verläuft sein Gegenstück, durch Brüche in eine riesige Säge verwandelt. Auf etwas flacheren Gletscherrücken erheben sich zuckerhutähnliche Gebilde, wie stolze Pyramiden in die Luft ragend, daneben befinden sich mächtige lose Gletscherblöcke, in Längsstreifen angeordnet, wie riesige erratische Blöcke in Moränengebieten, Überreste in sich zusammengefallener Eistürme. Zwischen deren Barrieren bilden die Senkungen nicht minder grosse Hindernisse. Die Mulden der Randzone haben tiefen, engen Gletscherschluchten Platz gemacht, die Spalten sind nicht mehr in bestimmten Richtungen angeordnet; um einen Trichter herum verlaufen sie radiär und ringförmig.

Mühsam arbeitete ich mich unter beständigem Stufenhacken, Überspringen von Spalten, Durchwaten von Bächen und Eissümpfen weiter, mein Leben oft einer scharfen Eiskante, einer unsichern Gletscherbrücke oder einem Block, der in eine Spalte eingekeilt war, anvertrauend.

Es war morgens 6 Uhr, als ich, müde und gleichgültig gegen alle Gefahren, wieder einen Serac erkletterte, um von diesem aus mich über den weiteren Weg zu orientieren; aber kaum oben angelangt, verlor ich auf der scharfen Eiskante das Gleichgewicht und kollerte auf der andern Seite die steile Eiswand hinunter; glücklicherweise milderte der mit Pelzhose und Pelztimiak gepolsterte Rucksack den Fall, so dass ich unverletzt davonkam. Ohne ein Glied zu rühren und ohne mich des Rucksacks und des um das Handgelenk befestigten Eispickels zu entledigen, blieb ich aber liegen. Den Blick gegen das kleine Stück Himmel gewandt, das ich aus diesem Eisschrund heraus noch erblicken konnte, begann ich mit der Zeit zu rechnen, ob es eigentlich ratsam sei, den Versuch noch fortzusetzen.

Nun erst hörte ich auch, wie der Gletscher arbeitete. In kurzen Zwischenpausen vernahm ich bald ein leises Knistern, bald donnerähnliches Rollen, dann und wann auch einen schussähnlichen Knall, dazwischen das brummende Geräusch eines Gletscherbaches. Bald überwältigte mich jedoch ein leichter Schlummer, ich mochte mich damals in einem eigentümlichen seelischen Zustande befunden haben; wenigstens schrieb ich, nachdem ich wieder aus dem Halbschlummer erwacht, in mein Tagebuch: Die Sprache des Gletschers, ein Knistern und Krachen, erschien mir erst wie tröstende Musik, dann aber wie Hohngelächter über die Ohnmacht der Menschen gegenüber den Gewalten eines mächtigen Eisstromes.

Nach einem etwa anderhalbstündigen Schlummer bereitete ich mir ein Frühstück, bestehend aus Kakao und wieder etwas Pemmikan; dann erkletterte ich zum zweitenmal jenen Eisturm. Herausfordernd winkte der Renntier-Nunatak herüber, und trotzdem die Eisverhältnisse nicht besser schienen, entschloss ich mich, das Äusserste daran zu setzen, um das ersehnte Ziel zu erreichen. Langsam ging es vorwärts. Aber die Entfernung zum Renntier-Nunatak wollte nicht schwinden und der Karajak-Nunatak schien mir auf den Fersen zu folgen. Nachdem ich nach einer Stunde kaum eine Strecke zurückgelegt hatte, dass ich meinen Pickel bis zum

Schlafplatz hätte zurückschleudern können, sah ich das Nutzlose eines weiteren Vordringens ein. Ich hatte noch nicht die Mitte des Eisstromes erreicht, wohl aber war bald die Hälfte der mir zur Verfügung stehenden Zeit verflossen.

Aber welche Auskunft konnte mir der einzig dastehende Nunatak über arktische Fauna und Flora geben? Wie wichtig müsste auch die Feststellung des tierischen und pflanzlichen Lebens sein? Also weiter! Nur einige wenige Teile mitbringen. Das waren die Fragen und die Wünsche, die mich immer wieder anspornten, den Weg fortzusetzen. Noch einige Seracs! Noch einige Spalten! Aber immer dieselbe Enttäuschung, der Weg wird nicht besser. Die Zeit verfliegt unverhältnismässig schneller, als ich an Boden gewinne. Nochmals berechne ich Zeit und Weg genau. Dasselbe Resultat. Die Zeit reicht nicht aus. Also zurück! Entmutigt, besser enttäuscht, machte ich mich auf den Rückweg; es war 9 Uhr morgens, oft zurückblickend auf den Nunatak, der mir nun noch kühner und stolzer vorkam. Der Rückweg war nicht weniger mühsam, nicht weniger gefährlich. Die Sonne stieg höher und höher, die Bäche schwollen an, der erfrischende Wind hielt inne, dafür trat eine erdrückende Schwüle ein. Alle Elemente schienen sich zu vereinigen, um die müden Beine vollends marschuntüchtig zu machen. Ich sah ein, dass ein Forcieren nicht möglich war, bald ruhte ich in einer schattigen Gletschernische aus, bald suchte ich langsam und mechanisch durch den Wirrwarr den Weg. Spät am Nachmittag erreichte ich die Randzone und bald darauf den Gletscherrand. Der Bach war so angeschwollen und so reissend, dass ein Überspringen oder ein Durchwaten nicht mehr möglich war. Ich wanderte darum auf dem Gletscher abwärts, bis sich das Schmelzwasser in einen trüben Randsee ergoss. Unterhalb dieses Sees betrat ich wieder die Felsen des Karajak-Nunatak.

In einer Felsennische machte ich mir ein durch Zwergweiden und Moos gepolstertes Ruheplätzchen. Über dem Sinnen, wie ohnmächtig eigentlich der Mensch gegenüber den mächtigen Erscheinungen der Natur sei, überwältigte mich ein tiefer Schlaf. Doch schon nach zwei Stunden erwachte ich und hatte mich wieder soweit erholt, dass ich die Untersuchungen, die ich auf dem Renntier-Nunatak zu machen gedachte, nun auf dem Karajak-Nunatak vornehmen konnte. Abends spät machte ich mich auf den Weg zum Rendez-vous-Platz. Noch etwa eine Stunde davon entfernt, bemerkte ich die flatternde Schweizerflagge, dann Heim am Photographenapparat und de Quervain am Theodoliten. Bald nachher mussten auch sie mich bemerkt haben, sie eilten mir entgegen. Ein stürmisches

Grüss Gott, ein kräftiger Händedruck. Viele Fragen gab es nun zu beantworten. De Quervain belud sich mit meinem Rucksack und Heim eilte voraus, um mir einen ‹Schopf› (eine grosse Menge) Tee zu kochen, wie er sich, um mein Glarnerdeutsch nachzuahmen, ausdrückte. Gemütlich sassen wir um den surrenden ‹Primus›. Ich war froh, wieder unter meinen Kameraden zu sein. Der alte Grönländer hatte recht gehabt: Sermerk ajornakrak!»

Es war schon fast Mitternacht, als wir uns, alle todmüde, in möglichst passenden Felsspalten verkrochen. Wir froren alle in dem kalten Wind, da wir ohne weiteren Schutz waren. Heim, der gar keine Ruhe finden konnte, welchen Winkel er auch versuchte, vertrieb sich schliesslich die Zeit damit, die andern Schläfer ohne Diskretion photographisch zu verewigen. Nur Hansi Andreasen hatte sich ein wundervolles Nest gebaut, das er übrigens so liebenswürdig gewesen war, mir anzubieten, und schlief weich und warm wie ein Prinz. Am folgenden Tag holte uns früh das Boot von Ikerasak direkt am Karajak-Nunatak ab. Der Weg durch den Fjordeingang war nämlich unterdessen frei geworden. Am Abend darauf waren wir wieder in Ikerasak, und am folgenden Tag verliessen wir in zwei Booten den lieben Ort, um nach Umanak zu fahren. Wer gehen konnte von den Grönländern, stieg auf die Uferfelsen und winkte uns nach, lange, lange. Und Jens Fleischer, der ein Mann von Gefühl war, stimmte an: Wenn weit in den Landen wir zogen umher ...

Der letzte Eindruck von der Insel von Ikerasak war aber eher grotesk als sentimental. Am äussersten Ende von Umanetsiak legten wir nämlich noch einmal an, weil wir gern den Trommeltanz zu sehen bekommen hätten, der dort allein auf der ganzen Westküste ausgeübt wird. Wir kamen denn auch auf unsere Rechnung. Der Name rührt davon her, dass der Trommeltänzer seine Bewegungen durch Schlagen auf eine auf einen Reifen gespannte Haut, eine Art Tamburin, begleitet. Er wiederholt in rezitativem Ton und bestimmtem Takt einige Worte immer wieder, gerät in immer wildere Bewegungen und schliesslich in eine förmliche Raserei, bei der dem Zuschauer ungemütlich wird. Ein Doppelchor begleitet den Trommeltänzer; die Frauen singen mit Wiederholung desselben Wortes eine eintönige, um wenige Intervalle auf- und absteigende Melodie, die Männer rufen anfeuernd im Takt: hoho-hoho.

Frauen und Männer traten als Trommeltänzer auf; einer der letzten schnappte in seiner Ekstase so rücksichtslos auf unsere Nasen los, dass ich mich glücklich schätzte, diesen edlen Körperteil durch eine Zeltstange geschützt zu wissen, und Heim sich jählings retirierte. Der Trommeltanz erschien uns nicht als das kindlich harmlose Vergnügen, als das er z. B. von Nordenskiöld dargestellt wurde – und wir begriffen, dass er von seiten der dänischen Missionare den Grönländern verboten wurde. Auch in Umanetsiak war damals ein Grönländer, der sich entfernte mit der Erklärung, wenn der Nalagak in Dänemark, der König, etwas von der Sache vernehme, so wolle er nichts damit zu tun gehabt haben. Manche Trommeltanztexte sind übrigens improvisiert mit harmlosen Anspielungen, wie zum Beispiel:

Der Fremde mit dem grossen Bart hat vielen Kaffee,
Ich habe keinen Kaffee,
Der Fremde gibt mir aber nicht von seinem Kaffee ...

In Umanetsiak machten wir bei dieser Gelegenheit einige Mitglieder der Kap-York-Expedition flott, die keine Boote hatten; unter ihnen den Grönländer Hendrick Ohlsen, der auch zusammen mit dem unglücklichen Brönlund die Danmarkexpedition Mylius Erichsens mitgemacht hatte. Ohlsen hatte die Haltung eines Grand-Seigneur. – Zuviel Kultur schadet den Leuten.

Der Abend wurde kühl; wir legten uns mit in die Ruder, um uns zu wärmen; unser Zielpunkt waren die Felsen von Umanak. Die scheidende Sommersonne übergoss sie mit einer Farbenverklärung von überirdischem Glanz.

Am andern Tag packten wir unsere siebzig Kisten mitten im wilden Schneetreiben.

So nahmen wir Abschied vom Norden. Aber unser letzter Gruss hiess nicht Lebewohl, sondern auf Wiedersehn!

Wir fühlten schon damals, was seither der begeisterte Kenner und Erforscher jenes Landes Morton P. Porsild mir schrieb: «Ein Sommer in Grönland verlebt, wird dem Forscher eine Erinnerung fürs ganze Leben, ein Winter ihm ein Elysium sein. Wer Grönland gesehen hat, dem ergeht es damit wie mit Roma; ein Band hat sich um ihn geschlungen, das ihn früher oder später dorthin zurückzieht. Wie lange wird es dauern, bis bei Ihnen dieser Zug unerträglich wird??»

Heimfahrt

Von August Stolberg

Am 17. August verabschiedete sich in Umanak Jens Fleischer, Bestyrer von Ikerasak, mit seiner Schar von uns. Er und seine Leute, seine weitere Familie konnte man sagen, waren in den zwei Walfängerbooten untergebracht, die uns auch so gute Dienste auf dem Wasserwege zum Inlandeis geleistet hatten. Der Herr von Ikerasak stand an diesem frischen «Sommermorgen» im blauen Boote, den Schal um den Hals, im dicken Sweater und in Fellhosen, eine breite Schärpe malerisch um die Hüften geschlungen, und hielt eine kurze aus Ernst und Scherz gemischte Abschiedsrede. Beim Abfahren rief er mir noch «Kussek, Kussek» zum Schiff hinauf und damit verschwand er.

Dass «Hans Egede» ein gutes Schiff ist, zeigte sich auch am folgenden Morgen wieder, als wir Umanak verliessen. Der natürliche Hafen Umanaks war infolge des schlechten Wetters der jüngsten Tage gesackt voll Treibeis, Eisberge lagen press an der Reling, und doch kam unser Schiff, nachdem kaum die Trossen abgeworfen waren, dank seiner Bauart und seiner Führung glatt aus der eisigen Umarmung heraus und erreichte völlig unbeschädigt den seeartigen, offenen Fjord. Was von der Bevölkerung Umanaks nicht krank war, kletterte bei der Abfahrt auf die Felsen. Die Männer in ihrer blauschwarzen Kleidung erschienen wie preussische Infanterie, die Weiber daneben kaleidoskopisch bunt, wie Husaren. – Ein einziges Grüssen herüber und hinüber, Lachen und Jubeln.

Der trübe Himmel der letzten Tage war gewichen, und prachtvoll baute sich das herrliche Panorama der grönländischen Küste beim Weiterdampfen um uns auf. Im Norden die gewaltigen Berge von Upernivik Ö, Kekertarsuak und Ubekjendt Eiland, im Süden ganz nahe der terrassenartig ansteigende braunrote Felsbau der Nugsuak-Halbinsel, über dem sich der lange Gletscherwall gleissend in der Sonne dem Inlandeis zuschob. Neuschnee deckte die Berghänge und den stolzen Kilertinguak, dessen nadelspitze Gipfelfelsen uns noch tief im Inlandeis als Messpunkte gedient hatten. Dort, wo sich im Osten die zerrissene Küste öffnete und die blauen Kulissen der Berge auseinanderschoben, zeigte sich sehr deutlich das

Inlandeis wie eine weisse, weithin gelagerte Wolke. Von ihrem Saum senkten sich einzelne Eisströme zum Teil in Kaskaden in den Karajak, Sermilik, Itivdliarsuk und Kangerluarsuk hinab. Im Westen dehnte sich das blaue Meer, hier und da von weissen Riesenschwänen, den Eisbergen, belebt. Bei der kleinen Kolonie Niarkonat stoppte der Dampfer, um den Assistenten von Umanak und einige Eingeborene an Land zu setzen. Drei Flintenschüsse bedeuteten unseren Abschiedsgruss.

Gegen Abend kamen wir aus dem Umanakfjord heraus und passierten die Vaigatmündung. Die Diskoinsel kam in Sicht. Wenn man von Norden her nach Disko kommt, so fällt der Wechsel der geologischen Formation nicht so in das Auge, wie es beim Herankommen von Süden her der Fall ist. Wie auf Nugsuak, so bauen sich auf Disko die Basalte terrassenförmig auf und erscheinen wie mit einem Netzwerk überzogen. Die braunen Töne der Berge und ihr Gipfelschnee kontrastieren lebhaft gegen den blauen Himmel.

Am 19. wachten Baebler und ich besonders rechtzeitig auf, da ein Guss Deckspülwasser durch das nicht ganz geschlossene Oberlicht in unsere Kabine hineindrang und alles durchweichte. An demselben Tage kamen wir nach Egedesminde. Dieser Ort ist wegen seiner einförmigen und niedrigen Umgebung wohl der langweiligste der gesamten grönländischen Westküste, für die Schiffahrt aber der Knotenpunkt. Auf den einzelnen Schären liegen die Transiedereien und Umladeplätze, die mit Lösch- und Ladeeinrichtungen versehen sind. Das Packhaus auf «Rybergsplads» ist sogar zementiert, eine in Grönland einzig dastehende Errungenschaft. Wegen Egedesmindes Bedeutung als Knotenpunkt hat die dänische Regierung 1907 auch ein kleines, hübsches Haus hier errichtet, um ihren Beamten oder auch wissenschaftlichen Reisenden, welche, auf Anschluss wartend, sich manchmal längere Zeit aufhalten müssen, ein Obdach bieten zu können. Diesmal beherbergte dieses Haus keine geringere Persönlichkeit als den vielumstrittenen Nordpol-Prätendenten Dr. Frederik A. Cook. Als de Quervain und ich am folgenden Tage um zehn Uhr morgens an Land kamen, lernten wir Cook auch persönlich kennen. Wir wollen hier nicht auf die Glaubwürdigkeit Cooks zurückkommen, sondern nur die interessante Persönlichkeit als solche mit einigen Worten skizzieren. Der erste Eindruck, den wir von Cook empfingen, als er auf einem Spaziergang sich mit uns bekannt machte, war durchaus kein unsympathischer. Ein stattlicher, kräftiger Mann, Mitte der Vierziger und etwas über mittelgrosser Figur stand er vor uns. Er trug die grönländische Bluse, grüne Samthose mit Seehundsfellstiefel und eine Seemannsmütze auf dem Kopf. Die frische Gesichtsfarbe, das reiche, aschblonde Haar, die blauen Augen und der blonde Schnurrbart bekundeten germanische Abkunft. Die etwas gebogene, unten ziemlich breite Nase gab dem Gesicht gleichzeitig einen derben, aber forschen Zug. Schlichtheit und Leistungsfähigkeit waren der Gesamteindruck. Durch die Einfachheit seines Auftretens und seiner Sprache wurden diese Züge noch mehr hervorgehoben.

Der 22. August sah uns auf dem Wege nach Godthaab. Unter Mittag erschienen viele Waltiere, wie Butsköpfe und Finnwale. Ihre etwa 6 Meter grossen Verwandten, die sogenannten Weissfische (Beluga leucas), kamen oft über den halben Leib senkrecht aus den Wogen und standen sekundenlang nur auf ihren Schwanzflossen. Da die Tiere in der Paarungszeit waren, wiederholte sich dieses Schauspiel stundenlang.

Einen besonders grotesken Anblick bot die Erscheinung eines Pottwals, der ja zu den allergrössten Seesäugetieren zählt. Das Abenteuerlichste an diesem Tier ist sein Kopf. Derselbe erinnert, da der riesige Oberkiefer vorn senkrecht abgestutzt ist, an einen Eisenbahnwagen. Im diametralen Gegensatz dazu erscheint der Oberkiefer schmal wie eine Lanze. Dieses Ungeheuer ist nach den Angaben der Grossfischer in der Davisstrasse eine seltene Erscheinung. Um so mehr konnten wir uns freuen, diese *Balaena macrocephala* hier gesehen zu haben.

Überraschend war es, als wir 5 Uhr nachmittags Godthaab anliefen, diesen Ort, den wir am 14. Mai, wo noch überall Schnee lag, verlassen hatten, jetzt völlig schneefrei zu finden. Nirgendwo war auch nur die geringste Spur von treibendem Eis. Nach der Landung gingen de Quervain und ich nach Nyherrnhut, um Frau Sofia, die wir im Kreise ihrer Familie Anfang Mai kennen gelernt hatten und für die wir noch einige kleine Geschenke, wie Bänder und Nadeln, mitgebracht hatten, zu begrüssen. Wir fanden die Hütte leer. Sofia war nach Aussage der Nachbarn inzwischen gestorben.

Abends um 10 Uhr zeigten sich die Nordlichter wieder, ein Zeichen, dass es ernstlich dem Herbst zuging. Am Morgen des 23. verliess der Dampfer Godthaab. Der Rückblick auf die im Sonnenschein liegende gewaltige Bai mit ihren Wächtern, den nunmehr erstiegenen Bergen Hjortetakken und Saddlen, war sehr eindrucksvoll. Später wurde das Wetter wieder schlecht und blieb auch so während des folgenden Tages, an dem abends das Kielwasser stark phosphoreszierte. Am Nachmittag des 25. August kam Kap Desolation in Sicht, später auch die Küste bei Kap Farvel.

Weithin zog sich die ausserordentlich wild gezackte Alpenkette, die bis zu 2000 Meter Höhe in den abenteuerlichsten Formen mit Türmen wie Haifischzähne unmittelbar dem Meere entsteigt. Wir waren alle gebannt von diesem Anblick, von diesem einfach «verrückten» Kontur, wie einer von unserer Gesellschaft sich sehr bezeichnend ausdrückte. Um $6^{1}/_{2}$ Uhr verschwand dies grossartige Panorama, da es bereits dämmerig wurde. Der Polarkreis lag längst hinter uns. Der 60. Breitengrad war nicht mehr fern, und hurtig näherten wir uns wieder dem Süden.

Mit den langen Abenden, wo die Lampen im Schiff aus ihrem Saisonschlaf wieder erwachten, begann nach Tisch die Reihe der Vorträge, welche nach dem lebhaft begrüssten Vorschlag des Inspekteurs Daugaard-Jensen ins Leben traten. Die Fahrgäste, dienstfreien Offiziere und auch wer von der Freiwache Lust dazu hatte, versammelten sich in dem engen Salon «Hans Egedes», der die Wissbegierigen oft kaum zu fassen vermochte. Hier sprach Dr. Heim über die Geologie Grönlands, der Ethnograph Steensby über die Herkunft der Eskimos, Chr. Léden-Refsaas über deren primitive Musik, Dr. de Quervain über die meteorologischen Arbeiten und die Schlittenreise unserer Expedition und Dr. Baebler über seine in Grönland gewonnenen zoologischen Erfahrungen. Das Hauptinteresse musste damals natürlich Cooks Vortrag über die angebliche Entdeckung des Pols, den er am 29. hielt, erwecken. Man mag über Cook denken, wie man will, vieles von dem, was er an diesem Abend der gespannten Zuhörerschaft in plastischer Ausdrucksweise über seine Überwinterung und seine Reise vortrug, war erlebt. An diese Vorträge knüpften sich rege Diskussionen in deutscher, dänischer und englischer Sprache, wobei sich besonders die Mitglieder der dänischen ethnographischen Expedition, Dr. med. Krabbe, H. P. Steensby, Thomas Thomsen, Christan Léden-Refsaas, sowie die Inspekteure Daugaard-Jensen und Bendixen, Dr. Ravn, Dozent an der Universität in Kopenhagen, und der vielgereiste Augenarzt Normann-Hansen sich beteiligten.

Man sieht, an geistiger Anregung hat es unserem kleinen Kreise auch auf hoher See nicht gefehlt. Wir waren ja nun alle seefeste Leute und darunter manche, die sogar viele Ozeanreisen hinter sich hatten. Nur wenn das Rollen und Stampfen «Hans Egedes» so stark wurde, dass auch im Salon kein Halten mehr war, setzten diese wissenschaftlichen Unterhaltungen aus.

Am 1. September erreichten wir die Shetland-Inseln mit dem Hafen Lerwick, der in der Hochsaison der Heringsfischerei stand und wo Dutzende und abermals Dutzende von kleinen Fischdampfern, verfolgt von Möwenschwärmen, fortwährend ein- und ausliefen. Diese gierigen Vögel stürzten sich frech auf den reichen, silberblinkenden Inhalt der Netze, wenn sie an Bord geöffnet wurden. Sie setzten sich sogar auf die Schornsteine der Dampfer, wenn dieselben stoppten. Ein von Grönland kommendes dänisches Schiff läuft sonst nur im Notfall einen Zwischenhafen an und geht möglichst direkt nach Kopenhagen. Diesmal machte Kapitän Thorsen eine Ausnahme, um Cook Gelegenheit zu geben, verschiedene Telegramme nach Newyork und Brüssel zu kabeln. Auch eine Anzahl persönlicher Telegramme wurden dabei von dem zweiten Steuermann, der mit Cook als einzigem von allen Passagieren an Land ging, mit besorgt. Sämtliche persönliche Depeschen mussten die Zensur des Kapitäns passieren, der alles, was auf Cook Bezug hatte, unweigerlich strich. Dieser strengen Massregel lag die Absicht zugrunde, Cooks eigenem Bericht den Vorsprung zu sichern und dem Amerikaner dadurch einen besonderen Dienst zu erweisen. Dieses Bestreben wurde insofern beeinträchtigt, als die deutsche Presse gerade aus dem Schweigen unserer Telegramme über Cook den Schluss zog, dass wir Cook misstrauten. Als der Amerikaner nach erledigten Telegraphengeschäften wiederkam, brachte er zuvorkommend für jeden Fahrgast frisches Obst und neue Zeitungen mit, Gaben, die für uns Grönlandfahrer eine willkommene Überraschung waren. Aus den Zeitungen ersahen wir, dass der Kanal zum erstenmal von einem Flugapparat überflogen und Zeppelin mit seinem Luftschiff in Berlin gelandet war. Auch von dem Zeppelin-Hergesellschen Projekt, den Pol mittels Luftschiffes zu erreichen, vernahmen wir hier zum erstenmal.

Nunmehr häufte sich auch der Seeverkehr, und die fortwährend am Horizont erscheinenden Segler und Dampfer erregten keine besondere Aufmerksamkeit mehr. Nur die aus Finnland oder Schweden kommenden Transportdampfer mit Bauholz erregten noch zuweilen Interesse, da sie nicht selten, unter der Decklast begraben, schief auf dem Wasser lagen, als ob sie jeden Augenblick kentern würden. Wie beim fliegenden Holländer war unser Kommen und Gehen in Lerwick so gut wie unbemerkt geblieben. Zwei Tage darauf, vor Kap Skagen, sollte unter Inkognito jedoch gründlich gelüftet werden. Hier, noch auf der See selbst, warteten bereits die verschiedenartigsten Fahrzeuge auf uns. In Lotsenschonern, Motor- und gewöhnlichen Segelbooten nahten sich die Herren der Presse. Seit mehr als zehn Stunden hatten die Journalisten bei der frischen Brise, die ihre kleinen Fahrzeuge stark tanzen liess, auf dem Wasser ausgehalten, um die ersten beim Interview Cooks zu sein. Da wir seit fast einem Jahre Menschen in Sommerkleidung nicht gesehen hatten, so kam uns die Garderobe dieser Herren, die in eleganten, leichten, hellen Sommeranzügen, zum Teil sogar mit Lackschuhen, sich präsentierten, direkt abenteuerlich grotesk und verwegen vor. Ihre vor Kälte und Seekrankheit graugrünen Gesichter standen in merkwürdigem Gegensatz zu dieser uns niederschmetternden Eleganz. Im Nu waren die Journalisten an Bord, und Cook verschwand im Handumdrehen zwischen Zylindern, Strohhüten, Notizbüchern und Bleistiften. Wenn sich der Knäuel einen Augenblick lichtete, richtete sich das Feuer zahlreicher verschlussknatternder, photographischer Apparate auf den Amerikaner. Da unter diesen Umständen kein Stück von Cook mehr übrig geblieben wäre, so mussten die Herren bereits nach einer kleinen halben Stunde das Deck wieder räumen. Nun ging eine verwegene Jagd unter den Fahrzeugen der Journalisten, wobei mancher Spritzer überkam, nach dem Telegraphenamt auf Kap Skagen selbst los. Auf die Gefahr des Kenterns hin wollte jeder der erste sein, der seiner Zeitung, sei es in Kopenhagen oder sonstwo, die ersten Nachrichten über den «Entdecker» telegraphisch übermittelte.

Über eine bedeutsame Episode, die sich fast gleichzeitig abspielte, die mir aber im allgemeinen Wirrwarr entgangen ist, schreibt de Quervain:

«Ein dänisches Torpedoboot kam in voller Fahrt auf den Dampfer zu und stoppte längsseits in Sprechweite. Ein Mann – es war Kapitän Amdrup selber, der bekannte Polarfahrer – rief durch das Sprachrohr zu uns herüber: ‹Ist Herr Frederick Cook an Bord?› Cook antwortete selbst von der Kommandobrücke aus. Amdrup fragte nun weiter: Cook habe telegraphiert, dass er von Nordgrönland aus mit Schlitten nach Norden gegangen, neues Land gefunden und am 22. April den Pol erreicht habe. ‹Ja.› Und nun hallte langsam durch das Sprachrohr die gewichtige, fast drohende Frage Amdrups: ‹Ist das alles wahr?› ‹Jawohl.› Mir lief es kalt den Rücken hinunter, und Baebler, der dabei stand, sagte nachher, er habe das gleiche Gefühl gehabt. Es war ja wirklich so und entsprach ganz unserem Empfinden, dass zunächst alles auf das ehrliche Wort eines ehrlichen Mannes abgestellt werden musste. Aber war auch kein Irrtum denkbar? Eine Unterredung mit Cook vor Kap Farvel, auf dem Deck des Dampfers, wurde mir wieder gegenwärtig, wo ich ihn kaum von seiner Behauptung hatte abbringen können, die Sonne sei selbst am Pol, um ‹Mitternacht› und ‹Mittag›, noch sehr verschieden hoch gestanden. Nun kann man, die Richtigkeit der Behauptung vorausgesetzt, kaum in präziserer Sprache ausdrücken, dass der betreffende Beobachtungsort dann eben nicht der Pol war! Und das zu sagen, war doch gewiss nicht seine Absicht. War er wirklich am Pol – und ins Blaue hinein konnte er doch unmöglich so etwas behaupten, sondern, wie er selbst sagte, gestützt auf genaue Messungen –, dann musste ihn jetzt, nach so vielen Strapazen, sein Gedächtnis täuschen. Ich erklärte damals mir und ihm diese seine Angabe, die gerade in ihrer Unmöglichkeit zu ungeheuerlich war, um die Annahme einer von ihm beabsichtigten, überlegten Täuschung zuzulassen, für eine nachträgliche Verwechslung seiner Erinnerungsbilder.

Nur ein oder zwei Grade südlich vom Pol war ja das Verhalten der Sonne wirklich so, wie er behauptete, und jener Eindruck mochte sich bei ihm fixiert haben. Nachdem Cook das Zwingende meiner Bemerkungen eingesehen hatte, akzeptierte er lebhaft jene von mir gegebene, ja schliesslich plausible, psychologische Erklärung. Ich sagte übrigens noch an jenem gleichen Tage zu Dr. Stolberg, dass es mir für meine Person kaum verständlich sei, wie einer, den das Problem der Erreichung des Pols so sehr erfüllt habe, nachträglich auch nach den schlimmsten Strapazen das einzige Kriterium der wirklichen Erreichung auch ganz abgesehen von Erinnerungsbildern nicht ganz prinzipiell sollte gegenwärtig haben.

Wir hatten ja sonst einen guten Eindruck von ihm, wir berieten sogar mit ihm im ‹Aandehul›, dem kleinen Decksalon, den Titel seines künftigen Buches; ob es besser hiesse ‹*To the Pole*›, oder ‹*The North-Pole Reached*›. Letzteres wurde gut geheissen, sogar die Titelzeichnung erledigt. Aber seit jener Diskussion über die Sonne hatte bei mir immer wieder in einer Ecke des Zweifels wacher Hund gebellt.

Aber nachdem ich ihm selbst durch meine Erklärung eine Brücke gebaut und damit gewissermassen ein unbedingtes Zutrauensvotum vielleicht etwas zu schnell abgegeben hatte, durfte ich später anständigerweise jene fatale authentische Aussage vom Kap Farvel nicht in den tobenden Poldisput werfen, obschon sie Effekt genug gemacht und vielleicht den Streit entschieden hätte. Jetzt, wo jene Episode schon der Geschichte angehört, ist es anders.

Noch vor dem Anlaufen von Lerwick hatte ich die verantwortlichen Persönlichkeiten eindringlich gefragt, ob sie denn keine Dokumente, keine astronomischen Beobachtungsjournale Cooks eingesehen hätten. Es war nicht der Fall gewesen, und man schien damals den Sinn meiner Frage nicht zu verstehen. Und jetzt kam die unvermeidliche Frage doch: ‹Ist das alles wahr?›

Amdrups Mannschaft brachte ein neunfaches Hurra aus, und im Nu war das Torpedoboot wieder verschwunden. Es brachte nach Kopenhagen das ‹Jawohl›, das über Cooks Empfang entschied.»

Unterdessen hatte der «Hans Egede» über die Toppen geflaggt und setzte seine Fahrt sundaufwärts fort, mit halber Kraft dampfend, um nicht vor 8 Uhr morgens, als der festgesetzten Stunde des offiziellen Empfanges, nach Kopenhagen zu kommen. Ein recht angeregter Punschabend vereinigte uns zum letztenmal in der alten gemütlichen Weise. Zahlreiche Toaste wurden sowohl auf die vertretenen Nationen als auch die einzelnen Personen gegenseitig ausgebracht. Auch unsere Dankespflicht gegen die Administration der Kolonien in Grönland brachten wir bei diesem Anlass zum Ausdruck.

Am Morgen des 4. Septembers, an den herrlich bewaldeten Ufern Seelands entlang dampfend, erreichten wir bei prachtvollem Wetter die Reede von Kopenhagen. Der Kronprinz von Dänemark, ein hochgewachsener, glänzender Kavalier, kam an Bord «Hans Egedes» und hatte auch für unsere Expedition einige freundliche Begrüssungsworte in deutscher Sprache.

Der darauf folgende Empfangsabend in der Schweizerkolonie in Kopenhagen wird uns ebenso in dankbarer Erinnerung bleiben wie die freundliche Einladung Graf von Fürstenbergs, stellvertretenden Geschäftsträgers der deutschen Gesandtschaft.

So waren wir drei Männer wieder auf europäischem Boden, zurückversetzt in die moderne Welt mit dem Strudel ihrer sich jagenden Ereignisse, die so bald zur Alltäglichkeit werden. Unsere Expedition war zu Ende. Nicht gewöhnliche Anforderungen hatte sie gestellt; die gewonnenen Ergebnisse und Eindrücke verschönten aber die Strapazen in der Erinnerung, da wir stolz darauf waren. Nun konnten auch wir Pearys Ausspruch prüfen und ihn billigen, wenn er sagt: «In der Arktis sind die Chancen immer gegen den Forscher; das Leben dort ist oft ein Hundeleben, die Arbeit aber eine Männerarbeit.»

Anhang

Übersicht über die wissenschaftlichen Arbeiten der Expedition

Das im Vorwort schon kurz umschriebene Programm wurde entsprechend unserer besonderen Richtung und den Mitteln vom Unterzeichneten, der die Leitung hatte, gemeinschaftlich mit Herrn Dr. A. Stolberg entworfen; es war ziemlich umfangreich, damit die einen Arbeiten für andere eintreten konnten, wenn diese durch die Umstände sich als undurchführbar erweisen sollten.

Wir konnten folgende Arbeiten ausführen:

1. Meteorologie. Die Haupttätigkeit bestand in Messungen der höhern atmosphärischen Strömungen durch meine Methode der Pilotballonanvisierungen, die für jene in dieser Hinsicht noch nie erforschten Regionen grundlegende Ergebnisse versprach. Es wurden russische Ballons von 73 Gramm Eigengewicht und 200 Gramm Auftrieb verwendet, für welche von mir eine konstante Vertikalgeschwindigkeit von 3,33 Meter bestimmt worden war und die im Mittel bis zu 10 000 Meter Höhe stiegen. Zur Verfolgung wurde ausschliesslich der de Quervain-Bosch'sche Spezialtheodolit verwendet, nachdem ein Vergleich mit dem diesem nachgebildeten Modell des K. Preuss. aerologischen Observatoriums Lindenberg, das seiner Leichtigkeit wegen in Betracht gekommen war, die wesentliche Überlegenheit des ersteren bezüglich der Sichtbarkeitsdauer ergeben hatte. In der Zeit vom 20. April bis zum 22. Juni gelang es, eine ziemlich kontinuierliche, grosse Reihe von im ganzen 64 Aufstiegen auszuführen, wovon 32 in Godthaab oder im Godthaabfjord, die übrigen 32 an Küstenorten auf der Fahrt nach Norden; unter diesen 17 in Godhavn, vom 7. bis zum 22. Juni. Die grosse Klarheit der Luft begünstigte die Messungen in unerwarteter Weise. Die grösste erreichte Höhe betrug 20 000 Meter am 5. Mai, die grösste Entfernung 48,5 Kilometer am 26. April.

Aus unsern Messungen ergab sich ganz überraschend ein Vorherrschen von südlichen und südöstlichen Strömungen und ein fast völliges Fehlen von ausgesprochenen Westwinden in grösseren Höhen, was der

Vorstellung eines regelmässigen bis in jene Breiten reichenden Polarwirbels widerspricht. Die begonnene nähere Bearbeitung wird die besondere Luftdruckverteilung jener Zeit zu berücksichtigen haben. Ausser diesen Pilotaufstiegen führten wir an den internationalen Termintagen 5.–7. Mai noch 3 Fesselballonaufstiege aus, wovon der höchste 4000 Meter erreichte. Die hierfür nötigen Registrierapparate wie auch die Flaschen mit komprimiertem Wasserstoff verdankten wir dem Grafen F. v. Zeppelin.

Gleichzeitig mit unsern Aufstiegen wurden in Akureyri auf Island analoge Pilotballon-Messungen durch das dänische meteorologische Institut ausgeführt, von dem Beobachter Thorkelson, im ganzen 59 Aufstiege, in der Zeit vom 22. April bis zum 3. Juli. Diese Aufstiege hatten mit der Ungunst der Witterung zu kämpfen. Die grösste Höhe betrug 13 000 Meter.

Fast während der ganzen Dauer der Reise führten wir ein meteorologisches Tagebuch; besonders sorgfältig wurde der Wolkenzug gemessen, wo es möglich war mit dem Finemanschen Nephoskop; ein ganz spezielles Interesse können die auf dem Inlandeis angestellten meteorologischen Aufzeichnungen beanspruchen. Während eines Teils der Inlandeisschlittenreise wurden mit dem Steenstrup'schen Aktinometer regelmässige Beobachtungen ausgeführt, übereinstimmend mit den auf der arktischen Station auf Disko angestellten; die von uns gefundenen Werte waren merkwürdigerweise nicht sehr hoch.

2. Hydrographie. Auf der Hin- und Rückfahrt, vom 1. bis 17. April und vom 17. August bis 2. September, massen wir täglich mehreremal die Oberflächentemperaturen des Meeres und nahmen Wasserproben, deren Bearbeitung das Institut für Meereskunde in Berlin übernahm. Auf der Rückreise machten wir überdies regelmässige Verdunstungsmessungen – die ersten in diesen Breiten –; die betreffenden Resultate sind schon durch Herrn Dr. Lütgens publiziert in den Annalen der Hydrographie 1910.

Wir entnahmen auch während der Rückreise auf Wunsch des Herrn Professor O. Petterson regelmässige Luftproben zur Bestimmung des Kohlensäuregehaltes der Luft; zu der beabsichtigten Ausführung dieser Messungen auf dem Inlandeis kamen leider die Recipienten zu spät an.

In Grönland selbst machten wir Ende April und Anfang Mai an der Mündung des Godthaabfjordes, sowie im Fjordinnern, bei Kornok und Umanak mit dem Ekman'schen Schöpfapparat eine Anzahl Messungen über die Verteilung der Temperatur und des Salzgehaltes in verschiedenen Teilen des Fjords, die in dieser frühen Jahreszeit besonderes Interesse haben.

3. Morphologie.

a) An verschiedenen Punkten machten wir Aufnahmen mit dem Zeiss'schen Stereophotogrammeter, nach dem Verfahren von Pulfrich, wobei von den Endpunkten einer genauen, 20–40 Meter betragenden Basis zwei Aufnahmen auf äusserst streng unter sich parallel orientierte Platten gemacht werden, die nachher mit Benützung des stereoskopischen Effekts im Komparator ausgemessen werden; diese Methode soll die gewöhnliche Photogrammetrie vorteilhaft ersetzen, besonders da, wo identische Punkte im Gelände von sehr verschiedenen Punkten aus nicht zu finden sind, also gerade auf Gletschern. In Godthaab nahmen wir von der Store Marlene aus eine sich östlich an den Hjortetakken anschliessende Tal- und Gebirgslandschaft auf, in Sukkertoppen ein typisches Klufttal im Gneis, in Godhavn auf Wunsch von Herrn Porsild die Umgebung der arktischen Station, die durch die seit Rinks Kartierung stattgehabten Neubildungen besonderes Interesse bietet; von Umanak aus eine morphologisch interessante Partie des gegenüberliegenden Nugsuak; von den Höhen oberhalb des Sermilikfjords eine Aufnahme des Sermilikeisstroms (die aber leider misslang) und endlich ungefähr von dem Ort der Drygalski'schen ehemaligen Beobachtungshütte aus das von dort sichtbare Eisgebiet des Karajakeisstromes. Die Hälfte letzterer Aufnahmen, die alle gelungen sind, wurde unterwegs durch Unberufene zerstört; die unbeschädigten Aufnahmen werden gegenwärtig durch das Entgegenkommen von Herrn Professor Bäschlin vom geodätischen Institut des eidgen. Polytechnikums in Zürich bearbeitet.

b) Von morphologischen Einzelbeobachtungen seien unsere Feststellungen über die Schliffgrenze und über gegenwärtige und frühere lokale Vergletscherungen bei unsern Bergbesteigungen und Fahrten im Godthaabfjord erwähnt, ebenso die Beobachtungen über die Bildung der von uns so genannten Steinweiher in den vom Eis verlassenen Felsgebieten.

c) Routenaufnahme auf der Schlittenreise aufs Inlandeis. Die Lage der einzelnen Zeltplätze wurde durch astronomische Ortsbestimmung, vermittelst sorgfältiger Sextantmessungen, ermittelt. Die Breite ist nach Kontrollmessungen auf ±0,2° genau, die Länge, zu deren Bestimmung zwei ganz ausgezeichnete Ditisheim'sche Bordchronometer und zwei Taschenchronometer 2. Klasse benützt wurden, auf wenige Zeitsekunden bestimmt. An jedem Zeltplatz wurden mit dem kleinen Hildebrand'schen Reise-Theodoliten im Anschluss an ein Sonnenazimut die Azimute einer Reihe von Küstenpunkten gemessen, solange diese sichtbar blieben, und auch auf ±0,1° die magnetische Deklination bestimmt und die Neigung des Eishorizonts nach allen Richtungen gemessen. Die Höhen wurden mit drei Aneroiden (einem Bohne'schen, einem Naudet'schen Zeigeraneroid und einem Goldschmidt'schen Mikrometeraneroid) gemessen, deren Stand öfters mit zwei geprüften Hypsometern durch Siedepunktbestimmung kontrolliert wurde. In Umanak war unterdessen zur Reduktion der barometrischen Höhen ein Barograph in Tätigkeit. Unterwegs zwischen den Zeltplätzen wurden die Wegstrecken durch häufige Kompasspeilungen und Messungen mit zwei Schrittzählern festgelegt; ebenso die Neigung des Eises durch den Klinometer auf ca. ±0,1° genau.

Auch die Richtung aller angetroffenen Spaltensysteme und Schneedünen wurde bestimmt, ebenso die Dicke der Firnschichtung in zugänglichen Spalten. Die Bedeutung der Schlittenreise wird sich aus der begonnenen Verarbeitung aller dieser Messungen zu einer Karte ergeben. Jetzt lässt sich zusammenfassend sagen, dass wir viel weiter ins Innere, als bisher bekannt war, bestimmt orientierte Spaltensysteme gefunden haben, ebenso Eisstufen und zum Teil mit kleinen Seen erfüllte Mulden, die in bestimmter Beziehung zu zwei verschieden orientierten Fjordsystemen der Küste stehen, dem Nordwest-Südost laufenden Sermilik- und Itivdliarsuksystem und dem Südwest-Nordost laufenden Karajaksystem.

4. Die Beobachtung der totalen Sonnenfinsternis auf Disko. Da eintretender Nebel die Beobachtungen fast völlig vereitelte, sei von der Beschreibung der von uns in Gemeinschaft mit Magister M. P. Porsild getroffenen, sorgfältigen Vorbereitungen abgesehen. Der Eintritt der Totalität wurde übrigens doch von mir auf zirka 1 Sekunde genau beobachtet, ebenso die Phase der grössten Verdunklung durch Herrn Dr. Stolberg auf einige Sekunden genau.

5. Anthropologisches. Herr Dr. Baebler führte gelegentlich einer Impfung an 27 Individuen (Kindern und Erwachsenen) in Godthaab anthropometrische Messungen aus, die interessante Konstatierungen darüber erlauben, welche Merkmale der reinen Eskimorasse am längsten erhalten bleiben und welche fremden Einflüsse am schnellsten weichen. Bemerkenswert war u. a., dass die bei Anthropologen heute im Gebrauch stehende Fischer'sche Haarfarbentafel das intensive Schwarzbraun der Grönländerhaare nicht aufwies; letzteres lag näher am absoluten Schwarz. – In Kangamiut deckte Herr Baebler zwei Heidengräber aus heidnischer Zeit auf; die entnommenen Skelettbestandteile werden am anthropologischen Institut der Universität Zürich bearbeitet.

6. Faunistische Untersuchungen. Über diese seine Spezialarbeiten schreibt Dr. Baebler:

«Wo immer das arbeitsreiche Programm der Expedition es gestattete, wurde mir von dem wissenschaftlichen Leiter, Dr. A. de Quervain, Gelegenheit gegeben, meinen zoogeographischen Untersuchungen der wirbellosen nivalen Fauna nachzugehen. Diese Arbeiten hatten für mich ein um so grösseres Interesse, als ich seit einer Reihe von Jahren im schweizerischen Hochgebirge ähnlichen Arbeiten oblag.

Die Untersuchungsgebiete verteilen sich auf eine Zone von 64° 10′ n. Br. (Godthaab) bis zum 70° 35′ n. Br. und einen Gürtel vom Meeresniveau bis 1250 Meter über Meer. Sie wurden ferner, insofern es der Reiseplan der Expedition gestattete, so ausgewählt, dass die verschiedensten morphologischen Gebiete wie Inseln, Schären, Küste des offenen Ozeans, Hintergrund der Fjorde, Hochplateaus usw. in Betracht kamen. Die verschiedenen Geländeabschnitte zeigen in klimatischer und floristischer Beziehung grosse Unterschiede, ja direkte Gegensätze, ich erinnere an die sonnigen, trockenen Hochplateaus und an die neblige, feuchte Küste, an die Temperaturextreme im Hintergrund der Fjorde gegenüber der konstanteren Temperatur der Inseln und Küstengebiete. Auch die Tiergesellschaften dieser verschiedenen Klima- und Floraprovinzen zeigen bei aufmerksamer Betrachtung ziemliche Unterschiede in der Zusammensetzung, und zwar in bezug auf Arten und Individuenzahl, und die genaue Bearbeitung des Materials verspricht in dieser Beziehung interessante Resultate. Wie ich erwartete, hat sich bei meinen systematischen Untersuchungen der verschiedenen Biosynöcien und Biocönosen eine bedeutend grössere Mannigfaltigkeit der Fauna ergeben, als es aus bisherigen Berichten zu ersehen war. Allerdings braucht es ein geübtes Auge, um die mit allen möglichen Mitteln vor Verfolgung geschützten Tiere zu finden. Es scheint mir, dass diese arktische Mikrofauna, noch mehr als diejenige der Alpen, durch geeignete Schutzfärbungen und durch ihr verborgenes Leben die Sammelarbeit erschwert. Ist man aber einmal über die Lebensgewohnheiten und die Lieblingsplätze dieser Tiere orientiert, so überrascht den aufmerksamen Beobachter ein für diese Verhältnisse äusserst reiches Tierleben.

Selbst die allerungünstigsten Biosynöcien und Biocönosen sind von besonders angepassten Tiergesellschaften bewohnt.

Im allgemeinen zeigt sich auf den ersten Blick in der Zusammensetzung der arktischen nivalen Fauna eine grosse Ähnlichkeit mit derjenigen der höhern Gürtel der nivalen Region in den Alpen. Doch kann erst die genaue Bestimmung des Materials Auskunft geben, welche Vertreter die Arktis mit den Hochalpen gemeinsam hat und welche Formen durch vikarierende Arten vertreten sind.

Auf den Wunsch von Herrn Prof. Bachmann in Luzern entnahmen wir einigen dem Inlandeis benachbarten Seen eine Anzahl Planktonproben.

7. Botanisches. Für den Fall, dass wir den im Eis isolierten Renntier-Nunatak erreicht hätten, wie unser Programm vorsah, war beabsichtigt, die dort anzutreffende Flora zu sammeln. Nun beschränkt sich unsere botanische Ausbeute auf die Feststellung einiger überraschend früher Blütezeiten bei den auf unsern Bergbesteigungen in grossen Höhen angetroffenen alpinen Pflanzen schon Ende April und Anfang Mai. Das betreffende Material wurde Herrn Prof. M. Rickli in Zürich übergeben.

Von Egedesminde nahmen wir Ende August einige Pflanzen (Pinguicula, Saxifraga, Empetrum, Lycopodium, einige Moose) in lebendem Zustand mit, die bis jetzt in Nordhausen a. Harz mit Erfolg weiter kultiviert worden sind.

Quer durchs Grönlandeis

Die schweizerische Grönland-Expedition
1912/13

Vorrede

Mit der Herausgabe dieses Expeditionsberichts kommen wir dem Wunsch der schweizerischen und ausländischen Freunde unseres Unternehmens nach und möchten ihnen mit der Erzählung unserer Erlebnisse zugleich unsern Dank abstatten.

Im weitern ist unser Buch für alle bestimmt, die Interesse am hohen Norden besitzen, nicht nur wegen Eis und Schnee, sondern vielleicht ebensosehr wegen des rein Menschlichen, das sich dort in der Berührung und im Kampf mit diesen elementaren Naturmächten in mancher Weise offenbart.

Gerade das dürfte ein besonderer Vorzug unseres Reisewegs und damit unseres Buches sein, dass eben dieser Weg nicht nur von Fels zu Eis und von Eis zu Fels geführt hat, wie es bei den Routen in der Antarktis und bei manchen in der Arktis nicht anders sein kann, sondern dass wir von Naturmenschen im Westen – bei denen auch Mercanton und Stolberg in ihren freundlichen Beiträgen verweilen – übers Inlandeis hinüber im Osten wieder zu Menschen kamen, zu noch ursprünglicheren, unberührteren, die wohl auch, wie Knud Rasmussens Eskimos von Kap York, «Neue Menschen» genannt werden könnten. Wie der Kulturmensch, der dort oben der Naturgewalt ganz ausgeliefert ist, diese Naturkinder lieb haben lernt, wie er mit seinem eigenen Empfinden auch einfach wird, das ist immer wieder eigenartig mit- und nachzuerleben!

Unsere Expedition, obgleich nur durch Privathilfe ermöglicht, nannte sich eine schweizerische. Es kommt darin zum Ausdruck, was mich leitete, als ich meinen Plan fasste: Der Gedanke, ob nicht gerade das, was uns unsere Heimat mitgibt, die Liebe zum Hochgebirge, die Vertrautheit mit Schnee und Gletscher, und wiederum eine gewisse Anpassungsfähigkeit und Anspruchslosigkeit, uns in besonderer Weise befähige, auch im Polargebiet mitzuarbeiten.

Der Erfolg hat diese Erwartung nicht getäuscht. Eine gewisse Selbstverständlichkeit, womit er zustande gekommen ist, mag seine Erreichung einigen wohl als allzu leicht erscheinen lassen. Wir hatten da nur das eine im Auge, unser Programm durchzuführen. Wenn wir auf der einen Seite dafür alles gewagt haben, so haben wir eben dafür auch unsere Vorbereitungen so genau durchgedacht und betrieben, dass vielleicht einige jener «interessanten», aber tatsächlich vermeidbaren Situationen nicht eingetreten sind, welche wohl dem Sensationsbedürfnis, aber nicht dem Kredit ernsthafter Unternehmungen dienen.

Mit den wissenschaftlichen Resultaten unserer drei Arbeitsgruppen dürfen wir zufrieden sein; am Schluss des Hauptteils sind sie angedeutet. Sie weiter auszuführen, war hier weder der Ort noch der Zeitpunkt. Dieselben werden in einem Band der Denkschriften der Schweizerischen Naturforschenden Gesellschaft erscheinen. Die Gesellschaften und Privaten, namentlich in der Schweiz, deren Unterstützung neben eigenen grossen Opfern unsere Unternehmung ermöglicht hat, sind weiterhin im Text genannt; doch möchten wir noch des vielverdienten Freundes unserer Sache, Prof. C. Schröter in Zürich, besonders gedenken.

Hier sei nochmals gedankt dem Schweizerischen Bundesrat für den dem Leiter gewährten Urlaub, und den dänischen Behörden in Kopenhagen und Grönland für manches wertvolle Entgegenkommen. Besonders möchte ich nennen Herrn Konferenzrat C. Ryberg und Herrn Daugaard-Jensen, den damaligen und den gegenwärtigen Direktor der grönländischen Kolonien, ferner den um unsere Überwinterungsgruppe so verdienten Leiter der Arktischen Station, Magister W. P. Porsild, und nicht zum wenigsten Herrn Bestyrer Petersen in Angmagsalik.

Schliesslich danken wir dem Verleger, der sich die würdige Ausstattung des Buches besonders hat angelegen sein lassen. Möge es nun seine Freunde finden!

Zürich, 7. Oktober 1913   *A. de Quervain*

Plan und Vorbereitungen

Grönland gehört nicht nur für seine eigenen Bewohner, sondern auch für uns europäische Besucher zu jenen Ländern, die Heimweh machen. Wir können beim Abschied nicht denken, dass wir das alles nie mehr sehen sollen.

Von meiner ersten Reise nach Grönland, die ich im Jahr 1909 zusammen mit Dr. A. Stolberg und Dr. E. Baebler unternommen hatte, war mir noch ein besonderer Stachel geblieben. Zwar hatten wir uns damals bis aufs äusserste gemüht und in der Hauptsache auch das ausgerichtet, was wir uns vorgenommen hatten. Aber unser damaliger Vorstoss auf das Inlandeis in dem schwierigen Karajakgebiet hatte uns nur bis an die Schwelle grösserer Aufgaben geführt, hatte uns gezeigt, was noch zu machen wäre, und wie, und dass wir auch dazu tüchtig wären.

Wir waren vorbereitet und erfahren für eine weitere Erforschung des grönländischen Inlandeises. Und nun sollte diese Erfahrung unbenutzt liegen bleiben, in einem Augenblick, wo Grönland in der arktischen Forschung wieder in den Vordergrund des Interesses trat? –

Die erdkundliche Bedeutung der grönländischen Insel, der grössten der Erde, liegt nicht vor allem in ihrer Ausdehnung an sich; nicht nur wegen ihrer zwei Millionen Quadratkilometer verdient sie, ein Kontinent genannt zu werden. Sein besonderes Interesse erhält dieses Land dadurch, dass es, wie wir sehen werden, durch seine Oberflächengestaltung eine Stellung einnimmt, die auf der nördlichen Halbkugel einzigartig ist, für die wir nur in der Antarktika ein freilich noch ungleich gewaltigeres Analogon haben. Wie dort an der Südpolarkalotte sich das Hochland eines Kontinentes aufbaut, fast gänzlich unter ewigem Eis begraben, das haben uns die antarktischen Forschungen der letzten Jahrzehnte und Jahre immer mehr enthüllt. Ein Teil jener Expeditionen war ja scheinbar vor allem von dem Ehrgeiz getrieben, den Südpol zu erreichen.*

---

* Von einer Entdeckung der Pole zu sprechen, ist nämlich, beiläufig bemerkt, ein gelinder Unsinn; denn ein Punkt, dessen Existenz und Lage von vornherein festgelegt ist, kann nicht entdeckt werden.

Sie haben uns gezeigt, wie grundverschieden unsere beiden Polargegenden sind: die Nordpolargegend wider Erwarten ein weites, tiefes Meeresbecken, die Südpolargegend wider Erwarten ein mächtiges und hohes, zusammenhängendes, inlandeisbedecktes Festland, und diese morphologischen Gegensätze wiederum wesentliche Abweichungen des schematischen Klimas erzeugen.

Der Gegensatz zwischen Süd- und Nordhalbkugel hinsichtlich der Beschaffenheit ihrer Polargebiete besteht indessen nicht in so absolutem Masse, wenn man mit dem Vergleich nicht in der unmittelbaren Umgebung der Pole stehen bleibt, sondern den Kreis etwas weiter spannt: Unter den sonst niedrigen Landmassen, welche das Polarmeer umlagern, findet sich ein gewaltiges Hochland, 2200 Kilometer weit von Norden nach Süden sich erstreckend, unter einer ungeheuren Gletschermasse begraben, deren Höhe denen der Antarktika nicht sehr nachsteht und die das polare Klima, ja die ganze polare atmosphärische Zirkulation in ähnlicher Weise beeinflusst: es ist Grönland, der arktische Kontinent *par excellence;* gleichsam eine «Arktika», die von einer polaren Stellung in eine subpolare gerückt ist und dadurch das Inlandeisproblem in einer anderen Variante uns vorlegt.

Diese besondere Stellung Grönlands innerhalb der Nordpolarländer hat von jeher die Forscher beschäftigt, und besonders wurden sie von dem Mysterium des Inlandeises angezogen. Ernstliche Versuche, in dasselbe einzudringen, sind allerdings verhältnismässig jungen Datums. Der erste war Jensen mit Dalager in Südgrönland, ihm gelang es im Jahre 1878, zu einer Zeit, wo die Eistechnik noch wenig entwickelt war, bis zu einigen isolierten Nunatakkern vorzudringen; es folgte dann Baron v. Nordenskiölds Vorstoss im Jahre 1883, der, nach etwa 100 Kilometer von grossen Eissümpfen aufgehalten, nur zwei Lappen vorwärtsschicken konnte, die ihm dann erstaunliche Berichte von ungeheuren Strecken, die sie zurückgelegt hätten, zurückbrachten, ohne jedoch die von Nordenskiöld erhofften Oasen gefunden zu habe.

Drei Jahre später machte Peary einen Versuch, von der Diskobucht aus vorzudringen, und 1888 führte Nansen mit fünf Begleitern seine Durchquerung Südgrönlands aus. Fünf Jahre später wurde von den Dänen Moltke, Garde und Petersen das Südende des Inlandeises untersucht. In einer Reihe von grossen Schlittenreisen, die besonders in die Jahre 1892 bis 1895 fielen, erforschte endlich Peary die nördliche Begrenzung des Inlandeises und der grönländischen Insel selbst. Seine Ergebnisse scheinen einigermassen geändert werden zu müssen auf Grund der neuesten grossen Schlittenreisen, die Knud Rasmussen im Jahr 1912 in dieser Gegend ausgeführt hat.

Es waren vor allem die Nachrichten, die aus dem Südpolargebiet zu uns drangen und die zeigten, dass jenes Inlandeis manche Überraschungen barg, welche auch zu einer neuen Durchquerung des grönländischen Inlandeises, nördlich von der für die Kenntnis des Inlandeises grundlegenden Route Nansens, anregten; das 1500 Kilometer weiter sich nach Norden erstreckende Innere der Insel einzig und allein nach jenem Querschnitt zu beurteilen, schien nicht mehr zulässig.

Und hier glaubten wir nach unsern Vorarbeiten und Erfahrungen mit einem Beitrag zur Erforschung dieses Landes einsetzen zu können.

Ich schloss mich mit meinem Plan unbewusst dem schon vor 25 Jahren von Peary aufgestellten Erforschungsprogramm an, wonach jedenfalls noch zwei Durchquerungen, eine von Mittelgrönland und eine von Nordgrönland auszuführen seien. Letztere wurde von der dänischen Expedition des Hauptmanns Koch in Angriff genommen; ein sehr günstiges Zusammentreffen vom Standpunkt der Arbeitsteilung.

Die Durchquerung von Mittelgrönland war der Möglichkeit einer Verwirklichung praktisch näher gerückt, seitdem Dänemark an der Ostküste nahe dem Polarkreis zur Erhaltung der einzigen noch bestehenden ostgrönländischen Eskimoansiedlung diese Handelsstation Angmagsalik angelegt hat, welche jedes Jahr einmal von einem kleinen Schiff besucht wird, Ende August, wo der Treibeisgürtel es am ehesten gestattet. Wurde diese Stelle der Ostküste als Anfangspunkt oder Endpunkt einer Durchquerung gewählt, so war man der Notwendigkeit, ein eigenes Schiff auszurüsten, enthoben; dieses aber war bei den bescheidenen Mitteln, mit denen ich von vornherein zu rechnen hatte, ein entscheidender Umstand, sonst wäre die im übrigen gleich lange Route nach dem Scoresbysund vorzuziehen gewesen.

Von Wichtigkeit war ferner die Wahl der Richtung, in welcher die Durchquerung ausgeführt werden sollte; ob von der Westküste zur Ostküste oder umgekehrt.

Von Europa aus scheint es näher zu liegen und sicherer zu sein, von dem einzig bewohnten Punkt Angmagsalik auf der Ostküste auszugehen und die «bewohnte» Westküste zum Ziel zu nehmen; aber da Angmagsalik erst Ende August oder Anfang September angelaufen werden kann, musste es im gleichen Jahr zu spät zu einer Durchquerung werden, so dass eine solche eine Überwinterung an der Küste und die Drangabe eines ganzen Jahres erfordern würde.

In umgekehrter Richtung ausgeführt, konnte die Durchquerung auf der Westküste bei umsichtiger Ausnutzung aller Umstände noch im Sommer zeitig genug begonnen werden, damit das Schiff auf der Ostküste noch rechtzeitig erreicht werden konnte. Allerdings musste man entweder den einen bewohnten Punkt der Ostküste treffen und erreichen oder umkommen. Dazu kam noch der fatale Umstand, dass dieser bewohnte Punkt auf einer Insel liegt, etwa 60 Kilometer entfernt von der Stelle, wo man vom Inlandeis her die Küste am ehesten erreichen kann, und von dieser Stelle getrennt durch den breiten, eiserfüllten Sermilikfjord. Es musste also an der Küste ein besonderes Depot angelegt werden.

Trotz dieser grösseren Schwierigkeiten entschied ich mich für die letztere Route. Den ganzen Plan hatte ich mir schon im Jahre 1909 in Grönland ausgedacht und eine schriftliche Skizzierung davon dem Inspekteur von Nordgrönland übergeben; ob ich ihn würde ausführen können, blieb bei meinem Befinden und meiner amtlichen Gebundenheit allerdings zunächst fraglich.

Ein paar Werke aus Spittelers literarischen Gleichnissen würden am besten die Wendung zum Bessern charakterisieren. Ich bekam unverhofft eine gute runde Summe gestiftet, die mich zu Weiterem verpflichtete, und fand Verständnis für meine Pläne und Ermutigung bei unserm bekannten Gletscherforscher Prof. F. A. Forel in Morges und bei dem Präsidenten der Genfer Geographischen Gesellschaft Prof. R. Gautier in Genf und auch Verstärkung in meiner Absicht, nicht im Ausland, wo es vielleicht leichter gewesen wäre, Mittel und Begleiter zu suchen, sondern das Unternehmen zu einer schweizerischen Sache zu machen. Die Kosten konnten nach meiner Kenntnis der Verhältnisse so niedrig gehalten werden, dass sie in der Schweiz wohl aufzubringen sein mussten.

Zunächst sollte ich erfahren, dass dies doch nicht so leicht ging und dass uns selbst die Stiftungen, die zur Unterstützung wissenschaftlicher Reisen bestimmt sind, nicht helfen konnten: das Barthsche Legat, das für die Unterstützung der wissenschaftlichen Reisen der Dozenten der eidgenössischen Technischen Hochschule über grosse Mittel verfügt, konnte nicht in Betracht kommen – weil Privatdozenten von der Nutzniessung ausgenommen sind! Das Reisestipendium des Bundes darf hinwiederum nur biologische Forschungsreisen unterstützen. Es steht mir, einem noch nicht Schwabenaltrigen, nach Landessitte nicht zu, an hohen Institutionen

Kritik zu üben. Aber die dezente Erwähnung dieser Kuriositäten musste eine gewisse Seite der Vorbereitungssorgen illustrieren.

Übrigens blieben mir damals immer noch grosse Hoffnungen auf eine Bundessubvention, da die Expedition von dem Vorstand der Schweizerischen Naturforschenden Gesellschaft dem Bundesrat angelegentlich zur Unterstützung empfohlen war.

Inzwischen war die Schweizerische Naturforschende Gesellschaft selbst mit einer Tat vorangegangen, indem sie bei ihrer Jahressitzung in Solothurn selbst einen erheblichen Betrag zusammenlegte, wobei der immer junge F. A. Forel noch selbst in rührender Weise den Kollekteur gemacht hat. Drei Tage später, im August, musste ich schon in Kopenhagen sein und die Summe an das auf der Ostküste zu errichtende Depot wenden. Durch einen ausserordentlich glücklichen Zufall konnte ich in Kopenhagen den Bestyrer Petersen von Angmagsalik selbst sprechen, der seit vielen Jahren zum erstenmal auf Urlaub gewesen war und nun für ebenso lange Zeit wieder in seine Einsamkeit zurückkehrte. Mit ihm hatte ich wichtige Abreden zu treffen. Es wurde abgemacht, dass das Depot ins Innere des Sermilikfjordes an einen bestimmten Küstenpunkt zu bringen sei. Dieser Punkt sollte für uns dadurch auffindbar sein, dass er gegenüber der kleinen Insel Umitujarajuit liegen sollte, der einzigen, die dort auf der Karte verzeichnet war. Ich sah schnell, dass Petersen ein Mann war, auf den man sich verlassen konnte, und davon hing das meiste ab, und besonders gefiel mir, dass er mir zum Abschied ohne weitere Redensarten oder Sentimentalität ganz einfach sagte: Also auf Wiedersehen nächstes Jahr!

Bis zum Winter war mein Reiseurlaub und die ebenfalls durch den schweizerischen Bundesrat vermittelte kostbare Erlaubnis der dänischen Regierung zum Bereisen Grönlands und ein Depot auf der Ostküste alles, was die künftige Expedition ihr eigen nannte. Aber was hilft ein Depot auf der Ostküste, wenn die Mittel fehlen, auch nur auf die Westküste zu kommen? Nur die Eisbären hätten etwas davon gehabt. Der heisse Sommer 1911, so erfreulich er auch im übrigen in meine Geschicke eingriff, liess unsere finanziellen Hoffnungen mehr und mehr verdorren. Denn zur kritischen Zeit brachten die Dürre- und Notzustände einen schlimmen Knick in die Kurve der eidgenössischen Zolleinnahmen und knickten damit endgültig auch unsere Subventionsaussichten. Der Reiseurlaub allein konnte nicht helfen. In dieser fatalen Situation war es die Genfer Geographische Gesellschaft und die Naturforschende Gesellschaft in Zürich, welche sich durch eine Sammlung wirksam der Finanzierung unserer Sache annahmen.

Ihr Eintreten bestimmte dann die «Neue Zürcher Zeitung» zur Garantierung des Betrages von zehntausend Franken, der das Zustandekommen der Unternehmung vorläufig sicherstellte. Die Akademische Gesellschaft in Lausanne, die Naturforschende Gesellschaft von Basel, Bern und Lausanne und die Geographische Gesellschaft von Neuenburg und Zürich, verschiedene Private und die Mitglieder der Expedition taten das übrige, um die budgetierte Summe von dreissigtausend Franken vollzumachen. Trotz allen Sparens beliefen sich die wirklichen Kosten nachträglich auf ein Drittel höher, namentlich infolge einer Programmerweiterung. Das Defizit wurde zu decken versucht durch Vorträge. Auch gab die Kaiser-Wilhelm-Universität in Strassburg ihrem ehemaligen Privatdozenten wiederum einen liberalen Beitrag aus der Cunitzstiftung.

Über die Aussichten des Unternehmens waren die Meinungen geteilt. Meine Zürcher Freunde fragten mich an, was zu geschehen hätte, wenn wir an der Ostküste nicht herauskämen; ich antwortete, dass dann nichts versucht werden könnte und sollte. Aus Grönland selbst bekam ich von einer angesehenen Persönlichkeit, der ich meinen Plan übersandt hatte, einen Brief, worin meine Unternehmung als vermessen und der Versuch ihrer Ausführung als sicherer Tod hingestellt wurde, und diese Ermutigung erreichte mich passenderweise an meinem Verlobungstag, wo ich allen Anlass hatte, sie schweigend ad acta zu legen.

Auf der anderen Seite wurden wir ermutigt durch die zuversichtlichen Äusserungen von Inlandeisforschern wie Otto Nordenskiöld und Drygalski, die meinen Plan völlig guthiessen.

Bei einer Expedition ist es ähnlich wie bei der Errichtung eines Gebäudes auf gefährlichem Grund. Die Hälfte der Überlegung und Sorgfalt muss auf die Fundamente, die Vorbereitungen verwendet werden, von denen man nachher nichts mehr merkt, ausser wenn sie fehlen. Von unserer Ausrüstung darf wohl gesagt werden, dass kein einziges Stück dabei war, dass nicht von uns wohl erwogen, untersucht und geprüft war.

Es mussten zunächst alle Messapparate beschafft werden, sowohl für die Durchquerungsgruppe als auch für diejenigen, die an der Westküste zurückbleiben und sich mit glaziologischen Messungen befassen sollten, wie endlich für die beiden, die später auch noch den Winter mit aerologischen Messungen zubringen sollten. Manches konnten wir übrigens von entgegenkommenden wissenschaftlichen Instituten und Privaten entlehnen. Einer Hauptsorge, der Beschaffung guter Chronometer, deren wir für die Berechnung unseres Weges bedurften, wurden wir enthoben durch das

Entgegenkommen unserer ersten Chronometerfirmen P. Ditisheim und U. Nardin, die mir nur ihre besten Werke ohne Rücksicht auf das grosse Risiko zur Verfügung stellten. Als diese spiegelblanken kleinen Wesen sich mir zum erstenmal präsentierten in ihren Wiegen aus Samt und Mahagoni und träumerisch und unschuldig tickend, da taten sie mir fast leid, wenn ich dachte, in welch bedenklichen Lebenslagen und in welcher schlimmen Umgebung sie nun ihre zarte Tugend bald bewähren sollten. Aber ob sie mit uns auf dem Kopf standen oder im Eiswasser schwammen, sie blieben taktfest und bewiesen, dass sie aus gutem Hause waren.

Der Leser braucht nun nicht zu befürchten, dass ich hier alle unsere Instrumente mit der persönlichen Sympathie, die sie verdienen, durchgehen werde. Das würde manchem närrisch vorkommen. Und doch hat ein zuverlässiges Instrument unter Umständen geradezu etwas Tröstendes, Aufrichtiges. Da ist man an einem Punkt befreit davon, auf Unredlichkeit und Enttäuschung gefasst sein zu müssen, man hat ein kleinstes Gebiet, innerhalb dessen eine Art sittlicher Weltordnung wirklich realisiert ist, wie ich einen Physiker melancholisch sagen hörte: «Es ist bei den Instrumenten besser als bei den Menschen.» Wenn man diesen Pessimismus auch ablehnt, wird man doch verstehen können, dass ein solcher kleiner Apparat, dessen Zuverlässigkeit man sein Leben anvertraut, wie es bei uns der Fall war, fast die Rolle eines Lebewesens spielen wird, zu dem man ein persönliches Verhältnis bekommt.

Neben den Instrumenten stand an Wichtigkeit die technische Ausrüstung, hier kam uns die Erfahrung der letzten Expedition sehr zu statten. Nach den Dimensionen des damals verwendeten etwa vier Meter langen Nansenschlittens liess ich mit kleineren Verbesserungen vier neue machen, auf welche dann Instrumentenkistchen und Materialsäcke genau aufgepasst wurden. Meine zukünftigen Begleiter waren dabei aufs beste behilflich; wir kombinierten uns auch ein praktisches Zelt, das übrigens für die Ausrüstung der zürcherischen botanischen Studienreise in den Kaukasus als Modell diente; es wurde, wie ich damals von der betreffenden Firma hörte, zusammen mit hunderttausend Zelten für die bulgarische und serbische Armee ausgeführt.

Ein paar Tage später, als ich einen für die Expedition bestimmten Distanzmesser besichtigte, stiess ich auf die gleiche Fährte. Wieder hiess es: «Alles für die bulgarische Armee.» Aber wie dürfte ich behaupten, dass ich mir damals schon etwas Besonderes gedacht habe?

Ich wusste übrigens, auch ohne die Erfahrung der Türken antizipiert zu haben, dass eine schlecht genährte Truppe auch auf dem Inlandeis nicht standhalten könne. Nach frühern Erfahrungen brachte ich fast alle Konserven aus der Schweiz mit und war damit vorzüglich versorgt. Das eine wichtige Produkt, den Pemmikan, konnte ich allerdings nur in Kopenhagen bekommen; dieser Pemmikan spielte – wie bei manchen andern Expeditionen, so auch bei uns – eine grosse Rolle in unserem Dasein, so dass ich ihn etwas ausführlicher vorstellen muss. In ihm ist das Problem des praktischen, im Verhältnis zu seinem Gewicht möglichst leichten und dabei den Bedürfnissen des Körpers in kalten Gegenden entsprechenden Nahrungsmittels gelöst. Ob das Produkt auch den Bedürfnissen der Zunge Rechnung trägt, darüber sind die Ansichten sehr geteilt. Der Physiologe der deutschen Südpolarexpedition definierte einst, dass er schmecke wie Sägespäne mit Vaselin gemischt. Dahingegen pflegte das pemmikanprobenkostende Zürcher Publikum der Grönlandausstellung sich stereotyp zu entsetzen: «Aber näi, das schmöckt wie Söupfe.» Die Wahrheit zu sagen, standen auch die meisten Expeditionsmitglieder diesem Produkt anfangs kritisch gegenüber, bis es seinen innern Wert bewährt hatte. Dieser innere Wert besteht genau genommen zur Hälfte aus chemisch ausgetrocknetem und geriebenem Rindfleisch, zur andern Hälfte aus irgend einem Fett. Auf den Rat Nordenskiölds fütterten wir auch die Hunde mit Menschenpemmikan; es bedeutete das für die Durchquerung eine ziemliche Gewichtsersparnis und eine weitere Sicherheit für uns selbst.

Zu der «Ausrüstung» der Expedition gehörten nicht zum mindesten die Teilnehmer selbst. Ich habe mich selbst nie nach solchen umgesehen, in der Meinung, niemand zu einem Unternehmen auffordern zu dürfen, dessen Risiko gross war und eigentlich nur von mir allein richtig eingeschätzt werden konnte. Doch fanden sich wie von selbst eine Anzahl tüchtiger Bewerber aus der Schweiz wie aus Deutschland, Österreich, Belgien und Norwegen. Unter diesen wählte ich als Inlandeisbegleiter drei Mann, alle aus der Schweiz, so dass wir im ganzen vier waren. Diese Zahl war mir dadurch gegeben, dass es möglich sein sollte, dass bei einem Unglücks- oder Krankheitsfall, der dem einen zustiess, die Übrigbleibenden ihn doch weiter brächten, so dass ein solcher Zufall nicht zur teilweisen oder absoluten Katastrophe werden musste. Im schlimmsten Falle wäre ein Transport auch noch zu dritt möglich gewesen. Ist man aber zu viert, so hat man die weitere Möglichkeit, sich zeitweilig in zwei Gruppen teilen zu können, ohne dass dabei einer allein bleibt. Das ist uns später sehr wertvoll geworden. Die Zahl über das Notwendige hinaus zu vermehren, empfiehlt sich wiederum nicht, weil die Wahrscheinlichkeit, dass ein weniger Tauglicher sich darunter befindet, mit der Anzahl zunimmt.

Meine Begleiter für die Durchquerung waren Dr. med. Hans Hössli aus St. Moritz, Architekt Roderich Fick und Ingenieur Karl Gaule aus Zürich. Ich legte Wert darauf, dass wir alle einander schon vorher kennen lernten; ich wusste, wie wichtig es ist, dass die Teilnehmer an solchen Unternehmungen einander nicht erst auf dem Schiff vorgestellt werden, und so wurde mitten im Winter eine Probetour im Engadin mit Nansenschlitten, Zelt und Schlafsack unternommen. Die Genannten hatten sich alle für ihre besonderen Aufgaben vorgebildet, so dass bei unseren Messungen eine nützliche Arbeitsteilung eintreten konnte. Fick und Gaule hatten sich neben ihrer wissenschaftlichen Berufsausbildung schon längst allerhand praktische Expeditionsfertigkeiten angeeignet, mit welchen sie sich schon für die Vorbereitungen zur Verfügung stellten, und bei Hössli waren mir neben seinen alpinistischen Qualitäten besonders die medizinischen und chirurgischen willkommen, die sich in der Folge wohl bewährten.

Es schien mir zur Sicherung des Gelingens wichtig, dass wir vier in der schwierigen Randzone der Westküste nicht auf uns allein angewiesen seien. So ergab sich die Notwendigkeit einer Westgruppe, welche uns zunächst eine Strecke weit aufs Inlandeis begleiten und dann den Inlandeisrand an unserm Ausgangspunkt näher untersuchen und systematische glaziologische Messungen unternehmen sollte. Denn mit dergleichen Untersuchungen, die doch zur Ergänzung der Durchquerung sehr wünschenswert waren, konnte sich natürlich die Durchquerungsgruppe nicht aufhalten. Ich gewann für diesen Plan ausser meinem alten Grönlandbegleiter Dr. A. Stolberg auch Herrn Prof. Dr. P. L. Mercanton aus Lausanne, welcher als Sekretär der internationalen Gletscherkommission und Bearbeiter der Rhonegletscherpublikation gewiss der geeignetste Mann für die Leitung solcher Arbeiten war. Ihm war beigegeben Dr. Jost aus Bern, der als einer unserer standfestesten Gletschermannen wie als Physiker diese Arbeiten zusammen mit Dr. Stolberg vorzüglich fördern konnte. Diese beiden letztern Teilnehmer sollten dann auch noch den Winter über in Grönland bleiben zur Fortsetzung der aerologischen Arbeiten, die wir auf unserer früheren Expedition begonnen hatten. Es handelte sich namentlich um die Erforschung der noch so unbekannten höchsten Luftströmungen des Polargebiets im Winter.

Ich brauche meine Begleiter nicht zu loben; überzeugender hat es schon unser Erfolg getan. Denn ein solcher kann nur mit lauter tüchtigen

Leuten erreicht werden, wobei für solche Unternehmungen die Tüchtigkeit des Charakters nicht weniger als die des Körpers oder des Fachwissens bedeutet. (Das mag bei der Auswahl von Expeditionsmitgliedern auch schon übersehen worden sein.) Nachdem wir hier als Namen vorgestellt sind, wird der weitere Verlauf der Geschichte uns auch da und dort noch etwas mehr in unsern menschlichen Umrissen darstellen.

Neben den aktiven Mitgliedern der Expedition gedenke ich noch gar mancher Passivmitglieder, deren Namen nicht hierher gehören. Es sei ihnen allen gedankt: allen, die durch ihr Vertrauen in unsere Sache ihr zum Erfolg geholfen haben; allen, die uns in ihrer Weise von dem Ihrigen mitgeteilt haben, von ihrer Zeit, ihren Instrumenten, ihren Skis, Apfelschnitzen, Speckseiten, Strümpfen und Honig. Ja, auch nicht zu vergessen eine kleine Kiste mit – Schnaps, gestiftet von einem lieben, aber unmodernen Freund; aus seiner Jugendlektüre mochte ihm noch dämmern, «es sei in alten Mären wunders viel geseit» von den unumgänglichen Beziehungen zwischen diesem Stoff und nordischen Expeditionen. Aber es traf sich – vielleicht nicht ganz zufällig –, dass von uns sieben sich sowieso viereinhalber zur Abstinenz bekannten, worunter Fick, der überhaupt nicht wusste, wie Wein schmeckt, während die übrigen zwar in Mitteleuropa den bekannten guten Tropfen nicht verschmähten, aber auf der Expedition ohne Klage darauf verzichteten. Die edle Schnapskiste kam also unversehrt wieder nach Hause. Ganz und gar nicht unversehrt blieb dagegen der vorzügliche alkoholfreie Wein von Meilen und von Briod, der unsere kleinen Feste verschönte.

In der Annahme, dass nun alles dieses und noch viel mehr sich in etwa hundert Kisten und Ballen schon wohl verwahrt im Bauch des abfahrtbereiten «Hans Egede» befinde, wollen wir über die ganze Zeit des Packens, Telegraphierens und Zitterns um verirrte oder durch den damaligen Kohlestreik aufgehaltene Ausrüstungsstücke hinweileen und uns ebenfalls an Bord begeben.

Nur sei noch einer Unterredung kurz vor der Abfahrt mit Kommandeur Holm gedacht, welcher vor dreissig Jahren die sogenannte Frauenboot-Expedition an die Ostküste geleitet und den Teil der Küste kartographisch aufgenommen hatte, auf dem wir herauskommen mussten. Da erfuhr ich denn, dass gerade jene Gegend, in welcher wir vom Inlandeis hinabkommen mussten, damals nicht hatte besucht werden können, sondern nur aus grosser Ferne und nach Angaben der Eskimos eingezeichnet war. Und gerade nach den Angaben der Karte sollte ja das Depot angelegt werden, und nach den Angaben der Karte sollten wir es finden. Da sollte im Süden die grosse Insel mit dem schönen Namen Kekertatsuatsiak liegen und links davon die kleine mit dem uns noch geläufigeren Umitujarajuit. Beiläufig erfuhr ich später, dass in letzterm Namen eigentlich noch zwei oder drei schwierige Silben fehlen. Im Augenblick aber kam es nicht auf die etymologische, sondern auf die kartographische Orthographie an:

Ob denn die grosse Insel überhaupt existiere? «Vielleicht, aber möglicherweise auch nicht.»

Ob dann aber nicht wenigstens die kleine Insel sicher vorhanden sei? «Vielleicht!»

Und das Letzte, was mir der liebenswürdige Kommandeur nachrief, als ich mich verabschiedete: «Verlassen Sie sich ja nicht auf die Karte! Bauen Sie nicht auf die Karte!»

Nun, das konnte ja gut werden! Wenn die kleine Insel etwa gar nicht existierte, wo sollte dann Petersen, der auch an das Vorhandensein von Umitujarajuit glaubte, das Depot niedergelegt haben?

Von Holm selbst erfahren zu haben, unter welchen Umständen und von welchem Standpunkt das kritische Gebiet der Küste aufgenommen worden sei, war ja für mich von grösstem Wert. Aber sein Abschiedswort war wirklich fatal; ich beschloss, es jedenfalls für mich zu behalten; es klang mir aber später noch oft in den Ohren; und wir erfuhren es schliesslich gar eindringlich mit Herzen, Mund und Händen.

Die Meerfahrt

Der Abfahrtstag unseres Grönlanddampfers war von dem traditionellen ersten April dieses Jahr auf den zweiten gelegt worden. Vielleicht, dass man nicht an einem Montag früh abfahren wollte, weil die Abschiedsfeiern vom Sonntag abend, die in Anbetracht des fernen und kalten Ziels von diesen und jenen Teerjacken mit besonderer Hingebung gefeiert werden mochten, eine gewisse Nachwirkung auf den Kurs und die Reisefreudigkeit des folgenden Tages hätten ausüben können.

Seigneur, ayez pitié des pauvres marins à terre.
Sur mer ils se débrouilleront bien tout seuls.
So soll ein Stossgebet der alten französischen Seeleute gelautet haben.

Was die Reisefreudigkeit speziell der Passagiere betrifft, wussten wir schon: ob freudig oder nicht, es würde schliesslich aufs gleiche hinauskommen.

Am Morgen früh, ja für Kopenhagener Verhältnisse geradezu boshaft früh, lichtete «Hans Egede» bei miserablem Wetter die Anker nach seiner Gewohnheit.

Wie sich's gehört: «Zähl ich die Häupter meiner Lieben, und finde sechse nur statt sieben!»

Eine schöne Geschichte: Mercanton fehlte. Der Kapitän sah nicht danach aus, als ob er Lust hätte, auf Nachzügler zu warten. Da, gerade bevor die schmale Brücke zu dem zweifelhaften Grönlandparadies abgebrochen werden sollte, kam er gelaufen, der unter stillen Verwünschungen Ersehnte. Er hatte noch, wie er sagte, Wichtiges und Dringendes zu tun gehabt; wir glaubten es natürlich aufs Wort. Aber es ist Tatsache, dass sich trotzdem im Verlauf der Expeditionsgeschichte der Übername: *«je viens tout de suite»* auf unsern lieben Mercanton herabsenkte.

Für mich hatte der kleine Zwischenfall den Vorteil oder Nachteil, dass ich erst, als wir schon langsam hinausglitten, dazu kam, mich noch einmal zu fragen, was das doch für eine seltsame Geschichte sei, dass ich in diese graue Zukunft hineinfahre und meine Frau dort allein im Schneegestöber auf dem schwarzen Hafendamm zurücklasse.

Westgrönländisches Mädchen (Igner Ohlsen) aus Sarfanguak. 1912

Felsiger Fjord, vermutlich bei Holstensborg. 1912

Kajak auf Steinen, vermutlich bei Disko. 1912

X

Übungen im Kajakfahren bei Holstensborg. 1912

Kajakinspektion. 1912

XI

Segelschiff «Thorwaldsen» im Hafen von Holstensborg. 1912

Nadelförmiger Eisberg. 1912

Die «Thorwaldsen» in Fahrt. 1912

XIII

Expedition von 1912: Jost, Stolberg, de Quervain, Hössli, Mercanton, Fick (vlnr).

Hössli mit zwei Grönländerinnen und einem Dänen. 1912

Kinder mit jungen Hunden bei Sarfanguak. 1912

Das Expeditionsschiff «Fox» im Hafen von Holstensborg. 1912

XV

Segelschlitten. Fick und Gaule. 1912

Pilotballonaufstieg. Rechts Jost. 1912

Gletscherstrom ins Meer, Ort unbekannt. 1912

XVI

Aber nun war genug gewinkt; es galt: «Fram», und wir hielten unseren ersten Kriegsrat zur Beurteilung unserer Chargen, solange wir noch vollzählig waren.

Das währte nicht lange. – Ist es die Mühe wert, aufs neue eine Dampferüberfahrt über den Atlantischen Ozean zu schildern? Wenn damit einer jener Kolosse gemeint wäre, auf denen man wie auf einer schwimmenden Insel etwa nach Neuyork hinübergeschoben wird, ohne dass man vom hohen Promenadendeck herab die Wellen überhaupt recht wahrnimmt, ohne dass man irgend eine Bequemlichkeit vermissen muss, die man auf dem festen Land beanspruchte – dann allerdings würde ich mir eine solche Wiederholung schenken. Wer so hinüberfährt, weiss kaum, was Sturm und Wellen sind.

Aber wer am Ausgang des Winters in die Stürme des Nordatlantischen Ozeans hinauffährt, auf einer solchen Nussschale wie unser Grönlanddampfer schaukelnd, der hat immer noch zu erzählen von unvergesslichen Erinnerungen, wenn auch weniger von Siegen als von Niederlagen.

Es ist nur das Bedenkliche, dass das vergoldende Gedächtnis die Erinnerungen fälscht.

Ich nahm mir deshalb vor, trotz allem unsere Stimmung im Augenblick nach Möglichkeit schriftlich festzuhalten, und einiges von dem, was ich da «mit Hintansetzung aller geistigen und leiblichen Kräfte» de profundis aufgezeichnet habe, will ich Ihnen nicht vorenthalten, soweit der Wortlaut des Urtextes, der sich stellenweise in hilflose Striche und Punkte auflöst, noch herzustellen ist:

... 8. April 1912. «Hans Egede».
Am Tage unserer Abfahrt hatte ich angefangen, ein paar Zeilen in ein Tagebuch zu schreiben. Wo sie geblieben sind, weiss ich nicht – wie sollte jetzt jemand etwas wissen?

Über alles dies ist heute der siebente Tag unserer Fahrt durch diese Wasserwüste, unseres Vegetierens auf diesem ruhelosen Schaukelkahn. Und heute so schlimm wie je!

Die Zeit vergeht im grossen und ganzen in grauem Stumpfsinn. Zwar hat keiner den Humor ganz verloren. Aber es ist bei den meisten Galgenhumor. Mit zerschlagenem Kopf liegen wir morgens beim sogenannten «Erwachen» in den Kabinen. Man überredet sich zu etwas Hafersuppe – das einzige, das hält, wie manche andere fehlgeschlagene Versuche beweisen.

Der ursprüngliche Wunsch, sich überhaupt nicht zu rühren, wird mit vorrückendem Tag gestört durch den stärkern Wunsch, den vom unaufhörlichen Wälzen oder Gewälztwerden schmerzenden Nacken zu befreien – und schließlich langt's zum Versuch – ohne Begeisterung unternommen –, aus der Koje zu klettern (nicht ohne Risiko) und an der verhängnisvoll duftenden Öffnung des Proviantraumes vorbei auf das Deck zu gelangen.

Nur auf dem höchsten Teil des Decks beim Schornstein kann man ungefährdet bleiben. Alles andere ist immer wieder – oft fusshoch – von Wasser überschwemmt.

Da sitzt man nun, mit beiden Händen am Eisengitter der Luke festgeklammert, eine Stunde oder zwei und sieht mit lächelnder Resignation die Wellenberge vorbeirauschen, oder man geht auf dem kleinen verfügbaren Raum mit unsichern, hastigen Schritten auf und nieder, nie sicher, ob man sich nicht unversehens in der Nähe des Geländers wieder länger als erwünscht aufhalten muss.

«*Oh que trois fois et quatre fois heureux sont ceux qui plantent choux! Car ils ont toujours un pied sur terre ferme, et l'autre n'en est pas loin!*» Mercanton wird nicht müde, das aus Gargantuas Meerfahrt (Rabelais) zu zitieren. Und wie sehr spricht er uns aus dem Herzen; wenigstens denen, die genug Französisch verstehen.

Die Zukunft unserer Expedition liegt nicht auf dem Wasser, wahrhaftig nicht. Mercanton ausgenommen. Der ist nicht umzubringen, hat noch keine Mahlzeit verfehlt, während wir im besten Fall eine unsäglich ablehnende Geste zustande bringen, wenn das Gong ertönt oder der kleine Kajütjunge Arthur kommt und fragt: *Vil de komme at spise?*

Mercanton ist mit seinem unerschütterlich guten Befinden und – was, wie ich weiss, nicht notwendig dazu gehört – mit seiner freundlichen und zuvorkommenden Art ein Geschenk für die Expedition. Wenn er bei der Gruppe der enttäuschten Seelen auf Deck sitzt und schwatzt, singt, rezitiert, flötet, dann wird es freilich diesem und jenem, der diese welsche *exubérance* nicht versteht, bei unserm Seelenzustand fast zuviel. Gaule rettete sich gestern gänzlich erschöpft auf einen andern Sitz.

Mit Jost, der auch ziemlich munter ist, macht Mercanton die regelmässigen meteorologischen Beobachtungen. Er passt auch zu gegebener Zeit, namentlich um Mitternacht, auf die drahtlosen Signale von Paris.

Von uns allen befindet sich Hössli am wenigsten wohl. Er erwähnte heute in Verbindung mit Meerfahrt und Seekrankheit den Tag seiner Geburt in einer geradezu ablehnenden Weise.

Stolberg πολυτροπος [vielgewandt] macht alles mit viel Haltung durch; auch Fick und Gaule tragen das allgemeine Leid ohne laute Klage, wenn auch nicht mit der Stolbergschen Erfahrung und Abgeklärtheit.

Von der Nacht vom Samstag auf Sonntag wird von einem Nordlicht berichtet. Ein Widerschein davon entsteht heute Ostermontag, als Th.s Äpfel und Frau Mercantons Ostereier ausgeteilt werden.

Gestern brachte mir Mercanton zum Lesen ein Buch über den Neobuddhismus. Man weiss, dass dieser ausgeht von der Tatsache des grossen allgemeinen Leidens und nach dessen Grund fragt. Wer acht Tage mit «Hans Egede» gefahren ist, dem ist eine schnelle Antwort möglich auf diese Frage, und er wird sie in die Form des Stolbergschen Axioms kleiden: Es gibt zu viel Wasser! –

In meinen Kleidern muss genug Salz für eine kleine Haushaltung stecken. Einmal die Sturzseen auf Deck. Dann auch eine Ladung durch das heimlich und unvorsichtig geöffnete Kajütenauge. Letzteres Malheur hatte zur notwendigen Folge eine Beichte bei der «Jomfru» und dadurch die dreifach hermetische Verschliessung des Luftlochs für die Zukunft.

Oh que trois fois et quatre fois heureux sont ceux qui plantent choux ...

Dienstag, etwa den 9. April.
Nachdem ich gestern die vorhergehende schriftstellerische Leistung vollbracht hatte, arbeitete ich mich auf Deck und fand da noch hochgehende Wellen, aber diesmal volle Sonne. Wir hatten starken Nordwind, da wir uns auf der Rückseite einer tiefen Zyklone befanden, deren Zentrum die Nacht vorher südlich von uns vorbeigegangen war. Alle waren dran, sich zu erholen. Leider zeigten sich schon zeitig wieder Federwolken am Westhimmel, als Vorboten eines neuen Unwetters. Und auf dem Meer in diesen Breiten geht's nicht lang: Schon am Abend hatte der Wind wieder nach Westen gedreht und der Himmel sich ganz überzogen. Es ist merkwürdig, wie deutlich auch kleine Barometerschwankungen hier auf dem Meer von entsprechenden Veränderungen des Wolkenhimmels und von Winddrehungen begleitet sind.

Auch heute ist es ganz grau, nicht viel Wind, doch das Meer immer bewegt und «Hans Egede» ruhelos. Gaule hatte dem kurzen Frieden zu sehr getraut und die luftelektrischen Messungen angefangen – bis «Hans Egede» ihm den Apparat umwarf.

Eine ziemlich grosse Rolle in unserm gegenwärtigen Dasein spielt Gaules Dynamometer, ein kleiner Apparat, womit man die Stärke des

Händedrucks messen kann. Die wechselt natürlich mit dem Befinden. Jost bringt am meisten fertig, bis 68 Kilo; aber Hössli, Fick und Gaule stehen wenig hinter ihm zurück, während das Mittel der Schiffsmannschaft nicht über 42 geht.

Mit Stolz sehe ich, welche starken Männer sich um das Banner der Expedition ... Tinte geht aus.

Mittwoch, 10. April.

Zu neuer Tinte kam es gestern nicht mehr, hingegen zur ersten zuversichtlichen Mahlzeit und sogar zu einem Mundharmonikakonzert, gegeben von Mercanton und Hössli. Es ist jetzt wenig Wind und die unmittelbaren Wellen klein, aber eine grosse Dünung kommt aus Nordosten, und während die Schiffsschraube ihren Halbsekundentakt schlägt, geht mein kleines Kajütenfenster auf und nieder, immer vier Sekunden hoch über das Wasser sich erhebend und den fernen, grauen Horizont zeigend, dann vier Sekunden in die Tiefe, bis die grüne Flut es deckt und zischend daran vorbeischiesst. Und so weiter ad infinitum: eins, zwei, drei, vier – eins, zwei, drei, vier ...

Heute morgen waren Stolberg und ich (wir liegen im gleichen Niveau) genügend auf der Höhe, um uns über die Möglichkeit einer Elsässerkultur, über die Beziehungen von Sprache und Kultur im allgemeinen und die Bedingungen einer Doppelkultur im besonderen in beachtenswerter Weise auszusprechen, am Schluss von dem deutsch-romanisch-italienisch kultivierten Hössli aus der Tiefe sekundiert. Sind wir eine Nation?

So viele Nuancen gehen unwiederbringlich verloren, weil man doch nur so knapp notieren kann und dazu in einer fortwährenden Dumpfheit, die einen Gedanken wohl zustande kommen lässt, aber schlecht fassen und festhalten kann.

Nachmittags: Wir kauern im «Rauchsalon» genannten Anbau des «Atemlochs», wie der bezeichnende Deckaufbau über der Treppe heisst. Hier sind besonders Jost und Hössli zu Hause, während die Germanen vom Zürichberg sich ein für allemal auf dem Eisengitter hinter dem Schornstein niedergelassen haben, sicher mehr wegen der Wärme, die dort aus der Luke des Kesselraumes dringt, als wegen des begleitenden Geruchs von verbranntem Öl. Ich möchte sie als thermotrop von den übrigen mehr aerotropen Mitgliedern unterscheiden.

Wir fahren gut; in drei Tagen können wir Kap Farvel passieren.

Bei Tisch vertieft sich die Unterhaltung bei den Dänen seit einigen Tagen fast ausschliesslich in das metrische System, welches vom 1. April an in Dänemark gelten soll. Der ausdauernde Ernst, mit welchem die Grundtatsachen des Liters und Deziliters um und um betrachtet wurden, berührte uns fast etwas komisch, indem wir uns auf einmal in eine ferne Schulvergangenheit zurückversetzt sahen.

Freitag, 12. April.

Morgens früh in der Koje: Das war wieder eine «Hans Egede»-Nacht. Niemand konnte schlafen; aber stumm und schweigend duldeten wir, bis sich jetzt, gegen 6 Uhr morgens, die Gefühle der untern Etagen Luft gemacht haben mit dem explosionsartigen Ausruf «Sauschiff!» Der Ausdruck ist kräftig – aber in meinem Inneren sage ich nicht nein.

Samstag, 13. April.

Heute früh haben wir Kap Farvel passiert; trotzdem ich ihm vor drei Jahren ein zuversichtliches «Auf Wiedersehen» zugerufen habe, liess es sich nicht blicken. Jetzt biegen wir bei stürmischem Südwest in die Davidstrasse ein. Gestern konnte ich mich bis Mittag an Deck behaupten, dann brachte mich der blosse Anblick von Fiskeboller (Fischpudding; die schlimmste Erfindung der dänischen Phantasie) gänzlich aus dem Gleichgewicht.

Mit schmerzendem Kopfe liege ich in der Koje, wenig zum Denken befähigt. Und was davon übrigbleibt, geht zurück – oder dem Schiff voran und durch alles Unbekannte hinüber wieder nach Hause. Und dieses Unbekannte zergliedere ich immer wieder, um zu suchen, wo etwa ein schwacher Punkt meines Plans zu verbessern wäre.

Die Hunde – das Randgebiet im Osten? –

Montag, 15. April

Hurra! Grönlands Küstenberge erscheinen (bei Julianehaab und Ivigtut); der Kungnait, Sernerut und wie sie heissen; prächtige Alpengipfel, ganz in Schnee. Jetzt glauben meine Mannen, dass wir in der rechten Gegend sind, und werden munter; auch ich eigentlich zum erstenmal. Gestern habe ich mit Mercanton zusammen eine astronomische Bestimmung der Schiffsposition gemacht. Als wir sie ausrechneten, stimmte sie aufs Haar mit dem offiziellen Schiffsbesteck, was Mercanton, dem diese Messungen neu waren, sehr vergnügte. Jetzt wirbelt wieder der Schnee.

Im Hafen von Godthaab, abends 16. April. Vor dem Schlafengehen. Nur zwei Zeilen: Das war heut ein prächtiger Tag. Das Wetter war so gut, dass sich am Morgen früh schon der Hjortetakken fern am Nordhorizont zeigte, und angesichts der herrlichsten Berglandschaft fuhren wir abends 3½ Uhr schon in den Hafen ein.

Zwischen 6 und 8 Uhr machten wir einen Gang nach dem eine halbe Stunde entfernten Ort Godthaab. Dort gaben uns Expeditionsleuten zu Ehren die Seminaristen eine Vorstellung in ihrem Turnsaal, wobei Jost ins Feuer geriet und anfing, die Grönländer gut deutsch zu instruieren: «Sehen Sie, so müssen Sie's machen: das rechte Bein linksherum schwingen! ...» Unterdessen wirkte der sanfte Mercanton an einem kleinen Harmonium und gab den Grönländern den neuesten Walzer aus Kopenhagen zum besten (am nächsten Tag pfiff ihn schon die halbe Kolonie, und er nahm seinen Siegeslauf die ganze Küste hinauf).

Durch die Schärenlandschaft gingen wir bei glühendem Abendrot zum Schiff zurück; vor uns diese Berge: Saddlen und Hjortetakken; das imponierte allen. Und zum Schluss das prächtigste Nordlicht, wie mitten im Winter, ein wunderbares Spiel wallender, gelber, grün und rot besaumter Bänder – da standen wir wortlos.

So wenig ich jemand von Euch auf der Überfahrt herbeigewünscht hatte – dies alles möchte ich doch, dass Ihr es sähet!

La bande est gaie. Morgen an die Arbeit.

Alte Freunde

Wenn man von den grönländischen Eskimos als von etwas Gegenwärtigem sprechen kann, so ist dies das Verdienst Dänemarks, das seit zwei Jahrhunderten seine Hand schützend und alle Unberufenen fernhaltend über diesen Gebieten hält. Grönland ist ja ein verbotenes Land, in welches nur in der grönländischen Verwaltung tätige dänische Beamte und wissenschaftliche Reisende Zutritt erhalten. Der Handel liegt ganz in der Hand der Regierung, welche dafür auch eine gewisse Verantwortung und Fürsorge für die Existenz der Grönländer übernommen hat. War auch dieses Monopol zuzeiten gewiss nicht uneigennützig, so sind doch die Opfer, die seit längerer Zeit hier in idealem Sinn zur Erhaltung dieses Jägervolks gebracht werden, hoch einzuschätzen.

Als wir die erste grönländische Kolonie betraten, freute es mich, bei allen Begleitern, die neu nach Grönland kamen, den gleichen unmittelbaren Eindruck wahrzunehmen, der sich bei Stolberg und mir erneuerte: Es tut einem wohl, hier hineinzugehen, die freundlichen, gutmütigen Gesichter und das gute Verhältnis zwischen Dänen und Grönländern zu sehen. Ich möchte bezweifeln, ob die ersten Eindrücke etwa in einer afrikanischen Kolonie so harmonischer Art sein könnten.

Es ist zu erstaunlich; dies Jägervolk noch mit seinen alten, ursprünglichen Waffen und doch wieder in dieser nahen Berührung mit der Kultur zu treffen, ohne dass diese ihren tödlichen Einfluss ausgeübt zu haben scheint. Lachend, fast lustspielmässig ist der erste Eindruck, wenn man an Land kommt; die bunten Hosenkostüme der Frauen mögen unbewusst dazu beitragen. Aber die ernste, felsige Landschaft, die an der Küste das Klima des Säntisgipfels oder der Zugspitze aufweist, mahnt, dass es sich für den, der hier leben will, nicht um ein Lustspiel, sondern um einen ernsten Kampf ums Dasein handelt. Auch in anderen Beziehungen mag der erste Eindruck täuschen; die harmlosen Naturkinder, für die man die lieben Grönländer zuerst nehmen mag, sind sie nicht, sondern, trotz ihrer Abneigung gegen die Rechenkunst, ganz echte Menschenkinder, welche die Kunst, vor allem ihren Vorteil zu berechnen, recht wohl verstehen. Sie sind auch nicht mehr so «echt», wie man auf den ersten Blick denken mag. Auf diese Bezeichnung können nur noch die Eskimos am Kap York und die Osteskimos in Angmagsalik Anspruch machen. Aber die Westeskimos stellen eine Mischrasse dar, die selbst nicht «Eskimo», sondern Grönländer heissen will. Aber da doch die äussern Bedingungen in der dänischen Kolonie mehr und mehr dahin drängen, dass die reine Jägerei nicht mehr bestehen kann, ist auch zugleich die Mischrasse erfahrungsgemäß besser geeignet, sich neuen Bedingungen des Lebensunterhalts anzupassen; daneben gilt aber auch der dem letzten scheinbar widersprechende Satz, den ich im Tagebuch eines dänischen Forschers gefunden: «Je weiter von der Kolonie weg, um so tüchtiger sind die Grönländer.»

Das Zusammenleben mit diesem Volke hat für den Besucher Grönlands immer wieder einen eigenartigen Reiz, der in der Antarktis wie auch in andern Polargebieten gänzlich fehlt. Denn selbst da, wo man die unbelebte Natur zum Gegenstand seiner Forschung macht, bleibt es dabei: Dem Menschen ist immer der Mensch das Merkwürdigste!

Am Tage nach unserer Ankunft gab es schon Arbeit genug. Zunächst standen einige offizielle Besuche auf dem Programm; solche sind selbst in Grönland nicht ganz zu umgehen, besonders in einer «Stadt» wie Godthaab, wo doch immerhin ein ganzes Dutzend erwachsener dänischer Kolonisten wohnen mögen. Stolberg und ich trafen da ein paar alte Bekannte, die auch Freude bezeigten, uns wiederzusehen. Und so war es auch mit den Grönländern. Unsere alte Aufwärterin Sabine war gerührt und stolz, dass wir sie in der ganzen Zuschauermenge wiedererkannten; und da war auch Frederik Heilman, unser früherer grönländischer Führer. Und noch an eine Bekanntschaft von früher konnte ich unerwartet anknüpfen. Einer der Männer von der grönländischen Schiffswache, ein «Kifaker», fragte mich in äusserst gebrochenem Dänisch, ob ich nicht den und den Herrnhuter Missionar in Deutschland kenne. Er glaubte offenbar, alles was Deutsch spreche auf der andern Seite des grossen Wassers, sei auf Du und Du. Es stellte sich heraus, dass der Mann, der mit mir sprach, der Gatte unserer Sophia von Nordlyt (Neu-Herrnhut) sein musste; er war nicht wenig erstaunt, als ich über seine Frau, ihr Alter und ihren Tod vor drei Jahren, auch über seine Kinder und selbst sein grönländisches Interieur den genauesten Bescheid wusste.

Ich war meinerseits erstaunt, zu hören, dass die Kolonie Nordlyt, die in der Geschichte Grönlands während fast zweihundert Jahren eine Rolle gespielt hatte, nun ganz aufgegeben werde. Von all den Grönländerhütten sei bloss noch eine einzige von einer alten Frau bewohnt, und das alte grosse Kirchen-, Wohnungs- und Werkstattgebäude der Herrnhuter, dessen Bild auf so mancher Beschreibung von Grönland figuriert, werde abgerissen. Freilich, was bedeutet die Nachricht vom Aufgeben dieser Kolonie dem Mitteleuropäer? Aber wir befinden uns in Grönland, und hier ist die Räumung von Nordlyt ein Ereignis.

Unsere Tätigkeit bestand aber nicht bloss im Austausch alter Grönlanderinnerungen; da galt es, die Gelegenheit auszunützen, um in der Dunkelkammer des Grönländers Jon Möller Farbenphotographien zu entwickeln; mit Mercanton zusammen bestimmte ich dann mit dem Hypsometer die absolute Korrektion des Barometers der dortigen meteorologischen Station. Der Beobachter, seit einiger Zeit ein Grönländer, konnte freilich nicht verstehen, welche Beziehung zwischen unserm dampfenden Siedepunktsapparat und seinem Barometer bestehen sollte. Als wir zum Schiff zurückkamen, das wir morgens früh um 7 Uhr verlassen hatten, war es 8 Uhr abends, und wir waren froh, etwas in den Magen zu kriegen.

Um unser Blut wieder einmal recht in Umlauf zu bringen, wollten wir am folgenden Tag den Hjortetakken besteigen. Der Kapitän hatte uns für die Meerfahrt ein Motorboot des Schiffs zur Verfügung gestellt. Aber unterwegs stellte sich heraus, dass infolge eines Missverständnisses dem Steuermann ein viel näherer Punkt als Ziel angesetzt worden war, über das er nicht hinausfahren dürfte. Ob den daraus entstehenden Verhandlungen, dem Zurückfahren zum Schiff und neuem Abfahren mit neuer Order war kostbare Zeit vergangen; der Hjortetakken umzog sich mit Wolken; aber wir waren nun einmal unterwegs, und jedenfalls sicher, an der frischen Luft zu bleiben.

Statt geradewegs das grosse Couloir hinaufzusteigen, wie wir vor drei Jahren getan hatten, umgingen wir den «kleinen» Hjortetakken und versuchten den Aufstieg «auf neuem Wege» von der Südseite. Zuletzt erwartete uns eine ganz zünftige Traversierung über die überhängenden Gwächten des Gipfelgrates.

Das bescheidene Steinmannli, das Baebler und ich seinerzeit aufgerichtet hatten, war noch im Schnee begraben, der uns jetzt auch, vom Wind getrieben, umhüllte. Der Aufenthalt auf dem Gipfel hatte also keine besondern Reize. Aber das Trio unserer Schweizer Sänger (worunter Jost, Hössli und Mercanton zu verstehen ist) liess es sich nicht nehmen, ein paar Röseligartenlieder in diese höhern grönländischen Luftschichten hinausklingen zu lassen. «Schatz, mein Schatz, reise nicht so weit von hier! ...» «Wenn der Maien kommt, hört man, wie es brommt, lustig über alle Massen ...» Es ging nicht anders, auch ich musste mitbrommen, und ich darf hoffen, die Felsen haben es mit der Harmonie nicht so genau genommen.

In Godthaab kaufte ich noch durch Vermittlung des dortigen Bestyrers von den Grönländern vier Flaumjacken, wie sie nur in Südgrönland gefunden werden; sie sind sehr leicht und warm und konnten uns auf dem Inlandeis gut zustatten kommen. Nun gehört Flaum zu den dänischen Monopolartikeln. Zwar hatte jede Jacke schon eine gute Dienstzeit auf dem Leib eines Grönländers hinter sich. Der Beamte hatte trotzdem schwere Bedenken, beruhigte sich aber schließlich mit dem Gedanken, nach der Durchquerung des Inlandeises könne nicht viel davon mehr übrig sein. Übrigens ist es ein offenes Geheimnis, dass trotz dem Handelsmonopol die Grönländer ihren kleinen Handel auch mit den Matrosen und gelegentlichen Reisenden treiben, ohne dass dabei die Krone Dänemarks sonderlich geschädigt wird; tabu ist nur der Blaufuchs und auf der Ostküste der Eisbär.

Am 19. April verliess «Hans Egede» Godthaab und fuhr nach Norden bis Sukkertoppen. Da das Schiff auch hier einige Tage liegen sollte, beschlossen wir, diese Zeit zu einer längern Exkursion nach dem Gebirgsland am Sermilikfjord zu benützen. Der Fjordname Sermilik ist in Grönland häufig; er bedeutet einen Fjord, in welchem Eisströme enden und der daher Eisberge führt.

Nahe am Ende des Fjordes schlugen wir unser Zeltlager auf, und das Motorboot der Kolonie, das man uns in freundlicher Weise zur Verfügung gestellt hatte, verliess uns mit dem Versprechen, uns nach zwei Tagen wieder zu holen; doch behielten wir für alle Fälle ein Ruderboot, das uns «Hans Egede» gegen ein feierliches Versprechen guter Behandlung geliehen hatte.

Nun waren wir zum erstenmal so recht allein in der Wildnis und auf uns selbst angewiesen. Zunächst galt es, sich für die Nacht einzurichten. Das seidene Zelt hatte nicht Platz für sieben. So schliefen Hössli und ich im Freien in unsern Schlafsäcken. «Wie herrlich ist es, den verglimmenden Abendhimmel und die blau und rosaroten Gletscher vor sich zu sehen, die gegenüber bis ins Meer hinabsteigen! Man braucht bloss durch eine kleine Spalte im Schlafsack zu gucken. Jost singt uns als Abendsegen ein schwermütiges Emmentaler Gut-Nacht-Lied, und zum Schluß jodelt er noch eins in die grönländische Gletscherwelt hinaus», so steht es in meinem Tagebuch.

Sind wir eine Nation? Wir Schweizer? So hatte zu Hause ein seinerzeit so viel diskutiertes akademisches Thema gelautet. Die Antwort will nicht erörtert, sondern erlebt sein. Und dort unterwegs habe ich sie immer wieder erfahren: Wir sind es! Denn an uns konnte wirklich die Probe aufs Exempel gemacht werden. In unserer Mitte waren die verschiedenen Kultur- und Sprachgebiete unseres Landes durch recht ausgeprägte und gegensätzliche Charaktere vertreten. Und ich, ob ich auch meine beste Zeit ausserhalb der Landesgrenzen zugebracht und gerade dort so viele wissenschaftliche und persönliche Freundschaft gefunden habe, ich erlebte, dass es nicht Konstruktion, sondern Tatsache sei: den Schweizer verbindet etwas mit dem Schweizer, weit über die Gegensätze von quecksilbrigem Welsch und schwerfälligem Schwyzerdütsch hinaus, etwas, was er über sein Vaterland, sein kleines, enges Vaterland hinaus nicht finden wird, er mag draussen in der Weite auch noch so viel gefunden haben. Und dies Etwas ist so wertvoll, dass es erhalten bleiben muss. Eine solche Erkenntnis ist schon ein paar Meditationsnächte im Schlafsack wert.

Am folgenden Morgen früh, Montag, 21. April, machten wir uns mit Skien auf, um von einem östlichen Gipfel eine Übersicht über die Gebirgswelt zu gewinnen. Zuerst führte unser Weg durch den vierfachen Endmoränenkranz eines Gletschers, der sich jetzt angesichts der ungemütlichen neuen Zeit trübselig in den Hintergrund des Tales zurückgezogen hatte. Der Föhn blies vom Osten die Gehänge herab, scheuchte die drohenden Nebel von den Berggipfeln, machte uns aber zugleich auch den Schnee weich. Auf dem Gipfel unseres Skibergs angelangt, der zwar zu unserm Bedauern sich nicht höher als 1000 Meter erwies, steckten wir eine kleine Basis von ein paar hundert Meter auf dem schmalen Kamm ab, die wir für unsere Peilungen und photogrammetrischen Messungen brauchten. Obschon dabei Vorsicht genug links und rechts zu beachten war, gab die äusserste Linke der Expedition, besonders Jost und Hössli, welche in Wahrheit die «Montagne» repräsentierten, unverhohlen ihrer Verachtung Ausdruck gegenüber einem angeblichen Gipfel, auf dem man eine trigonometrische Basis abstecken könne.

Der Blick von diesem verachteten Gipfel war dennoch grossartig. Firnfelder und Felsmassive rund herum, im Osten bis in weite Ferne reichend. Fast alles ein noch nie betretenes, zum grossen Teil auch noch nie gesehenes Gebiet!

Die Abfahrt zum Fjord, dessen dunkle Gewässer tief unter uns bis an die Fronten zerrissener Eisströme reichten, wurde von seiten der «Montagne» und ihrer Anhänger in gestreckter Fahrt über die inzwischen festgefrornen Schneehänge hinab ausgeführt, während die äusserste Rechte, die «Plaine», mit Rücksicht auf die feinen Messapparate und – wie ich für mich eingestehe – auf ihre höchsteigene ungeschundene Existenz ein paar weisse Zickzacklinien in die Luftlinie einschaltete. Am Abend bildeten die Schlafsäcke den Gegenstand einer ernstlichen Unterhaltung. Wir hatten zweierlei mit uns genommen: Pelzschlafsäcke aus Renntierfell für das Inlandeis und doppelte wollene Schlafsäcke mit Luftkissen für die Westküste, wie Stolberg und ich sie vor drei Jahren schon mit gehabt und uns darin wohlgefühlt hatten. Aber wie es mit dem Hausrat aus Grossvaters Zeit geht, er findet oft nicht mehr den Beifall einer jüngern, anspruchsvollern Generation. Mercantons spätere Ausführungen werden davon Zeugnis ablegen. Dazu waren unterwegs überhaupt noch nicht alle Schlafsäcke verfügbar geworden; und einige mussten sich im Zelt nur mit Decken behelfen. Mit grossem Eifer wurde da unter dem Schnee dürres Heidekraut hervorgezogen oder an apern Stellen gesammelt und in Massen ins Zelt geschleppt, das den «Inlagen» *(sit venia verbo)* denn auch zu einem zwölfstündigen Schlaf der Gerechten verhalf. Ich habe immer wieder eine solche Gerechtigkeit bewundern müssen. Später hatte sie selbst nicht mehr Heidekraut als Unterlage nötig. Da hatten wengistens wir Ostleute gelernt, ohne Hilfsmittel zu schlafen, wo und wie es sein musste.

An jenem Tag im Sermilikfjord war übrigens nicht viel zu versäumen. Die Nacht hatte sich in ihrer Weise auch um die Ergänzung unserer Ausstattung bemüht und über Zelt und Schlafsäcke eine Schneedecke gebreitet, welche die Schläfer im Freien in kleine nicht näher definierbare Schneehäufchen verwandelt hatte.

Und über die ganze Landschaft war ein dichter Nebelschleier gebreitet. Als dieser sich ein wenig gehoben hatte, unternahmen wir noch eine Bootsfahrt zu den in den Fjord abbrechenden Enden zweier Gletscher, von denen wir den grössern erstiegen. Diese Gletscher kommen nicht vom Inlandeis, wie denn selbst die Aussicht vom Skiberg aus nicht mit Sicherheit bis zum eigentlichen Inlandeishorizont gereicht hatte. Es handelt sich nur um den Abfluss grosser lokaler Vergletscherungen; dementsprechend ist auch die Bewegung dieser Gletscher sehr klein, und sie stossen nur wenig Eis in den Fjord ab.

Erst in der Dunkelheit, als wir uns zu einer weitern Nacht im Freien gerüstet hatten und der Fjord schon wieder im Zufrieren war, kam das Motorboot von Sukkertoppen und brachte uns in langer Fahrt durch Schnee und Wind wieder nach der Kolonie.

Ich darf «Hans Egede» nicht von da abfahren lassen, ohne der freundlichen Aufnahme zu gedenken, die wir beim dortigen Bestyrer Hastrup und seiner Frau gefunden haben; sie haben es uns beim wohlgedeckten Tisch und auch beim Klavier gemütlich gemacht. Was Musik und Gesang betrifft: Keine Melodie habe ich in Grönland so oft gehört wie *Integer vitae;* damals fing es an; es begleitete uns weiter und empfing uns am Schluss noch an der Ostküste. Und wahrhaftig – wenn auch den grönländischen Liebhabern der ursprüngliche Text nicht gegenwärtig sein mag –, wohin hätte, wenigstens für unser Empfinden, das *Pone me pigris ubi nulla campis*... besser hingepasst? Wohin? Damals hätten wir keine Antwort gewusst. Jetzt aber wären wir einhellig, Grönland den Preis zu nehmen und ihn der eigentlichen *ultima Thule,* dem melancholischen Island zu geben, *quod latus mundi* – um mit Horaz weiterzufahren – denn doch von den *nebulae* und dem *malus Juppiter* noch ganz anders «urgiert» wird. Mögen es mir die herben Bewohner jenes eisigen Felsens im Meer nicht übel nehmen; aber seitdem ich vergleichen kann, begreife ich, dass der Entdecker Grönlands, der alte isländische Seeräub–, pardon Seefahrer Erich der Rote mit recht gutem Gewissen für sein neues «Grünes Land» Reklame machen durfte; denn im Vergleich mit seiner alten Heimat Island hat es die Sonne für sich, und wenn es mit dem Grün ja schon etwas bedenklicher steht, so weiss man, dass eben beim hellen Sonnenschein alles farbiger und einladender aussieht. –

In der Hundeschule

Nach einer Tagesfahrt weiter nordwärts hatten wir unser vorläufiges Ziel Holstensborg erreicht, wo wir einen Monat bleiben sollten. Da hätten wir allerdings zunächst gern auf Grün verzichtet und im Gegenteil gewünscht, es möchte mehr Schnee liegen. Denn Schnee gehört nun einmal zu Schlittenübungen, und diese bildeten eine so unerlässliche Vorbedingung für die Durchquerung, dass sie auf dem Holstensborger Programm an erster Stelle standen.

Nun zeigten sich aber die niedrigen Rundbückel der Umgebung der Kolonie bedenklich schwarz, und nur die Höhen des Prästefjelds und des kühnen Kjärlinghettens waren in tiefen Schnee gehüllt.

Vorläufig war unsere Sorge, wie wir in dem einen Tag, den der ungeduldige «Hans Egede» uns gönnte, unser gesamtes Expeditionsgut ans Land und in das weit landeinwärts gelegene leerstehende Doktorhaus schaffen könnten. Denn dieses war uns von dem dänischen Ortsvorsteher freundlich zur Verfügung gestellt.

Wir hatten nun auch Gelegenheit, zum erstenmal die Kulturschichten zu untersuchen, die sich seit Kopenhagen in unsern Kabinen gebildet hatten. Aus dem einen kleinen Kojenbett eines nicht genannt sein wollenden Expeditionsmitgliedes entstammten allein, nach Protokoll, folgende Gegenstände, in historischer Fundfolge: Ein grosser und ein kleiner Vogelteppich, drei Pelzmuffe, ein Pelzkragen, drei schm... Hemden, fünf Bücher, vier Paar Pantoffeln, sieben Handtücher, ein Fläschchen Eau de Cologne, ein Messer, drei Socken, zwei Paar Hosen, ein Hundefell, ein Hut und eine Mütze, ein Taschenbarograph, ein paar Gläser und eine Reihe kleinerer Gegenstände, deren Aufzählung den verfügbaren Raum überschreiten würde. Die Liste mag im einzelnen uninteressant sein; als Ganzes genommen beweist sie, dass der Mensch doch ein geselliges Wesen ist.

Am Abend, als noch alle unsere Kisten unten am Ufer standen und wir nicht wussten, wie und wo wir essen und schlafen sollten, steckten die zum Transport bestellten Grönländer die Hände in ihre Pelzhosentaschen und erklärten, sie hätten jetzt genug und am Samstag machten sie sowieso zeitig Feierabend. Unterdessen war einer von ihnen aufmerksam auf meine Gummischuhe geworden und trat mich, um die Festigkeit dieses unbekannten Metalls zu untersuchen, mit aller Macht auf die Zehen. Im Augenblick machte es mir freilich einen aggressiven Eindruck, der mich meine Grönländer nicht wieder erkennen liess. – Eine Ansprache, auf gut Berndeutsch (welches wegen der heimeligen Kehllaute auf die Grönländer erfahrungsgemäss am überzeugendsten wirkt), hatte den Erfolg, in Verbindung mit einigen Fünfundzwanzigörescheinen, dass sie uns beim Hinaufschaffen der Schlafsäcke und Kochzeugkisten halfen; das andere stellten sie uns dann wie Heinzelmännchen am andern Morgen früh vor die Tür.

Unterdessen war «Hans Egede», der mit rauchendem Schlot in der Bucht draussen lag, im Begriff, die Anker zu lichten. Ohne einen letzten Gruss wollten wir ihn nicht ziehen lassen. Wir drei Kajakbesitzer schlüpften in unsere Fahrzeuge, die übrigen in das Expeditionsboot «Ella», und in Paradeordnung fuhren wir zum Schiff hinaus.

In angemessener Entfernung wurde gehalten. Fick, der Schweigsame, liess diesmal seiner Lungenkraft freien Lauf durch den Mund seiner Trompete: Muss i denn, muss i denn zum Städtele naus! – Flaggensignale und Böllerschüsse vom Schiff erwiderten unseren Gruss, und unter Winken von hüben und drüben nahm es seine Fahrt nach Süden. –

Am andern Morgen um 10 Uhr hörten die Grönländer auf zu arbeiten; sie erklärten, dass sie jetzt in die Kirche gehen wollten, und wir gingen alle mit ihnen. Freilich war das Kirchlein mit seinen magern, grauen Holzsäulen nicht für so grosse Leute gebaut, wie wir sie in der Expedition hatten. Ich schreibe in mein Tagebuch: «Stolberg beim Hineingehen und Jost beim Hinausgehen brachten den ‹Kronleuchter› ernstlich in Gefahr. Der Gottesdienst war auf 10 Uhr angesagt; vielleicht war aber der Pfarrer erst um halb 11 Uhr bereit, oder man wartete, bis alle Leute beieinander seien. Mir ist es sehr eindrücklich und in sympathischer Erinnerung, in welcher harmonischen Unordnung die ‹Unterweisungsbuben› vorn am Boden auf den Stufen sassen; Gruppen von einer Unbefangenheit und Natürlichkeit, wie man sie bei Murillo findet. Auf der Frauenseite beim Ofen hockt ein kleines Mädchen unentwegt rittlings auf dem Kohlenkessel und teilt seine Aufmerksamkeit zwischen den lutherischen Ritualformen und seinen nackten Zehen; das stört keinen Menschen, ebensowenig dass ein kleiner Knirps, der im „Chor" Posto gefasst hatte, offenbar ehrlich begeistert von den würdigen Bewegungen des alten Vorsängers, seinem Nachahmungstrieb freien Lauf liess. Unser Jost, dringend aufgefordert von seinem grönländischen Nachbarn, sang schliesslich aus dem grönländischen Gesangbuch wacker mit; ein klobiges Gesangbuch mit seinen vierhundertfünfzig in die Eskimosprache übersetzten Liedern. Vielleicht werden sie der besonderen Denkweise der Grönländer nicht überall gerecht, nach den Proben, die ich mir übersetzen liess; und wenn jener Ästhet in „Wissen und Leben" sagte, ein Mann müsse sich schämen, ein schweizerisches Gesangbuch in die Hand zu nehmen – wie weit ist dann gar die grönländische Kirche von jener Renaissance entfernt, die ein mit geläutertem Geschmack herausgegebenes Gesangbuch soll hervorbringen können!

Mich aber ergreift der Gedanke, dass in der mühseligen Übersetzung dieser vierhundertfünfzig Lieder ein rührender Idealismus zum Ausdruck komme, dessen Kraft eine ästhetische Betrachtungsweise nicht gerecht werden könnte.»

In Holstensborg wurden in den folgenden Tagen zusammen mit dem Pastor und dem Bestyrer unsere Pläne bis zur Weiterreise nach Norden beraten. Die Westgruppe, Professor Mercanton, Dr. Stolberg und Dr. Jost, sollten, wie es von jeher vorgesehen war, in Holstensborg bleiben und mussten dort genug zu tun haben mit der Instandsetzung aller Apparate und dem Beginn aerologischer Messungen.

Wir vier Durchquerungsleute aber sollten 40 Kilometer land- und fjordeinwärts nach Sarfanguak in die Lehre zu dem Grönländer David Ohlsen, auf den mich schon im vorhergehenden Jahr der Inspekteur von Nordgrönland aufmerksam gemacht hatte, als einen Mann, der vorzüglich geeignet wäre, uns die Kunst des Hundekutschierens beizubringen.

Hier lag das X meines Durchquerungsplanes. Er war hinsichtlich der so wichtigen, ja fast unumgänglichen Verwendung der Hunde darauf aufgebaut, dass das erste Schiff des Jahres als nördlichsten Punkt eben noch im grönländischen Winter Holstensborg anzulaufen pflegte, wo gerade die südlichste Grenze des Hundeschlittens und des Schlittenhundes ist. Eine Weiterreise nach den nördlicheren Küsten ist erst einen Monat später möglich, und diese kurze kostbare Zwischenzeit musste zum Erlernen der Hundepraxis ausgenützt werden. Ich war der Ansicht, dass es für unsern Zweck in dieser Frist gehen müsse; von den Sachverständigen hatten mir aber nur die einen zugestimmt; die andern sagten, wir könnten es nie und nimmer fertig bringen und würden mit unserem auf Hundeverwendung aufgebauten Plan Fiasko machen.

Nun war also der grosse Augenblick gekommen. Am Mittwoch sollten wir mit dem Arzt Dr. Petersen von Sukkertoppen, der seine Amtsreise mit liebenswürdiger Rücksicht auf uns auf diese Zeit gelegt hatte, nach Sarfanguak fahren. Inzwischen war in Holstensborg noch die Anfertigung mancher Ausrüstungsgegenstände für später vorzubereiten. Hierbei ging mir Herr Thron unermüdlich an die Hand. Vor allem sollten die wasserdichten Seehundsfelle, die ich schon in Sukkertoppen gekauft hatte, nun zu Reservekamikern für unsere spätern Träger verarbeitet werden, zu welcher Arbeit ein ganzes grönländisches Damenkomitee in Tätigkeit treten musste.

Bevor wir nach Sarfanguak abfuhren, liessen wir uns noch Hundepeitschen machen, mit denen wir freilich vorderhand wenig ausrichten konnten, und genossen auch noch gelegentlich einigen theoretischen Unterricht beim Pastor. In Nordgrönland muss ja jeder kutschieren können. Die Anfangsgründe waren einleuchtend: «Wenn der Hund rechts am Gespann nicht ziehen will, müssen Sie nicht den Hund links schlagen.»

In Sarfanguak konnte die Erziehungstätigkeit David Ohlsens nicht ohne weiteres einsetzen; denn da lag wegen des unerhört milden Winters nicht Schnee genug, und auf dem Fjord war das Eis schon in Auflösung begriffen. Wir beschlossen also, am folgenden Tag mit David Ohlsen und seinen Hunden und Schlitten noch bis ans Ende des Fjordes zu fahren, und Dr. Petersen bot uns hierfür wiederum sein Motorboot an. Ohlsen wollte aber offenbar keine Zeit verlieren, und noch am selben Abend bekamen wir eine Peitschenprivatstunde. Seine dänischen Kenntnisse waren grösser als bei den gewöhnlichen Grönländern (wo sie nahezu gleich Null sind) und ergänzten meine grönländischen Brocken zu einem ganz genügenden Verständigungsmittel.

Die Unterhaltung betraf jetzt vor allem die grönländische Hundepeitsche: Sie hat einen etwa fünfzig Zentimeter langen Stiel und einen 6–7 Meter langen allmählich schmäler werdenden Riemen aus der Haut einer besondern Seehundart, des sogenannten Riemenseehundes; der Zwick wird aus dem sogenannten Matak, der Haut des Weisswals, gemacht, welcher eine kleine Kostbarkeit darstellt. Das mir von David Ohlsen zum Abschied geschenkte Stück verwahre ich noch bis zur Stunde in dem verwaisten Goldfach meines Portemonnaies. Über Peitschenriemen wird in Grönland mit ebenso grossem Ernst gesprochen wie bei uns über Gletscherseile.

Diese Peitsche weiss der Grönländer mit erstaunlicher Gewandtheit zu handhaben, er trifft, wohin er will, mit der Sicherheit und dem Klatschen eines Pistolenschusses.

Aber wie macht er das? Das ist das grosse Geheimnis; und sogar wenn man es weiss, kann man es selbst noch lange nicht.

Auch wir nicht, als wir in Sarfanguak, an die vier Ecken von David Ohlsens Haus verteilt, auf Tod und Leben unsere Peitschen schwangen. Wirklich nicht ohne Risiko. Denn wenn man die Peitsche in ihrer ganzen Länge nach rückwärts geschwungen hatte und nun bei dem plötzlichen Ruck, mit dem man sie nach vorn schnellen soll, etwas zunächst Unerklärliches verfehlte, so pfiff sie nicht aufs Ziel, sondern dem Dirigenten um den Kopf und hinterliess dort blaue und rote Striemen. Ich glaube, ich habe zusammengezählt in meiner Übungszeit mindestens ebensoviel abgekriegt, als ich später je einem Hund verabfolgt habe.

Während der ersten Tage unseres Zeltlebens am Ende des Fjordes von Sarkardlit war David Ohlsen hinsichtlich unserer Peitschenentwicklungsfähigkeit noch recht besorgt. Hössli war der erste, der entscheidende Fortschritte machte, wozu er auch durch eine Familientradition verpflichtet war. In den zehn Tagen, die wir dort hausten, liess uns nun David Ohlsen einen wohlüberlegten Kursus durchmachen. Die Tagesordnung war etwa folgende: Am Morgen früh Besprechung der Bosheiten, welche die Hunde nachts verübt haben konnten; das bezog sich vor allem auf das Auffressen ihrer Geschirre und Zugriemen. Wie immer, so zeigte sich auch hier Ohlsen im Ausdruck vorsichtig, aber bestimmt im Handeln. Da waren wieder einmal alle Riemen durchgebissen; aber welcher Hund mochte der Sünder sein? «*Hvem spist?*» (Wer gegessen?) fragte auch David, und liess seine Augen prüfend über die Meute gleiten. «Vielleicht Tarsi», sagte er dann; und es war ein unsäglich komischer Kontrast zwischen seinem hypothetischen «vielleicht» und der unbedingten Entschiedenheit, mit der er sofort den Bösewicht Tarsi am Kragen fasste und ihn mit gelassenem Nachdruck durchprügelte. Mir wie auch den andern kam dieses Prügeln anfangs roh und abstossend vor, und wir konnten uns kaum dazu verstehen. Aber nachdem ich gesehen hatte, wie die Hunde selbst miteinander umgehen, so dass nachher der Schnee weithin von ihrem Blut gerötet ist, verstand ich, dass da eine andere Kynagogik am Platze sei. Es ist übrigens davon keine Rede, dass man blind drauflos schlagen dürfe. Vor allem gilt da der Spruch des Pastors: Wenn du nicht kutschieren kannst, sollst du nicht die Hunde schlagen! Und je tüchtiger ein Hund (und ein Mensch) ist, desto empfindlicher ist er für übel angebrachte Peitschenhiebe. Unser braver «Tagazer», der unterwegs einmal von Ohlsen selbst aus Versehen etwas abkriegte, gab uns seine moralische Entrüstung noch den ganzen folgenden Tag zu verstehen; und wenn mir später mit unserm Leithund «Mons», der freilich noch ein ganz anderer Charakterhund war, so ein Irrtum passierte, so drehte er sich voll Verachtung um und sagte: «So ein Schaf!» Den Hunden, welche die Untugend hatten, Riemen zu fressen, lehrte uns Ohlsen, über Nacht die Schnauze zuzubinden; bei Rückfällen wurde die sogenannte Methode II angewandt, welche darin bestand, dem Unverbesserlichen eine Schnur fest durch das Maul zu binden.

Von der Revision der Hundegeschirre führte die Arbeit logisch zu deren Reparatur. Weil ich nicht die Gabe hatte, so unbekümmert zu schlafen wie meine Kameraden, hielt sich Ohlsen mit seinen morgendlichen Flickangelegenheiten zunächst an mich. Das behagte mir nicht ganz, und ich erklärte eines Tages meinem unerbittlichen Lehrer: «Da drin im Zelt sei einer, der Nakorsak (d.h. Arzt; Hösslis Name bei den Grönländern), der würde gar grausam gern auch Hundegeschirre flicken, wenn er nur dazu käme; nichts täte er lieber als das.» David Ohlsen liess sich das nicht zweimal sagen und überflutete von Stund an den ahnungslosen Nakorsak mit Hundegschirren. Der nahm die Sache aber von der guten Seite, und die besondere Fertigkeit, die er bald erlangte, war uns später auf dem Inlandeis in böser Stunde von grösstem Nutzen.

Beim Hundekutschieren muss man zunächst lernen, sich mit den Tieren über rechts und links, über Halten und Stillestehen, über langsam und schnell zu verständigen, und zwar so, dass bei dieser Entente der Lenker teils mit der Peitsche, teils freundlichem Zureden die Rolle der massgebenden Grossmacht spielt. Aber muss man nicht manchmal erleben, dass die Kleinen trotz alledem ihre eigenen Wege gehen? – Nach einer Reihe von Übungsfahrten auf zwei gefrornen Bergseen, wo wir zum Schluss über 30 Kilometer weit allein kutschieren mussten, war dieser Vorkurs beendigt.

Nun kam noch das schwierigere Abwärtsfahren an steilem Hang, auf welches Ohlsen im Hinblick auf den uns bei der Durchquerung bevorstehenden, wohl gar zu steil vorgestellten Ostabhang des Inlandeises besonderes Gewicht legte. Ich schrieb darüber in mein Tagebuch, offenbar mit blauen Fingern, frisch von der Arbeit weg:

«Heute kamen wir an das Hauptstück. Das Hinabbringen des Schlittens an sehr steilen Hängen, mit dahinter angespannten Hunden (welche sich mit ihren Pfoten stemmen sollen, zum Bremsen). Stichwort: *Imatsiak! Imatsiak!* (Langsam! Langsam! Zuruf an die Hunde). Hössli und ich stehen unter Ohlsens, Fick und Gaule unter des Ohlsenschen Dienstmanns Setti Kleists Leitung. Man stellt sich hinten an den beladenen Schlitten, die eine

Hand an der Rücklehne; die andere schwingt unaufhörlich in hohem Bogen nach links und rechts die endlose Peitsche, damit die Hunde hinten bleiben. Die acht Zugstricke der Hunde gehen einem irgendwie zwischen den Beinen durch. Damit hat man sich abzufinden. Die Hunde, wenn sie gut erzogen sind, rücken unter stetem Stemmen langsam nach. Sind Hunde und Führer nicht patent, so gibt es eine kleine Hunde- und Menschenlawine.»

In den Pausen zwischen den Schlittenübungen ging Fick für uns auf die Jagd; meistens trifft man nur auf Schneehühner. Mit denen kann ein Jäger keine besondere Ehre einlegen, denn sie sind ganz arglos, oder stumpfsinnig; daher auch der Name.

Aber als Fick schliesslich auch einen sehr heiklen Schneehasen überlistete – das grösste Wild, das in diesen ausgestorbenen Regionen zu finden war –, da stieg Ohlsens Respekt, und er riet mir, wenn wir auf der Ostküste von der Jagd leben müssten, so sollte «Pick» unser Jäger sein.

Auf den genannten Seen erprobten wir noch unsere Segelschlitteneinrichtung und das Sledgemeter, ein Messrad mit Tourenzähler, das unsern Weg auf dem Inlandeis kontrollieren sollte.

Am 9. Mai erteilte uns David Ohlsen unser Maturitätszeugnis: *nu tamase ajungilak* (jetzt geht alles gut), jedoch mit dem Vorbehalt, dass wir zu Hause bei seiner Frau noch einen Ergänzungskurs im Kamikerflicken nehmen müssten; denn er war überzeugt, dass Unkenntnis in diesen Dingen schuld an Mylius Erichsens Untergang gewesen sei.

Zwei Tage später wäre es ein erbaulicher Anblick gewesen, die Ostgruppe eifrig ins Kamikerflicken vertieft, mit den Zähnen die dreikantige Nadel durchs Leder ziehend, zu Füssen der klugen Ania Ohlsen zu finden. Ihre liebenswürdigen Töchter Agathe und Igner assistierten dabei oder ermunterten uns mit Handharmonikaspielen; eine Kunst, die auch David verstand. Er besass sogar ein kleines Harmonium; und das erste, was darauf ertönte, aus einer uralten englischen Liedersammlung gespielt, war: *Integer vitae!* Und Frau Ohlsen wusste einen grönländischen Text dazu.

Bedenklich aus dem Stil fallend war das Repertoire eines alten Phonographen, den David Ohlsen von einem nach Europa zurückkehrenden Bestyrer geschenkt erhalten hatte. Unter den bestaubten Walzen wählte Ohlsen, ungemein der Situation entsprechend: Potpourri aus der Operette «Die Taxameterdroschke», ich aber entdeckte: *«Connais-tu le pays où fleurit l'oranger?»* Hier blieb allerdings der Phonograph mitten drin mit einem schmerzlichen Aufschrei stecken, und nicht mit Unrecht: denn ums Haus

heulte ein Wind, der nicht «vom blauen Mittelmeer» kam. Und was uns gleich darauf draussen auf dem Weg zu unserer Hütte empfing, veranlasste Hössli zu der grimmigen Variante:
Kennst du das Land, wo Schw...hunde stehn,
Wo knietief man durch Dreck und Mist nach Haus muss geh'n –

Und allerdings ist die Umgebung eines grönländischen Hauses bei Regenwetter nichts für feine Nasen und Damenstiefelchen. Und wenn die zwölf von Natur schneeweissen Hunde Ohlsens sich in dieser Sauce herumgestritten haben – was unter Höllenspektakel jeden Tag ein paarmal geschieht –, dann wird Hösslis Kraftwort zur Blumensprache.

Wir benutzten die Gelegenheit, um uns eine grössere Anzahl an Fussabdrücken zu verschaffen, die anthropologisch ein wertvolles Material darstellen. Durch ein Angebot grossen Kaffeetrinkens gewannen wir schliesslich auch die Damen des Orts für unsere Aufgabe. Nur die Ohlsens waren durch ihre Stellung am Ort verhindert, es dem Volke gleichzutun; ich möchte aber glauben, dass auch sie im Grund recht gern ihre zierlichen Füsschen zum ewigen Gedächtnis der Wissenschaft würden zu Protokoll gegeben haben.

Wir hatten nun schon alle irgend auffindbaren zerrissenen Kamiker der Familie Ohlsen geflickt, was Frau Ohlsen königlich amüsierte, und wir hatten uns schon, da die anderen Vorräte ausgingen, gehörig ans Pemmikanessen gemacht, und immer noch verhinderte das schlechte Wetter die Rückkehr nach Holstensborg. Fragte man David Ohlsen, so sah er nach Westen und sagte lakonisch: *Anoré nalagak.* (Der Sturm ist Meister.) Schliesslich liess der Sturm etwas nach, und in bitterer Kälte fuhren wir im Ruderboot nach Holstensborg zurück, glücklich, von Zeit zu Zeit einen Grönländer beim Rudern abzulösen, um uns zu erwärmen. Immer wieder mussten wir bewundern, wie sicher und unermüdlich sich neben uns Setti Kleist in seinem übereisten Kajak durch Sturm und Wellen kämpfte.*
Wir konnten gerade noch in den Hafen einfahren, bevor er ganz zufror; in der zweiten Hälfte Mai eine für Holstensborg unerhörte Tatsache.

Die Zeit in Holstensborg bis zu unserer Weiterreise nach Norden benutzten wir zu weiteren Übungen mit Hunden, diesmal mit den inlandeismässig beladenen Schlitten; wir teilten auch den Proviant schon genau

---

* Jetzt, ein Jahr später, erhalte ich in David Ohlsens lakonischem Stil die traurige Nachricht: *Seth Leist omkommer i Kajak.*

ein und machten überhaupt alles fertig für die Inlandeisreise. Dazu gehörte auch, dass wir alles, was von Leder und Holz war, mit Teer anstrichen, weil den Hunden dieser Geschmack so unsympathisch ist, dass sie doch auf das Anfressen verzichten.

Wenn wir wie schon vorher die Kameraden der Westgruppe uns auch daneben auf kleinern Skitouren täglich einige Stunden trainierten, mussten wir doch grössere Ausflüge, namentlich die geplante Besteigung des Kjärlingshettens, aufgeben, weil das Arbeitsprogramm es nicht erlaubte.

Es war eine Zeit recht angestrengter Tätigkeit für jeden, über die ich nur kurz berichten kann. Unsere Kameraden der Westgruppe hatten wir schon bei unserer Rückkkehr nach Holstensborg in voller Tätigkeit gefunden. Mercanton war durch die Fehlerbestimmungen seiner Apparate in Anspruch genommen. Er war auch um das Auffangen drahtloser Signale vom Eiffelturm bemüht. Stolberg und Jost hatten sich in die meteorologischen Beobachtungen geteilt und auch dabei gelegentlich Jagd auf die Hunde angestellt, die mit den Thermometern im Maul davonliefen, und schon mit aerologischen Messungen angefangen, namentlich mit Pilotballonaufstiegen. Ein paar Drachen- und Fesselballonaufstiege ergaben das recht interessante Resultat, dass der so häufig in einigen hundert Meter Höhe beginnende Südostwind wirklich ein trockener, warmer Föhnwind ist. Leider wurde durch diese Versuche bei schwierigem Wetter unser Material schon ziemlich mitgenommen. Jost exzellierte auch als Farbenphotograph. Das dankbarste Objekt bildeten natürlich die grönländischen Schönheiten von Holstensborg in ihren bunten Kostümen. Hössli hatte ein Doppelamt als Proviantmeister und Arzt und war in beiden sehr beschäftigt. Denn zu jener Zeit brach in Holstensborg eine starke Influenzaepidemie aus, von der niemand verschont wurde und die für die Grönländer recht gefährlich wurde; so hatte Hössli ungezählte Konsultationen und liess sich, trotzdem ihn der bekanntlich oft so böse und ungerechte Volksmund den «feudalen Mediziner» nannte, es nicht verdriessen, auch in die schmutzigste Hütte hineinzukriechen. Er übte auf Wunsch seines dänischen Kollegen in Sukkertoppen und des Bestyrers auch die ärztliche Aufsicht aus über das kleine (übrigens sehr gut eingerichtete) Krankenhaus. Auch zu benachbarten Ansiedlungen wurde er gerufen und wagte dort sogar bei einem schlimmen Fall in einem Grönländerhaus eine Unterleibsoperation, die auch wohl gelang. Hösslis Stellvertreter für nicht ärztliche Funktionen und zugleich Chef der technischen Abteilung war Fick, dessen besondere Geschicklichkeit und stete Hilfsbereitschaft wir alle zu schätzen wussten. Unserm scharfsinnigen Physiker, dem «Materialisten Gaule», wie der schon erwähnte Volksmund etwa verleumderisch zu sagen wagte, waren neben den Vorbereitungen für die luftelektrischen Messungen besonders die astronomischen Zeitbestimmungen zur Kontrolle des Gangs unserer Chronometer zugeteilt; eine wichtige Sache, weil wir danach später alle unserer Längenpositionen auf dem Inlandeis bestimmen mussten. Anfangs waren merkwürdige Widersprüche in den Holstensborger Beobachtungen zu bemerken, bis wir dann fanden, dass die geografische Breite des Orts, welche die Seekarte angab, etwas fehlerhaft war.

Oft musste die späte Nacht zur Beendigung unserer Tagesarbeit dienen. Und dann wurde in der täglichen Konferenz die Arbeit für den kommenden Tag neu eingeteilt. – Durch diese regelmässigen Besprechungen wurde auch erreicht, dass jeder über die Arbeit der anderen unterrichtet und jene Geheimtuerei ausgeschlossen war, unter welcher man bei wissenschaftlichem Nebeneinanderarbeiten so oft leiden muss.

Während unserer sauren Wochen fehlten doch ein paar frohe Feste nicht, die, in so bescheidenem Rahmen sie auch gehalten waren, uns und unsere Gäste doch köstlich erfreuten.

Da waren zunächst die Geburtstage der Expeditionsmitglieder. Durch einen besonderen Beschluss wurden zunächst alle diese Tage in die Expeditionszeit verlegt. Auf Grund diese Gesetzes war am 30. April Stolbergs und Hösslis Geburtstag gefeiert worden; Mercanton wurde der 16. Mai zuerteilt und Jost der 30. Mai, weil dies sein Namenstag sei. Ich weiss nicht, wie ich dazu kam, gar nicht an den Wilhelm zu denken, sondern ohne weiteres an den heiligen Justus. Jedenfalls lag meiner möglichst geistreichen Geburtstagsrede unverrückbar der Justustag zugrunde; sie wurde von der Versammlung auch wohlwollend entgegengenommen, alllerdings mit der liebreichen Kritik, dass es eigentlich der Wilhelmstag sei.

Als später der kleine Dampfer «Fox» und das Segelschiff «Thorwaldsen» im Hafen lagen – eine bedeutende Flottenkonzentration für grönländische Verhältnisse –, erkühnten wir uns, die Schiffsoffiziere mit den Honoratioren des Orts zu einem Expeditionstee einzuladen. Als Tisch dienten zwei ausgehobene Türen, als Stühle eine Anzahl Pemmikankisten, die Tassen lieh uns Herr Thron. Unser Menu, besonders die Schweizerkonserven, fand die liebenswürdige Anerkennung der Gäste; nur über das steinharte Roggenbrot fürs Inlandeis, welches der Vollständigkeit halber auch präsentiert wurde, fiel ein ebenso hartes Urteil.

Den Höhepunkt der gesellschaftlichen Anlässe bildete eine Einladung zum Nachtessen an die zum Besuch in Holstensborg anwesende Familie David Ohlsen aus Sarfanguak. Die Ohlsens kamen nach Holstensborg wie Landedelleute. Während die Holstensborger Jugend gern so lange als möglich mit den Matrosen herumtanzte, d. h. bis die Obrigkeit Schluss erklärte, machten die Ohlsens einen oder zwei Tänze mit und zogen sich dann zurück.

Bei unserem Empfang machte die Sprache Schwierigkeiten; wir suchten den Mangel zu ersetzen durch möglichst liebenswürdiges und wiederholtes Anbieten unserer guten Sachen, mit der stereotypen Frage: *Ajungila?* Ist es gut? Worauf die liebenswürdige Antwort zu hören war: *Ap mamakrak.* (Ja, es schmeckt sehr gut.) Das sind immerhin bescheidene Konversationselemente; und es wurde erst besser mit der Verständigung, als das schon erwähnte Mobiliar unseres Speisesaals beiseite geschoben war und die *soirée dansante* begonnen hatte. Ohlsens baten, noch ein paar Cousinen herbeirufen zu dürfen. Die Verwandtschaft erweiterte sich aber immer mehr; in meinem Tagebuch finde ich folgende Eintragung:

«Samstag abend, etwa 10 oder 12 Uhr, was weiss ich? Ich habe nur Chronometer nach Greenwich-Zeit bei mir, und sonst ist Tag und Nacht bald gleich; draussen dämmert dauerndes Abendrot; unendliche Ruhe und Klarheit liegt über dem Meer und den schneebedeckten Felsen – und hier bei uns ist grosse Tanzgesellschaft; am Anfang noch zwölf, jetzt mehr als fünfzig Mitwirkende. Und obschon ich im Nebenzimmer schreibe, wackelt die Feder, wie bei einem permanenten Erdbeben.»

Es gab an jenem Abend übrigens noch einen kleinen Zusammenstoss mit der öffentlichen Gewalt, in Person des Grönländers, der für Respektierung der Polizeistunde (10 Uhr!) sorgen wollte, weil er die Gesellschaft offenbar nicht mehr als «geschlossen» ansah. Das Volksfest, zu dem sie sich in der Tat ausgewachsen hatte, endigte aber völlig in Harmonie, indem ich vorschlug, nun mit einer Tasse Kaffee Schluss zu machen. Auf diese Formel einigte sich Volk und Polizei.

Im ganzen waren wir aber in Holstensborg weniger die Einladenden als die Eingeladenen. Pastor Friedrichsen, obschon Strohwitwer, hatte doch die Freundlichkeit, uns bei sich gastlich zu empfangen und uns seinen köstlichsten Renntierbraten zu opfern, und bei dem ebenfalls verstrohwitweten Bestyrer Thron vereinigten sich gar oft die einen oder andern zu einem langen gemütlichen Abendsitz. Und auf dem «Fox» war längere Zeit vor Pfingsten schon die geheimnisvolle Rede, wir sollten auf jenen Tag zu einer

«Skovtur», einer Waldpartie, eingeladen werden. Die waldesfrohen Dänen mögen selbst in Grönland die Vorstellung eines Waldausfluges nicht meiden, und für eine willige Phantasie ist es ein kleines, aus grönländischen Zwergweiden, die sich an einer von der Sonne begünstigten Stelle an den Felsblöcken auszurichten suchen, einen Wald aufzubauen. In diesem Wald wiederum bauten die freundlichen Foxleute ein grosses Pfingstzelt auf, und in dem Zelt eine einladende Bescherung von ess- und trinkbaren Sachen. Den Schluss bildete ein frisches Wettrudern und Segeln der zum Schiff zurückkehrenden Boote. Das letzte war leider alles, was ich von der ganzen Herrlichkeit zu sehen bekam. Denn die Influenza hatte mich im Quartier zurückbehalten, und Fick leistete mir freundlich Gesellschaft.

Mit «Fox» nordwärts

Der alte «Fox» hatte seine Winterschäden ausgebessert, und nachdem ein Schneesturm uns noch mehrere Tage zurückgehalten, verliessen wir Holstensborg am 1. Juni viel winterlicher, als wir es im April gefunden hatten. Wir nahmen herzlichen Abschied von allen: von den Grönländern, vom hilfsbereiten Pastor Friedrichsen und vom Bestyrer Thron, der sich uns in besonders dankenswerter Weise zur Verfügung gestellt hatte.

Zu unserer grossen Überraschung erschien bei der Abfahrt am Topp des Schiffes die schweizerische Flagge und blieb dort die ganze Zeit, während der wir mit «Fox» unterwegs waren. Der Kapitän Stocklund hatte diesen freundlichen Gedanken gehabt und zusammen mit seinem Bruder, dem ersten Steuermann, die Flagge eigenhändig hergestellt.

Der Raum, den «Fox» uns bot, war ja nicht gross; die meisten mussten auf Deck schlafen; wenn es etwa regnete, auf dem Boden des grossen Rettungsbootes. Aber welche schönen Tage haben wir mit diesen freundlichen Leuten auf «Fox» verlebt! Diese Zeit behalten wir alle in besonders verklärter Erinnerung. Dazu hilft gewiss auch, dass «Fox» sich auf seinen Reisen so anständig innerhalb der Inselzone zu halten pflegte, wo der grosse Seegang mit seinen Folgen nicht hinkommen konnte. Andere Folgen waren dafür in Kauf zu nehmen. Von den vielen tausend Untiefen und Felsenriffen jenes Inselgewirrs sind längst nicht alle bekannt und auf den Karten verzeichnet. So fährt denn «Fox» ab und zu einmal auf und muss sitzen bleiben, bis ihn das Hochwasser erlöst. Das widerfuhr auch uns, als wir auf unserer Fahrt von Holstensborg nach Agto in Nebel gerieten. Jedermann nahm den Aufenthalt von vierundzwanzig Stunden ganz gelassen. Man wusste ja, dass «Fox» dicke, doppelte Eichenplanken hatte und auf blinde Schären eingeübt war. Als der Nebel über der Höhe einer benachbarten Insel ein wenig verschwand, wurde eine gemütliche Expedition zur Bestimmung unserer Breite dahin unternommen. Nachdem dann (durch einige Extramahlzeiten, behauptet der Maschinenmeister) das Schiff genügend erleichtert war, richtete es sich aus seiner schiefen Lage wieder auf, und wir kamen ohne weiteren Unfall ans Ziel.

Von Agto aus musste ich sofort eine Kajakpost nach Egedesminde voraussenden, um uns Hundefutter zu sichern. Das war eine wichtige Sache; denn in Holstensborg hatte ich keins finden können, und es war zu besorgen, dass es in diesem Fall auch weiter nördlich knapp stehe, bis Mitte Juni die neuen Angmasetten kämen. So lange wollte ich aber auf keinen Fall an der Küste warten, durfte aber auch vor der Ankunft auf dem Inlandeis den Pemmikan nicht angreifen. Ich hatte schon von Holstensborg aus zweimal eine Kajakpost nach Norden geschickt; die hatte aber wegen Sturm und Eis beidemal unverrichteter Dinge umkehren müssen.

Die erste Nacht in Agto brachte uns zum erstenmal die Mitternachtssonne. Die Eisberge standen stundenlang in wunderbaren gelbroten und blauen Lichtern. Man muss sich das recht farbig vorstellen, nicht grell zwar, aber satt und warm.

Während ich als Hösslis Dolmetsch, geführt von dem ältesten der sechs Töchterchen des dortigen dänischen Unterbeamten, einen Rundgang bei den kranken Grönländern machte, wurde Fick, dem der Ruf eines Tonkünstlers schon vorangeeilt war, von den Gesunden aufgefordert, ein Trompetenkonzert zu geben, das gebührenden Beifall erntete. Beachtung fand auch das Kajakgeschwader der Expedition, das nunmehr sechs Fahrzeuge samt ihren Lenkern umfasste und schon ansehnliche Ausfahrten wagen durfte. Dabei gerieten übrigens Fick und Gaule, deren selbstgemachte Kajake überall die besondere Würdigung der Eingeborenen gefunden hatten, auf einer ihrer Fahrten in rechte Gefahr. Kaum hatten sie einen überhängenden Eisberg passiert, als er mitten auseinanderbrach; einige Sekunden früher, und sie waren unter den Eistrümmern begraben.

Am 4. Juni abends erreichten wir Egedesminde; diese fünf nebeneinander stehenden, grossen Holzhäuser wirken fast wie eine Stadt. Die im Vorjahr schon hierher bestellte Botschaft unseres künftigen Hundelieferanten Samuelsen war nicht angekommen. Hingegen war Hundefutter da, und Handelsassistent Ollrich war bereit, uns sein schönes Hundegespann zu verkaufen; er hatte sie, wie es oft geschieht, für den Sommer auf einer unbewohnten Insel untergebracht.

In Egedesminde liessen wir in der Eile noch Traggestelle für den spätern Transport über die Felsen zimmern; auch kaufte ich grüne, rote und blaue Bänder, damit wir unsere Hundegespanne vorläufig voneinander unterscheiden könnten.

Am Vormittag des 7. Juli sollte «Fox» Egedesminde verlassen. Tags vorher hatte der Schiffszimmermann auf der einen Seite des Verdecks

171

schon einen umfangreichen Bretterverschlag für unsere zukünftige Meute errichtet, und nun sollte am Morgen früh das erste Gespann, Ollrichs neun Hunde, an Bord gebracht werden. Es war eine rechte Egedesminder Dämmerung, trüb, grau, neblig. Die Expeditionsmannschaft, noch nicht so lange zurückgekehrt vom Tanzvergnügen der Nacht, welches die Geburtstagsfeier einer anmutigen dänischen Kolonistin beschlossen hatte, lag noch im gerechten Schlaf, und so fiel mir das Einholen und die Begrüssung an Bord für unsere später so vertrauten Inlandseisbegleiter zu. Zarte Familienbande wurden da zerrissen. Mons, der Leithund (hier gewöhnlich Nalagak oder Herr genannt), eines Hauptes höher als die übrige Schar, hinterliess an Land eine zahlreiche Familie, welche beim Abschied insbesondere durch zwei noch unerwachsene Söhne vertreten war. Die rannten voll Unruhe am Ufer auf und nieder und heulten erbärmlich, indem ihr edler Stammhalter, der in gefasster Haltung zurückblickte, von unserem Boot dem Schiff und neuen grossen Schicksalen entgegengeführt wurde.

Unter grönländischen Hunden erstreckt sich aber die Gefühlssolidarität weit über den Kreis der engern Familie; dies ist ein Grundton im grönländischen Hundeleben, der unvergesslich in den Ohren eines jeden nachklingt, der grönländische Hunde erfahren hat. Nun, als «Fox» die Anker lichtete und wir uns unter Abschiedswinken vom Land entfernten, da merkten auch unsere Hunde, dass dieses der passende Augenblick für eine Manifestation sei. Frau Silke stimmte an; die andern fielen ein; das neunstimmige Unisono schwoll, übertönte die Dampfpfeife und fand bald auch am Ufer ein lebendiges Echo. «Denn wie im Meere Well' auf Well', so liefs von Hund zu Hunde schnell», bis auch aller hundert Egedesminder Hunde Geheul wie eine Lohe zum Himmel schlug.

«Fox» steuerte jetzt zunächst nach Akugdlit, einer kleinen Ansiedlung in der Südostbucht. Dorther sollten wir nach der Abmachung mit der Administration die übrigen Hunde beziehen, und ihr Lieferant, der Grönländer Samuelsen, ein alter Bekannter von Stolberg, war ausersehen zum Obmann der Grönländer, die uns am Rand des Inlandeises helfen sollten. Nun wussten wir schon durch die Kajakboten, die ich nach Akugdlit geschickt hatte und die in der Nacht zurückgekommen waren, dass Samuelsen zwar Hunde habe, aber krank sei, und also für das Inlandeis nicht in Betracht komme. Das war eine fatale Botschaft gewesen; alle meine Versuche, bei denen mir Herr Ollrich behilflich war, in Egedesminde Ersatz für ihn zu finden, schlugen fehl.

Eine Strecke weit schleppten wir noch die Galeasse «Louise», eine gute Bekannte von früher her. Vor drei Jahren hatten wir die «Louise» hoffnungsvoll auf Walrossfang aussegeln sehen. Aber es hatte sich gezeigt, dass immer, wenn Walrosse erschienen, der Wind verschwand, und wenn der Wind wieder erschien, die Walrosse verschwunden waren. So war es nicht wohl möglich, ihnen nahe zu kommen, und die «Louise» wurde von der Fängerei wieder zum Trantransport zurückversetzt und musste sich zum Trost für diese Zurücksetzung mit einem prächtigen, neuen grünen und gelben Anstrich zufrieden geben, wie manchmal unsere Nachbarn mit Titeln und Orden.

Während der Fahrt nach Akugdlit hatten wir die nässenden Nebel mehr und mehr im Westen zurückgelassen. Erstaunt waren wir, auf diesen Inseln zwischen dem braunroten Heidekraut beim Näherkommen schon grüne Flecken im Sonnenschein leuchten zu sehen, die sich in der geschützten Bucht, in welcher der Wohnplatz liegt, zu eigentlichen kleinen Matten ausbreiteten. Die grössere Nähe des Festlandes und die von diesem fast ständig herabwehenden, trockenen Winde bedingten diesen auffallenden Unterschied im Vergleich mit der Aussenküste bei Egedesminde. Die Grönländer von Akugdlit zeigten sich nicht wenig erstaunt, zum erstenmal ein so stolzes Schiff wie unsern «Fox» in ihrem Hafen Anker werfen zu sehen, und hatten uns schon von weitem in ihrer freundlichen Weise begrüsst.

Noch bevor wir an den Hundehandel gehen konnten, stellten sich mehrere Patienten für Dr. Hössli ein; es war schon bekannt geworden, dass wir einen Arzt bei uns hatten, und der Stellvertreter des beurlaubten Doktors von Jakobshavn war den Winter über nicht mehr da gewesen, wohl weil die starke Kälte und das Meereis fast ganz ausgeblieben waren. Manche litten an heftiger Influenza; bei einem Mann handelte es sich um eine bedenkliche Erkrankung des Ohrs, wobei Hössli sehr bedauerte, mit Rücksicht auf unsere nur ganz vorübergehende Anwesenheit den erforderlichen chirurgischen Eingriff unterlassen zu müssen, mit dem er später bei einem ähnlichen Fall in Ostgrönland guten Erfolg hatte. Bei diesen Konsultationen fiel mir, wie öfters bei frühern und folgenden ähnlichen, das Amt eines Dolmetschers zu. Aber wenn das wohl allzu optimistische Sprichwort sagt, dass einem mit dem Amt auch der Verstand gegeben werde, so erstreckte sich das in diesem Falle doch nicht ohne weiteres bis auf die Verständigung; aber es geschah jedenfalls mit heissem Bemühen und war besser als gar nichts, und sicher war trotz den obwaltenden Schwierigkeiten Hössli in diesem Falle doch wesentlich erfolgreicher tätig als der dunkle Ehrenmann Faust Vater und Sohn mit ihren höllischen Latwergen.

Eine etwas dunkle Geschichte dagegen war der nun folgende Hundehandel, nicht von unserer Seite, sondern von seiten der Hunde. Denn das Gespann Samuelsens, das für die Expedition schon im vorhergehenden Herbst bestellt war und über dessen Qualitäten unsere Phantasie schon im voraus einen verklärenden Schimmer geworfen hatte – o weh!, diese gelben Katzen sollten das hochgelobte Samuelsensche Gespann sein? Kleine magere Köter waren es, und unsere Gesichter wurden länger und länger, während sie uns einzeln vorgestellt wurden. Ja, wenn wir nicht einen Massstab an dem prächtigen Egedesminder Gespann gehabt hätten, konnten wir leichter an die Vortrefflichkeit dieser Gelben glauben. Und dieser ausgehungerten Geschöpfe wegen war «Fox» nach Akugdlit gefahren? Aber auf der andern Seite: War ich sicher, später in Jakobshavn bessere Hunde, ja überhaupt Hunde zu bekommen? Und was verstanden wir Mitteleuropäer schliesslich von den tiefsten Geheimnissen nordgrönländischer Hundewissenschaft? War es nicht vielleicht so: Je kleiner und magerer die Hunde waren, um so besser zogen sie? Jedenfalls vereinigten sich angesichts unserer unverhohlenen Zweifel die Akugdliter Grönländer zu dieser letztern, ja wohl etwas paradoxen These. «Aber in allen Jahrhunderten hat die Wahrheit darüber erröten müssen, dass sie paradox war», sagt Schopenhauer. Konnte das nicht auch für Samuelsens gelbe Hunde gelten? Und ich kaufte sie, mit gläubigem Sinn, aber daneben getröstet auch dadurch, dass ich ausserdem auch vom Udligger in Akugdlit ein Gespann bekommen konnte, das viel weniger paradox aussah. Nicht ohne Schwierigkeit wurden die sechzehn neuen Hunde ins Boot und aufs Schiff gebracht und dort von den schon Ansässigen zuerst mit Zähnefletschen empfangen; dies sieht beim grönländischen Hund recht ungemütlich, ja für mein Empfinden ganz widerlich aus. Mag das Tier sich vorher noch so lieb und vertraulich gezeigt haben, so ist jetzt plötzlich nur mehr eine Bestie übrig, ein Wolf.

Unsere Hunde schlossen aber bald Waffenstillstand. Als «Fox» wieder aufs offene Wasser hinausdampfte, nördlich auf Jakobshavn haltend – da merkten sie, dass sie alle Genossen eines und desselben Schicksals waren, und bald hatten sie sich zu gemeinsamem Seufzen vereinigt. Ab und zu streckte sich einer an der Schiffswand in die Höhe und schnupperte hinaus; aber da war nichts zu machen und zu hoffen. Nichts als Wasser, soweit der kurzsichtige Hundeblick reichte.

Für uns nicht Eingepferchte und Weiterblickende war die Fahrt allerdings erfreulicher. Das Ufer blieb auf der ganzen Strecke nur vier bis fünf Kilometer entfernt, so dass wir manche Eigentümlichkeiten der Küstenbildung beobachten konnten; vor allem alle hochgelegenen Meeresterrassen an den Berghängen, ebenso wie riesige, ebenfalls über das Meer gehobene Schotterterrassen einer frühern Gletscherperiode, an einer Stelle, wo einst ein Nebenarm des jetzigen Jakobshavner Eisstroms vom Inlandeis her das Meer erreicht haben musste. Auch das Inlandeis selbst wurde über dem Fjord und den Bergen von Orpiksuit ein paarmal sichtbar, wie ein feiner, horizontaler Nebelstreif über die Küstenberge wegschauend. Stolberg und ich empfanden offenbar das Wiedersehen mit unserm alten Bekannten und Gegner ganz andes als die übrigen. Die hatten ja auch noch nicht erlebt, was in Wirklichkeit das zarte, bescheidene Grau in dem Weiss jenes Streifens bedeutet, welche Umwege, welche Mühen, und wie unerreichbar, wie unbesiegbar jene feine horizontale Linie in ihrem steten Zurückweichen ist.

Tief am nördlichen Horizont stand die Sonne, als wir uns dem Jakobshavner Eisstrom näherten. Manche gäben Tausende, wenn sie die Fahrt zwischen diesen Eismauern hindurch hätten mitmachen können. Stundenlang rechts von uns die Wand der Eisberge, die am Ausgang des Fjordes von den nachdrängenden Eismassen auf eine Untiefe aufgeschoben werden; links von uns die Riesenflotte der Eisberge, die ihre Freiheit wiedererlangt hatten und von hier langsam einer sanften Auflösung in mildern Breiten entgegentreiben.

Ein vergebliches Bemühen wäre es, die Stimmung zu malen, zu einer Beschreibung der Formen und Farben die Worte zu häufen. Und könnte ich es auch mit ehrlichem Pinsel versuchen oder gar mit dem letzten unehrlichen Schleichweg, den die fundamentale Kulturlüge unserer Zeit als Scheinbeweis erfunden hat, mit dem Kinematographen, das wäre doch im besten Fall nur Vorspiegelung falscher Tatsachen. Damals empfanden wir es: Uns, uns gehört dieses gigantische Erlebnis, uns unveräusserlich. Wir mögen erzählen, mögen schildern, das mag den andern ein blasses Licht geben, aber das Feuer bleibt für uns. Es lässt sich nun einmal weder hier noch anderswo um das Erleben herumkommen.

Bei einbrechender Dämmerung fuhren wir in Jakobshavn ein. In malerischen Gruppen standen die Grönländer alle auf den Felsbuckeln, zwischen denen die Koloniehäuser recht stattlich ansteigen, und winkten dem ersten Schiff des Jahres entgegen; und zwischen ihnen fiel uns eine

Gruppe Andersgekleideter auf, die dänischen Kolonisten, deren europäische Sommerhüte uns zuerst wirklich verblüfften. Also war hier jetzt offiziell Sommer; und vor kaum einer Woche hatten wir in Holstensborg, 300 Kilometer südlicher, noch in tiefem Schnee gesteckt. Aber den flüchtigen grönländischen Sommer muss man wie das Glück an der Stirnlocke fassen.

Die Jakobshavner Dänen hatten schon früher Kenntnis vom Plan einer Inlandeis-Durchquerung durch eine Schweizer Expedition erhalten und sich manche zweifelnden Fragen zurechtgelegt, die sich jetzt, kaum waren sie an Bord gekommen, wie aus einem Füllhorn über mich ergossen. Obschon verschiedene dieser Fragen uns Schweizern keine über ein bescheidenes Mittelmass hinausgehende Überlegungsfähigkeit zuzutrauen schienen, glaube ich sie doch für meine Verhältnisse geduldig beantwortet zu haben – bis ein ganz Kluger mich fragte: was wir denn tun werden, wenn wir auf dem Weg nach der Ostküste statt bei Angmagsalik hundert Kilometer nördlich oder südlich herauskämen. Da sagte ich kurz, dazu sei der Sextant da, und vielleicht wäre es angezeigter, jetzt den Weg ins Bett nicht zu verfehlen.

«Bett» war zwar einerseits ein zu stolzes Wort für meine damalige Schlafstelle im Bestecklokal des «Fox», welches mir, da ein plötzlich einsetzender Föhnwind Regen versprach, für die Nacht durch die besondere Liebenswürdigkeit des Kapitäns zur Verfügung stand; die Bank, auf der ich schlief, war fraglos zu schmal, um darauf liegen zu bleiben. Aber anderseits war auch der Raum daneben zu schmal, um richtig hinabfallen zu können, so dass sich eine Art labilen Gleichgewichts herstellte, mit dem ich mich ganz gut abfand.

Schon am Abend unserer Ankunft war abgemacht worden, dass am folgenden Tag eine genaue Besprechung mit dem Bestyrer Ohlsen, dem Pastor Ostermann und dem Assistenten Krogh zusammen mit dem Kapitän des «Fox» stattfinden sollte, zur Feststellung unseres Landungsorts an der Küste, zur Anwerbung von grönländischen Mannschaften und zur Ergänzung unseres Hundebestandes. Wir schulden allen diesen Herren besonderen Dank für das uneigennützige Interesse, das sie der Expedition mit Rat und Tat erwiesen haben.

Es stellte sich gleich am Anfang unserer Beratung heraus, dass wir die Absicht, von dem nördlich von Jakobshavn gelegenen Pakitsokfjord aus das Inlandeis zu betreten, aufgeben mussten. Diese Aufgangsstelle hatte sich ursprünglich dadurch empfohlen, dass sie schon von Peary bei seinem Vorstoss im Jahr 1883 als kürzester und bequemster Zugang betrachtet

Der alte Kitsigajak mit traditioneller Haartracht. Ammassalik 1912

Die «Fox» im Ata-Sund beim Eisstrom Skip Sermiak. 1912
Landeplatz mit Zelt im Ata-Sund. 1912

XVIII

de Quervain (oben), Fick, Stolberg, Gaule, Mercanton, Jost, Hössli u.a. (vlnr). 1912

Landeplatz der Westgruppe im Ata-Sund. Vorne Mercanton, Stolberg und Jost. 1912

Transport zum Inlandeis. Jost, Fick, vermutlich Hössli. 1912
Felsenwüste am Rand des Inlandeises. 1912

Spaltenzone. Rechts Alfred de Quervain. 1912

XXI

Spalten im Eisstrom, Skip Sermia. 1912

Letztes Ausgangslager am Westrand des Inlandeises. 1912

Abschied von der Westgruppe. Gaule, Fick, Jost, Mercanton, Hössli (vlnr). 1912
Schlittenkolonne, begleitet von Westgrupppe. 1912

XXIII

Rast mit Hunden. Fick und Hössli. 1912

Schlittenhunde. 1912

worden und verhältnismässig nahe bei Jakobshavn gelegen war. Nun ergab sich aber, dass dieser Fjord an seinem Ausgang eine so flache Schwelle hat, dass selbst bei Hochwasser «Fox» nicht hätte darüber wegkommen können. Es wäre zu zeitraubend gewesen, unser ganzes Material schon an jener Stelle in Boote einzuladen und so bis an das weit entfernte Innere des Fjordes zu bringen, und hätte jedenfalls den Nutzen, den wir von «Fox» haben sollten, zum grössten Teil illusorisch gemacht.

Glücklicherweise hatte ich aber schon bei den Vorbereitungen des Vorjahres die Möglichkeit in Betracht gezogen, dass wir weder bei Orpiksuit noch bei Pakitsok aufs Inlandeis kommen könnten, und mit dem Inspektor von Nordgrönland verabredet, dass zwei Grönländer schon im Frühjahr vor unserer Ankunft auch noch ein drittes, der ganzen Lage nach sich wahrscheinlich eignendes Randfelsengebiet weiter nördlich am Ende des Atasundes und südlich des Torsukataeisstromes untersuchen sollten. Dies war durch die Vermittlung von Bestyrer Ohlsen auch ausgeführt worden; aber was dabei herausgekommen war, wusste man in Jakobshavn zurzeit noch nicht, weil die betreffenden beiden Grönländer, die im Norden ansässig waren, ihren Bericht erst auf die Ankunft von «Fox» bringen sollten und dieser drei Tage früher als erwartet in Jakobshavn angekommen war.

Es wurde beschlossen, nicht mit Warten Zeit zu verlieren, sondern auf jeden Fall am andern Tag den Atasund hinaufzudampfen und dabei nach den beiden erwarteten Kajakmännern Ausschau zu halten.

Erst mussten aber noch grönländische Hilfsmannschaften angeworben werden.

Obschon Jakobshavn ein für grönländische Verhältnisse sehr grosser Platz ist, mit ungefähr vierhundert Einwohnern, war es doch schwierig, das nötige Dutzend Träger für die Strecke von der Küste bis zum Eisrand zu bekommen. Noch schwerer, ja fast unmöglich war es, einige Grönländer für die vorgesehene Anfangsbegleitung auf dem Inlandeis selbst zu gewinnen. Dass ich am Schluss des Tages doch schliesslich meine Leute beieinander hatte, verdankte ich besonders den Bemühungen des Pastors und dem unbedingten Zutrauen, das er bei seinen Gemeindegliedern genoss. Die Sache war erstens die, dass das, was der Grönländer «arbeiten» nennt, ihm eine höchst unsympathische Sache ist. Kajakfahren auf die längsten Strecken, Seehunde fangen, auf der Renntierjagd endlose Wege schwer beladen über Berg und Tal gehen, das alles gilt nämlich nicht als «Arbeit».

Um so mehr wird gezählt, beseufzt und mit Ajorpok und Ajornakrak kommentiert alles, was nach des Grönländers Meinung eigentlich die Frauen machen sollten, und dazu gehörte auch Steine, Kohlen, Kisten zu tragen. Da heisst es schon bei bescheidenen Leistungen: «Mange Arbejd.» Denn selbst ein dänisches Wort wagt der Grönländer zur Ausnahme, wenn er das Unwürdige solcher Zumutung damit deutlicher zu machen hofft. In unserm Fall kam noch dazu, dass in den nächsten Tagen das Eintreffen der Angmasetten erwartet wurde; und hierbei war für tüchtige Leute auch ohne die schändende Arbeit viel zu verdienen. So gelang es überhaupt nicht, diejenigen, die sich am besten geeignet hätten, für das Inlandeis zu gewinnen, weil das sie zu lange Zeit in Anspruch nehmen würde.

Nun handelte es sich noch darum, unsern Hundebestand womöglich zu vergrössern und zu verbessern. Es traf sich günstig, dass wir hierin Unterstützung bei dem Handelsassistenten Krogh fanden, der uns schon von früher als Hundekenner bekannt war. Ich führte ihm unsere Meute vor, und er äusserte sich im allgemeinen ganz anerkennend; nun war ich besonders gespannt, was er zu den Gelben Samuelsens sagen würde. Eine unverhohlene Heiterkeit bei ihrem Anblick bewies mir, dass der Satz von der paradoxen Wahrheit hier nicht zutraf. Auch er fand einige davon wirklich allzu klein und allzu mager, und machte mir den nobeln Vorschlag, diese für eine kleine Draufzahlung gegen gute Zughunde einzutauschen. Ich ging natürlich gerne darauf ein und konnte durch seine Vermittlung noch fünf andere starke Hunde dazukaufen, so dass wir jetzt über dreissig ziemlich gute Hunde verfügten.

Während ich zusammen mit Hössli in Jakobshavn diese Geschäfte besorgte, war Mercanton mit Stolberg und Jost über Land gegangen, um dort von den Hügeln aus Aufnahmen und Messungen der Eisberge am Fjordeingang zu machen. Gaule, der sich in Holstensborg zu einem guten astronomischen Observator ausgebildet hatte und mir so jetzt und später manche Arbeit abnahm, machte zusammen mit Fick Sonnenhöhemessungen am Sextanten, zur Ortszeitbestimmung und Ermittlung des Standes unserer Chronometer. Denn von Jakobshavn aus wollte ich die geographischen Längen auf der Durchquerung rechnen, weil dieser Ort die best bestimmte absolute Länge auf der Westküste hatte; und zwar stammte diese Bestimmung her von dem dortigen Kolonievorsteher Ohlsen, der nicht nur Handelsmann, sondern auch beobachtender und rechnender Astronom ist und Ausdauer genug gehabt hatte, mit Hilfe von Sternbedeckungen diese Bestimmungen auszuführen, über deren Vorhandensein ich nun sehr froh war. Ohlsen zeigte uns sein kleines Observatorium, auf das er mit

Recht stolz war, wie Frau Ohlsen auf ihr Treibhaus und ihren Garten, für den sie wohl den Namen einer Semiramis des Nordens verdiente, wenn ihr nicht der «Rosengarten» von Frau Pastor Ostermann diesen Ruhm streitig gemacht hätte.

Jakobshavn nimmt übrigens nicht nur an wissenschaftlichen und ästhetischen Kulturgütern teil, sondern auch an praktischen, als deren letzter Vertreter der Telephondraht von einem Koloniehaus zum andern führt; besonders erstaunte uns die bedeutsame Stangenreihe, die über den hohen Hügel zum Pfarrhaus leitet, welches weit abseits liegt – vielleicht in weiser Würdigung der Maxime des alten Tiberius: *Major e longinquo reverentia,* wie Tacitus in seiner knappen Sprache formuliert. Da mag in den langen Winterabenden, wenn Schnee, Sturm und Kälte die Damen zu Hause halten, manches Gespräch weit über die Zeit dauern, die von den europäischen Vorschriften als normal betrachtet wird. Glückliches Land: Telephon ohne Taxe und ohne unterbrechendes Zentralamt!

Aber aus diesem nordgrönländischen Paradies, wie aus allen Paradiesen, musste bald geschieden sein. Am Sonntag Morgen, den 10. Juni, früh rief die Dampfpfeife alles an Bord unseres «Fox», der von jetzt an für einige Tage völlig Expeditionsschiff war. Ausser der grönländischen Mannschaft begleitete uns auf dem Schiff auch Pastor Ostermann, bei vielen Gelegenheiten ein kostbarer Dolmetscher und Berater, und ein Handelsjurist Lindow als liebenswürdiger Schlachtenbummler.

Die Arbeit der letzten Tage hatte für mich so weit in die Nacht hinein gereicht, dass ich froh war, mich in der warmen Sonne eine Weile auf Deck zum Schlafen hinzulegen.

Als wir schon weit den Atasund hinaufgefahren waren, wurde ich geweckt mit der Botschaft, dass wir einen Kajakmann angetroffen hätten, der berichte, die beiden Grönländer, die wir treffen sollten, seien an Land in der Röde Bay. Dort waren wir nun schon ein gutes Stück vorbei; es gab keinen andern Rat, als umzukehren, und wir erreichten die beiden denn auch glücklich, als sie gerade von der Weisswaljagd zurückkehrten. Wir waren gespannt, was sie uns von dem Randgebiet beim Ekip Sermia zu erzählen wüssten. Es lautete recht günstig. Es gebe dort einen für Träger gangbaren Zugang zum Inlandeis hinauf und der Eisrand selbst sei dort eben. Der Ältere der beiden wünschte nach Hause zurückzukehren, der Jüngere, Vitus aus Arsivik, wollte durch die Felsen und fünf Tage auf dem Inlandeis mitkommen und sollte Obmann der Grönländer sein. Vorläufig diente er dem Schiff als Lotse. Wir fuhren aber nicht direkt nach der Bucht von Ekip Sermia, wo wir an Land gesetzt werden sollten, sondern zuerst nach Ata, einer kleinen Ansiedlung am Westufer des Sundes, auf Arveprinzens Eiland, um dort noch zwei grosse grönländische Hundeschlitten zu holen. Vitus hatte nämlich auch berichtet, dass der Weg zum Inlandeis zuerst eine ziemliche Strecke über die Heide hin gehe, und darüber weg konnten die Hunde recht wohl die Lasten auf leicht beladenen grönländischen Schlitten schleppen.

Als wir Ata verlassen hatten und zwischen vereinzelten Eisbergen hindurch wieder nach Osten gekommen waren, eröffnete sich uns ein grossartiger Überblick über die weite Nordbucht des Sundes. Ganz im Norden schimmerten die dichtgedrängten Eisberge des Torsukatakeisstromes und darüber die blauen Höhenzüge der grossen Rugsuakhalbinsel; im Nordosten und Osten bauten sich drei dunkle, gewaltige Felsenpfeiler auf, zwischen denen das Inlandeis in zwei breiten Fronten sich bis zur Bucht hinabdrängte. Über das südlichste dieser Felsmassive, das mit dem grossen Vorland nördlich des Pakitsokfjordes in Verbindung steht, sollte unser Weg führen, und in diese südöstliche Ecke der Bucht steuerte jetzt «Fox» durch die ruhigen, blauen Fluten. Aber so still durfte es hier oben nicht bleiben; ein lustiger Jodler verkündete dieser erstarrten Welt, dass Leben einrückte, und zwar diesmal eine schweizerische Expedition. So was hatten die Grönländer noch nie gehört, und ihr wiederholtes «Amalu» (mehr) bewies, dass es ihnen gefiel; und Jost und Hössli, unsere prächtigen Schweizerbuben, jodelten eins ums andere, dass die Felsen selbst sich zu freuen schienen, diesen ihnen so fremden Klängen ihr Echo zu leihen, das sonst nur dem Brausen des Sturmes oder dem Donnern der Eisberge geantwortet hatte.

Durch die Randfelsen

Am Abend warf «Fox» Anker im Schutz einer kleinen Halbinsel; die Stelle, wo wir nach Vitus' Meinung später an Land gehen sollten, lag zwar noch eine ganze Ruderstunde weiter nach Osten, aber der Wand des Eisstroms Ekip Serma so nahe, dass es dem Kapitän zu bedenklich schien, dort die Nacht über zu liegen. Ich wollte aber das Anlandsetzen des Materials nicht beginnen lassen, ohne mich, begleitet von Vitus, von der Richtigkeit seiner Angaben über den Weg bis zum Inlandeis überzeugt zu haben; besonders, nachdem er erklärt hatte, es werde einen ganzen Tag dauern, hin- und zurückzugehen, während die Karte nur eine Entfernung von 4 Kilometer und einen Höhenunterschied von 400 Meter annehmen liess. Weil nun aber das Schiff ohne den Lotsen Vitus nicht in die innere Bucht fahren konnte, mussten wir sofort aufbrechen, um möglichst zeitig zurück zu sein. So schickten Jost und ich uns an, mit Vitus in unserm kleinen Expeditionsboot «Ella» zur Bucht hinüberzufahren. Aber die «Ella» hatte so lange in der Sonne auf Deck gelegen, dass, kaum war sie hinabgelassen, das Wasser an allen Stellen zwischen den Fugen in Strahlen hervorsprang, dass es mich an die Grandes Eaux in Versailles erinnerte und wir schleunig in ein anderes Boot hinüberkletterten.

Von den Gletscherbächen getrübt, war hier das Wasser auf weite Strecken nicht mehr blau, sondern zuerst grün und dann schliesslich ganz milchig. Am Ufer entlang zogen sich Moränen, die auf einen viel grössern Stand des Gletschers noch in verhältnismässig junger Zeit deuteten.

Der Weg vom Strande gegen die Felsen führte zuerst durch blühende Alpenrosenbüsche, zwischen denen Weiden hoch an den Felsblöcken empor sich schmiegten; eine anheimelnde und für unsere sehr bescheiden gewordenen Ansprüche ganz üppige Vegetation. Weiterhin stiegen wir steiler an im Tal eines in manche kleine Wasserfälle aufgelösten Bergbachs, der oben auf dem Hochplateau einem See entsprang. Dieser See, noch halb mit Wintereis bedeckt, das aber nicht mehr tragfähig war, verlegte uns den direkten Zugang zum Inlandeis, das nun scheinbar nahe über den Gneisrücken auftauchte, und nötigte uns zu einem weiten Umweg.

Und nachdem wir schon fast die gleiche Höhe mit dem Inlandeis gewonnen hatten, verstand ich, was Vitus schon vorher immer in seinem bedenklichen Ton von «*Korok ajorpok*» gebrummt hatte; wir mussten wieder in ein Tal hinab, und auf der andern Seite ging es aufs neue steil in die Höhe, diesmal die letzte Steigung über Schneehänge und Rundbuckel gegen das Inlandeis. Seine Nähe machte sich nun schon durch den starken Südostwind bemerkbar, der dort oben unaufhörlich weht und am Boden die letzten Grashälmchen gezwungen hatte, sich zum Schutz in kleine ängstliche Reihen hinter die Steine zu stellen, und die herumliegenden Steinchen selbst in Reihen geordnet hatte.

Gerne wandten wir hier oben dem scharfen Wind einen Augenblick den Rücken, um, bevor wir die letzte Strecke zum Eis zurücklegten, noch einmal von unserm überragenden Standpunkt Rückschau auf das durchwanderte Hochplateau zu halten.

So merkwürdig diese Oberfläche mit ihren zahlreichen Seen, ihren Wasserläufen, Wasserfällen und Felsrücken gestaltet war, mir wurde nicht wohl zumute bei diesem Anblick, ja es überkam mich ein völliger Abscheu vor diesem zur ewigen Unfruchtbarkeit verfluchten Stück Erde, das seine Verdammung nicht einmal zu verhüllen wusste. Mit wahrer Erleichterung tat ich nachher den ersten Schritt auf das Inlandeis. Seltsam genug, dieses kalte Eis hatte für mich nichts Totes, nichts Abstossendes; es kam mir ganz vertraut vor.

Soweit man sehen konnte, war der Inlandeisrand von einer gewaltigen Blockmoräne begleitet, deren Kamm das Felsenvorland um etwa 50 Meter überragte; der Abfall von diesem Kamm bis zu den Felsen war ziemlich steil, aber glücklicherweise noch fast metertief mit zusammengewehtem Schnee überdeckt. Es fand sich auch eine Stelle, wo dieser Schneeabhang durch eine Scharte im Moränenwall sich bis zu dem aperen, moränenfreien Eishang hinaufzog, der nach Osten bis zum Horizont anstieg. So war ein ununterbrochener Schlittenweg gleich vom Eisrand an gesichert.

Wir gingen noch etwa einen Kilometer weiter hinein und fanden, dass das Eis in einem Wechsel von mässigen Stufen und fast horizontalen Gebieten nach Osten anstieg und, soweit man sehen konnte, auf unserm Weg keine allzu grossen Schwierigkeiten aufwies. Der Schnee war zwar überall verschwunden, aber die Bearbeitung des apern Eises durch das Schmelzwasser war noch ganz in ihrem Anfang; die Schmelzwasserbächlein klein und nur etwa handhoch eingeschnitten, die Kryokonitlöcher zwar zahlreich, aber ebenfalls noch nicht tief und zum Teil noch zugefroren.

Im ganzen waren die Randverhältnisse so, wie ich auf Grund meiner frühern im Karajakgebiet gemachten Erfahrungen glaubte für Mitte Juni annehmen zu dürfen, und so viel war sicher, dass wir kaum eine günstigere Stelle als Ausgangspunkt der Durchquerung finden konnten. Die Entfernung vom Meer war allerdings nach den Messungen mit dem Goerzschen Telemeter, der uns hier wie schon früher zur Orientierung vorzügliche Dienste leistete, doppelt so gross, als die Karte angab, und auch die Höhe des Eisrandes ziemlich viel grösser; wir fanden sie zu ungefähr 600 Meter.

Wenn demnach der Transport bis zum Eisrand auch mühsamer und zeitraubender werden musste als zuerst angenommen, so wurden dafür infolge des höhern Ausgangspunktes die Randschwierigkeiten auf dem Eis selbst im gleichen Masse verringert.

Auf dem Rückwege stellten wir am Rand des Eises eine Stange mit der Schweizerfahne auf, welche Späterkommenden als Ziel dienen sollte, und bargen dort die mitgebrachten Apparate und für alle Fälle ein wenig Proviant. Unter diesem befand sich auch Honig, der reichlich in unsern Vorräten vorhanden war, eine immer mehr geschätzte Spende meines theologischen Bruders, dem die alten Honigautoritäten Jonathan und Salomo von Amts wegen geläufig waren, bevor noch die moderne Physiologie auf ihrem Wege den Wert des Zuckeressens bei körperlichen Leistungen dargetan hatte. Damals muss der Honig mich ganz besonders ermutigt haben, denn ich unterfing mich, unsern Grönländern Vitus und Anton, die dieses exotische Produkt ebenfalls mit manchem «Mamakrak» anerkannt hatten, die Herkunft und Gewinnung des Honigs mit Zuhilfenahme der grönländischen Mücken erklären zu wollen – mit welchem Erfolg, bleibe dahingestellt. Sonst war es Gaule, den ich immer wieder um die Begeisterung und Zuversicht beneidete, mit der er sich an solche Erklärungsversuche wagte; er schreckte hierin vor keiner Schwierigkeit zurück; mochte er nun einen Busch-Vers übersetzen oder die Geschichte des Läufers von Uri erzählen.

Als wir auf dem Rückweg zum Meer wieder die Heide erreichten, summten uns schon die ersten Mücken entgegen und wurden bei jedem Schritt zahlreicher. Das verhiess eine üble Zugabe zum bevorstehenden Transport. Die zurückgelassenen grönländischen Ruderer schliefen schon mit dichtumhülltem Kopf neben dem ans Land gezogenen Boot. Kaum hatten wir sie wachgerüttelt und das Boot ins Wasser geschleppt, so nickten wir sofort selber ein und konnten uns nur dadurch wach halten, dass wir mitruderten. Es war wieder einmal ein richtiger grönländischer Vierundzwanzigstundentag gewesen.

Es war am 10. Juni, Montag vormittag, als ich mit Jost und den beiden Grönländern zum Schiff zurückkehrte. Mit dem Schlafen war es vorläufig für mich noch nichts, denn nun mussten vor allem die Ausladearbeit und der Transport am Land selbst eingeleitet werden. Ein heftiger Föhn erschwerte alle Arbeit, liess aber wenigstens an diesem ersten Tag die Stechmücken nicht aufkommen.

Vor allem wurden die dreissig Hunde ans Land gesetzt; sie sollten dazu verwendet werden, die halb beladenen Schlitten ein Stück weit über das Heidekraut zu schleppen. Fick hatte das Missgeschick, beim Ausladen in den Schiffsraum hinabzufallen und sich an der Hüfte erheblich zu quetschen. Auch Gaule war nicht wohl, da sich eine kleine Verletzung an der Stirn irgendwie infiziert hatte; doch konnte er am Abend mit Mercanton zum Inlandeis abmarschieren. Letzterer sollte sich orientieren, wie weit diese Stelle auch für seine spätern Arbeiten zum Ausgangspunkt dienen könne. Inzwischen bekümmerten sich die übrigen unter Hösslis Leitung um den Transport.

Das Schleppen der Schlitten über die bewachsene Strecke am Strand war nach meiner Erinnerung eine Schinderei für Menschen und Vieh, deren Nutzen zweifelhaft, die Ruinierung all unseres Hundegeschirrs unzweifelhaft war. Wir sahen mit Bedenken, dass die Grönländer mit unsern Hunden und unserm Material nicht sorgfältig umgingen. Was von dem Geschirr hierbei nicht zerrissen wurde, das ging während der folgenden Woche zugrunde, wo die Hunde am Meeresufer angebunden unter der Hut eines Grönländers bleiben mussten. Die beiden folgenden Tage waren dem Tragen gewidmet, besser gesagt die Nächte; denn am Tag war die Arbeit wegen der Stechmücken schon so gut wie unmöglich. Da unsere besten Träger uns am Mittwoch schon mit «Fox» verlassen wollten, um das grosse Jahresereignis, den Angmasettenfang, nicht zu versäumen, musste die Zeit recht ausgenutzt werden. Ich hatte durch Vermittlung von Pastor Ostermann aus Jakobshavn durch einen Kajakboten von den Wohnplätzen Ata und Arsivik noch weitere drei Träger kommen lassen, die ohne besondere Freudigkeit das stolze Doppelruder mit der unwürdigen Traglast vertauschten.

Der Kapitän hatte diese idyllisch-grossartige, vom Felsenufer und der

Eismauer des Ekip Sermia gebildete Landungsbucht als «Quervainshafen» in sein Schiffsjournal eingetragen und den Namen mit gewaltigen Lettern in den Schweizer Farben rot und weiss an die Felsen malen lassen, ja, wie mir gesagt wurde, selbst mitgemalt. Es war uns klar, dass solche Liebenswürdigkeiten, wie auch die am Schiffsmast wehende Schweizerflagge, Verpflichtungen bedeuteten. Ich sagte in einer kleinen dänischen Abschiedsrede, dass es nunmehr für uns keinen andern Ausgang aus Quervainshavn mehr geben könne als nach Osten.

Dieser Abschied war besonders herzlich, und einige von der Schiffsmannschaft konnten ihre Bewegung nicht ganz verbergen, denn sie zweifelten doch in ihrem Innern, ob wir unsere Sache würden durchführen können. Dem kleinen Kajütjungen Julius liefen die hellen Tränen herab. Noch ein dreifaches donnerndes Hurra von der am Heck des Schiffes versammelten Mannschaft, und bald war «Fox» in der Ferne verschwunden, und nur ein dunkler Rauchstreifen schwebte noch zwischen den Eisbergen. Es war die letzte Fahrt dieses seit Franklins Untergang so berühmten Schiffes! Es scheiterte kurz darauf bei Agto.

Wir waren zu müde, um dem Schiff noch lange nachzublicken, und suchten vor allem Ruhe in unsern Schlafsäcken, soweit Mückenstiche und Hundegeheul das erlauben wollten. Ich versuchte zu meiner Erfrischung sogar ein kleines Meerbad; aber so unmittelbar dem Inlandeis gegenüber was es doch allzu frisch.

Als ich am Abend zu meinen Kameraden zurückkehrte, fand ich die Stimmung nicht gerade auf einem Höhepunkt; sie glaubten gemerkt zu haben, dass die bei uns zurückgebliebenen Träger uns auch fortlaufen wollten. Hössli sagte, dass sie immer wieder etwas von Atamut und Arsivimut brummen. Und – mut, die Lokativendung auf die Frage «wohin», war für uns in diesem Fall allerdings ein fatales Suffix.

Ein paar von den Trägern kamen denn auch mit ganz bestimmten Gründen, weshalb sie nicht weiter tragen könnten, sondern gleich fort mussten. Der eine hatte schwache Augen, und seine Schutzbrille sei verloren. Der zweite hatte es schlimm auf der Brust, der dritte hatte ein böses Bein. Was will man in solchen Fällen sagen, wenn man nicht als Menschenschinder dastehen soll? Aber *praesente medico nil nocet!* Wir hatten ja unsern Dr. med. Hössli, und so konnte ich den Grönländern sagen, es füge sich ungemein günstig für sie, dass sie mit ihren Gebrechen nirgends besser aufgehoben seien als in der Nähe unseres Rakorsak, der sie übrigens sogleich untersuchen werde. Dies geschah, und Hössli gab dem ersten aus unserm Vorrat eine Brille so dunkel wie die Nacht. Da war nichts zu machen. Dem zweiten gab er zu verstehen, an der angeblichen Brustkrankheit sei einzig und allein das zu viele Tabakkauen schuld. So musste auch der diese bitte Wahrheit statt des Tabaks schlucken und weiter tragen. Und der dritte wurde unters Messer genommen und ihm bis zu seiner Heilung der geruhsame Posten eines Hundehüters zugewiesen.

Um die Befestigung der Lage aber nicht allein auf ärztlichen Verordnungen beruhen zu lassen, breitete ich nun vor den Grönländern noch alle mir übriggebliebenen Herrlichkeiten aus: Schöne bunte Glarnertücher, rote Seidenbänder, eine Batterie Kautabak: Alles sollte ihnen gehören, über den abgemachten für Grönland schon recht hohen Trägerlohn hinaus – wenn alles hinaufgetragen sei. Und dem Führer der Grönländer, unserm vielgenannten Vitus, eröffnete ich noch privatim die Anwartschaft auf eine komplette europäische Tuchkleidung, die ich an der Westküste zurücklassen würde.

Damit war vorläufig eine geschäftliche Grundlage für die Aufnahme der Tätigkeit geschaffen; die Lasten wurden eingeteilt und der Marsch begann. Wir hatten beschlossen, die nächsten Tage dazu zu verwenden, vorläufig einmal alles bis in die halbe Höhe an den Rand eines Sees zu schaffen. Alle griffen tüchtig an, und doch waren wir fast alle damals sozusagen halbinvalide: Fick spürte noch seinen Sturz in den Schiffsraum; Mercanton hatte sich auf seinem ersten Marsch zum Inlandeis den Fuss verstaucht, Hössli die Pickelspitze sich bedenklich ins Bein geschlagen und anscheinend eine Sehne verletzt. Jost war mit einer Last von 75 Pfund auf einer schlimmen Kletterhalde gestürzt und hatte sein Befinden dabei auch nicht verbessert. Am meisten aber beunruhigte uns Gaules Infektion, die mehr und mehr nach einer Blutvergiftung auszusehen schien und ihn sichtlich angriff. Es war wahrlich keine Kleinigkeit, in solcher Verfassung die schweren Traglasten über die pfadlosen Felsen hinaufzuschaffen, unablässig verfolgt von Stechmückenschwärmen, gegen die man wehrlos war, und immer in den Ohren das sets bereite *ajorpok, ajornakrak* «es geht schlecht, es geht nicht mehr» der grönländischen Träger. Da ist keiner von uns, der nicht noch nach Jahren jeden Stein auswendig wissen wird vom Depot am Meer, der Mückenhölle, bis zum «Loch» und dann bis zum Mückenplatz, und weiter über den Bergsturz hinauf zum Mitteldepot.

Die Baissespekulanten meinten, es würden jedenfalls vierzehn Tage dauern, bis wir alles zum Inlandeis würden getragen haben. Unterdessen hätte die Sonne uns in der Randzone den Schlittenweg arg verderben können. Es war wichtig, so bald als möglich zu wissen, wie schnell das Abschmelzen am Eisrand fortschreite und wie weit uns die Westgruppe auf dem Inlandeis werde begleiten müssen; konnte diese Begleitung reduziert werden, so brauchten wir auch viel weniger Material an den Eisrand zu schaffen.

So brachen denn Mercanton, Jost und ich zu einer neuen Rekognoszierung nach dem Inlandeis auf; zugleich trugen wir drei Traglasten hinauf. Wir fanden im Vergleich zum ersten Besuch den Schnee an der Moräne schon zur Hälfte weggeschmolzen, und auf dem Eis hatten die Schmelzwasserbächlein ihre Grabarbeit schon begonnen; aber es musste vorläufig noch recht ordentlich gehen. Wir wanderten etwa 12 Kilometer weit ins Innere und gewannen den Eindruck, dass die Begleitung durch Schlitten der Westgruppe würde entbehrt werden können.

Das war ein Blick nach Osten! Immer neue Eiswellen, und schliesslich der fernste, letzte Horizont; mit dem würden wir es also zu tun haben. «Wie das aussieht», sagte Jost, «in Ewigkeit, Amen.»

Den Rückweg nahmen wir mehr nach rechts, bis wir das ganze Gebiet des Inlandeisrandes von der Höhe des Ekip Sermia bis zum Torsukatak und weiter bis selbst zu dem grossen Karajakeisstrom überblicken konnten. Was dort ganz in der Ferne so scharf emporragte, sollte das nicht der Gipfel des Ainuk sein, den ich einst zusammen mit Dr. Baebler bestiegen hatte, um damals unsere erste Ausschau über das Inlandeis zu halten? Aber noch nie hatte ich etwas gesehen, was diesem Überblick hier gleichkam: Wie das Inlandeis in beinahe 100 Kilometer breiter Front von einer höhern, vielleicht 30 Kilometer zurückliegenden Stufe herabflutete, so dass die an der Küste getrennten Eisströme nur mehr wie Verzweigungen eines einzigen übermächtigen Hochwassers erschienen, das liess uns unmittelbar anschaulich werden, warum dieses Gebiet der Küste der Ausgang all der Eisbergmassen sein muss, die sich da ins Meer entladen.

Als wir von unserer Rekognoszierung zu der malerischen Anordnung des Zeltplatzes am Mittelsee zurückkehrten, fanden wir den Materialstapel glücklicherweise ordentlich gewachsen, unsere Kameraden aber seltsam verwandelt, an Händen und Gesicht schwarz wie die Mohren. Das war die Mückensalbe, die der alte Praktiker Stolberg mit vieler Mühe ausfindig gemacht und als köstlichen Teil seiner Ausrüstung mitgebracht hatte. Die Neulinge hatten freilich den Wert dieser unappetitlichen Brühe nicht würdigen können und sogar gewünscht, man solle das überflüssige Zeug doch zurücklassen. Aber jetzt! Ein paar hundert Mückenstiche, welche in zwei

Tagen all die edelgewölbten Stirnen in schlecht beschreibbare gebuckelte Oberflächen verwandelt hatten, wirkten auch wesentlich umstimmend auf die dahinter formulierten Werturteile über die Mohrensalbe, und man sah die frühern Verächter nun jedes mückenbedrohte Fleckchen Haut sich aufs angelegentlichste einschwärzen. Das half dann für einen Tag; die Verbesserung unseres Teints aber hielt an bis zur Ostküste.

Wir hatten ursprünglich geglaubt, dieses mittlere Zeltlager würde schon mückenfrei sein: das hatte sich also als ein grosser Irrtum erwiesen, und ich konnte jetzt nichts Besseres tun, als den Rand des Inlandeises als das nächst erreichbare irdische Paradies zu schildern, das wir nach meiner Berechnung in zwei oder drei Tagen mit Sack und Pack erreicht haben können.

«Wie lieblich ist der Schritt der Boten, die Frieden verkündigen.» Aber zu unserer Überraschung fanden unsere Schalmeien von baldigem Mückenfrieden keinen besondern Widerhall. Ich glaube, die Baissepartei war unangenehm berührt, dass ihre schlimmen Erwartungen so getäuscht werden sollten. Sie wurden es aber. Nach drei Tagen stand alles oben beim Inlandeis, und als das letzte Stück hinaufgekommen war, kam auch der Regen; der hatte uns während der ganzen Zeit des Transportes gnädig verschont.

Es freute mich, dass meine Geburtstagsfeier gerade in jene Zeit fiel, wo gemeinsame ernstliche und mühselige Arbeit auch die Expedition erst recht zusammengeschweisst und geboren hatte. Jeder hatte jetzt erfahren, dass man sich aufeinander verlassen konnte. Zu besagter Feier wurde ich ins Zelt der Westleute geführt. Gravitätisch wie ein Liktor schritt Gaule, der heimliche Sarkastiker, voran, mit den ihm passend scheinenden Emblemen, einem Eispickel und einer Hundepeitsche. Warum die Hundepeitsche? – Mercantons Beherrschung des französischen Wortschatzes gelang es, liebenswürdig herumzukommen um die doch nicht ganz zu umgehende Tatsache, dass ich ein harter Herr sei und dass die Regierungsform der Tyrannis eigentlich dem Altertum angehöre (aber auch Grönland und das Inlandeis sind altertümlich!). Er fand rhetorische Mittel und Wege, schliesslich doch mit gutem Gewissen zwei alkoholfreie Flaschen zum besten zu geben, die er mit saurem Schweiss für die Tyrannenfeier heraufgeschleppt hatte.

Am letzten Transporttage hatte Hössli mit zwei Grönländern die Hunde vom Meer heraufgeholt; keine leichte Sache, da sie durch das lange Angebundensein und den Müssiggang verwildert waren. Der eine musste wegen einer schweren Verwundung leider schon am Meer unten erschossen werden. Der Grönländer zog ihm das Fell ab, das er an sich nahm, und sagte grinsend: «Zwanzig Kronen!» Das war der Kaufpreis gewesen.

Meiner wartete am Ufer noch eine literarische Aufgabe; ich sollte nämlich dem Kajakmann, den wir jetzt mit unserer letzten Post abschickten, einen grönländischen Brief für den Vorsteher der nächsten Eskimoansiedlung mitgeben, in welchem gesagt war, was mit unserer Sendung geschen sollte und dass wir selbst noch am Rand des Inlandeises drei Tage lang auf die ersehnte Post von «Hans Egede II.» warten würden.

Es war mir eine beiläufige Genugtuung, bei dieser Gelegenheit einen Komplex abzureagieren, mit welchem die zehnjährige Schulnötigung, möglichst fehlerlose Kompositionsprodukte zu liefern, meine Psyche einst unverantwortlich schwer belastet hatte. Heute konnte ich mich erleichtern und verfasste mit Vergnügen ein Schriftstück, von dem ich von vornherein wusste, kein Rand wäre breit genug, um alle nötigen roten Korrekturstriche aufzunehmen. Wenn nur der Mann in Ata begriff, was gemeint war. Und Korrekturen hatte ich hier am Inlandeis nicht zu gewärtigen. Aber weit gefehlt! Jens, der göttliche Hundehirt, entpuppte sich zugleich als bedeutender Eskimoschriftgelehrter. Mit mildem Lächeln überlas er meinen Schreibebrief und schlug dann vor, eine gemeinschaftliche neue Auflage zu veranstalten.

Unsere letzte Post enthielt auch einen Brief an unsern Expeditionsfreund Prof. Schröter, zuhanden der Schweizerischen Naturforschenden Gesellschaft, in welchem noch einmal betont war, dass aus einem immerhin möglichen schlimmen Ausgang der Durchquerung nicht auf eine ungenügende Vorbereitung geschlossen werden, dass auch kein Argument gegen solche nun einmal riskierten Unternehmungen daraus gemacht werden dürfte. Ein sonderbarer Zufall hat dann gewollt, dass der Brief an der Jahresversammlung verlesen worden ist, nur wenige Augenblicke bevor die Nachricht des Gelingens ankam.

Drei Tage warteten wir dann oben am Inlandeis im Nebel, Regen und Schnee auf die Rückkehr unseres Kajakboten und brachten unterdessen die Hundegeschirre in Ordnung und packten drei Schlitten. Es mag von Interesse sein, hier etwas von unserer Inlandeis-Ausrüstung zu vernehmen.

Peary hat einmal gesagt, es wäre zur Not auf dem Inlandeis auch ohne Zelt auszukommen. Ohne Not wird man es aber nicht entbehren wollen, besonders wenn unterwegs sorgfältige Messungen durchgeführt werden sollen. Das unsrige liess ich nach manchen Stofferprobungen aus schweizerischem Militärzeltstoff machen. Ich wählte ihn dunkel, damit die Augen im Zelt Ruhe hätten, auch damit man es im Schnee von weitem besser sehe und damit es bei Sonnenschein wärmer sei. Der Eingang, um dessen Konstruktion sich Fick besonders verdient gemacht hatte, war schlauchartig, aus hellem Stoff gemacht und ohne Schwierigkeit hermetisch verschliessbar. Dem Eingang gegenüber war dem rechteckigen Boden von 2×2,40 Meter Grundfläche noch eine dreieckige Ausbuchtung angefügt, die wir das Chor nannten. Das Zelt bot so dem Wind weniger Widerstand. Oben im Chor war ein verschnürbares Ausgucklock angebracht; die Zeltstangen waren aus drei Zentimeter dickem Bambus. Der Zeltboden war mit den Seitenwänden untrennbar verbunden, so dass nichts von aussen eindringen konnte. Ausserdem hatten wir noch einen besondern, völlig wasserundurchlässigen Zeltboden, der zugleich vorkommendenfalls als Segel diente. Für diese Segeleinrichtung waren alle Teile schon fertig ausprobiert, so dass dieselbe in wenigen Minuten aufgerichtet werden konnte. Für die Westgruppe hatte ich ein Zelt aus fester Rohseide machen lassen, das entsprechend leicht war, dafür aber auch den Wind ein wenig durchblasen liess.

Die liebsten Ausrüstungsstücke waren uns die Schlafsäcke aus dem Fell junger Renntiere. Sie waren verhältnismässig leicht und dabei so warm, als man nur wünschen konnte. Hatte man sich einmal hineinverpuppt, so fühlte man sich geborgen wie in Abrahams Schoss. Wir hielten sie in einem wasserdichten Sack verwahrt. Ausserdem besassen wir an besondern Kälteschutzmitteln: jeder ein Paar bis über die Knie reichende doppelte Pelzstiefel, ein Paar Pelzhandschuhe und eine mit Daunen gefütterte Jacke. Das alles brauchten wir aber gewöhnlich nicht auf dem Marsche selbst, sondern wenn wir bei den Instrumenten herumstehen oder ruhig im Zelt sitzen mussten. Unterwegs waren wir mit dicken wollenen Kleidern und Unterkleidern und mit leichtgenagelten schweizerischen Lauparschuhen, die für drei Paar dicke Socken Platz hatten, genügend geschützt. Zum Schutz gegen starken Wind und durchdringendes Schneetreiben besassen wir überdies vier weite Überkleider aus Vadaline, einem leichten, aber festen und winddichten Stoff; wir sahen darin clownmässig aus, waren aber sonst ganz zufrieden damit.

Unsere Skis waren aus Eschenholz, von der Firma Dethlefsen. Fick und Gaule wünschten ausserdem noch je ein Paar sogenannte schwedische Laufskis mitzunehmen, welche schmäler, aber viel länger als die gewöhnlichen Skis sind und am hintern Ende eine gewisse Verdickung besitzen; sie sollten in flachem, hindernisfreiem Gelände viel leichter laufen.

An Wertschätzung stand neben den Schlafsäcken an erster Stelle der Kochapparat. Wir benützten einen der im Norden so beliebten Primusbrenner, bei welchem Petrol zur Verwendung kommt; er hat vor Spiritus den Vorzug eines viel höhern Heizwertes, und dieser wird im Primus vorzüglich ausgenützt dadurch, dass das Petrol vor der Entzündung vergast und mit Luft gemischt wird, wie bei einer Lötlampe.

Als Kocheinrichtung schaffte ich mir auf den Rat von Shakleton einen Satz von Aluminiumgefässen an, die nach dem Vorbild des Nansen-Kochers hergestellt sind und eine vollständige Ausnützung der Wärme erreichen. Wir nahmen dreissig Liter Petrol mit uns, welche zur Vorsicht in drei Blechtanks in die drei Schlittenkästen verteilt waren. Gebraucht haben wir nur etwa zwölf Liter.

Diese drei Kisten, in denen im übrigen Instrumente, Bücher und Kochgeräte untergebracht waren, wurden auf unserm Zuge durch die Eiswüste fast ebenso sorgfältig behütet wie die Bundeslade auf der Wüstenwanderung der Kinder Israels.

Das Hauptgewicht der Ladung bildete natürlich der Proviant, und unter diesem der Pemmikan, der in Klötzen zu 250 und 500 Gramm verpackt war, welche in grossen Blechdosen zu je 20 oder 25 Pfund verlötet waren. Im ganzen hatten wir 820 Pfund Pemmikan mit, welcher vier Wochen für die Hunde und ausserdem acht Wochen für die Menschen ausreichen sollte. Die tägliche Hunderation schwankte zwischen 330 und 450 Gramm. Auf jeden von uns kam täglich mindestens ein halbes Pfund. Ausser dem Pemmikan hatten wir noch mit: Maggisuppen und getrocknetes Gemüse, Lenzburger Konfitüren und Fleischkonserven, kondensierte Milch von Cham, von der Berner Alpenmilchgesellschaft und von der Pulvermilchfabrik Glockental; von letzterem Ort auch den besonders beliebten Pulver-Milchkaffee. Honig, Butter, Käse und Apfelschnitze seien auch nicht vergessen.

All diese Herrlichkeiten standen uns natürlich nicht à discrétion zur Verfügung, sondern ein ehernes Gesetz, zu dessen Hüter der Proviantmeister Hössli bestellt war, teilte einem jeden nach Gramm und Millimeter seine tägliche Ration zu. Nur mit dem Käse machte der Unerbittliche eine Ausnahme; diesen verteilte er nämlich nach einer Exponentialfunktion, indem er die Portionen offenbar jedesmal nach dem noch vorhandenen Vorrat bemass. Erst bei der Ankunft im Depot an der Ostküste schnitt, wie vorgreifend bemerkt sei, die Käseasymptote infolge unserer Begeisterung plötzlich die schon recht benachbarte Nullinie.

Beinahe hätte ich bei unsern Vorräten das Brot zu erwähnen vergessen, unser schwarzes Roggenbrot. Ich bedaure, nicht wenigstens ein Stück davon als Beweismaterial nach Hause zurückgebracht zu haben. Es war nämlich so hart, dass ich glaube, keine Zähne und keine Schilderung können seiner Härte gerecht werden. Man knabberte mit den ernstlichsten Absichten fünf Minuten an diesen Klötzchen herum wie ein Einbrecher an einem Kassenschrank, ohne auch nur Hoffnung auf Erfolg zu gewinnen. Ich bin gewiss, nur der immerwährende Polartag hat verhindert festzustellen, dass unter unsern Zähnen die Funken sprühten. Dieses allzu harte Brot veranlasste uns Ostleute, bei der grossen Proviantpackerei ein wenig vom Pfade der sozialen Tugend abzuweichen, indem wir uns zur Kompensation ohne Befragung der Generalversammlung den gesamten Vorrat von Biskuits zuerteilten, mit Recht erachtend, die zurückbleibende Westgruppe werde sowieso mehr Gelegenheit behalten, ihr Menü zu variieren, als wir. Der Verlauf wird zeigen, dass wir uns der sprichwörtlichen Lieblichkeit dieses gestohlenen Brotes nicht lange erfreuen durften.

Am 19. Juni war der Kajakmann Vitus ohne die erwartete Post von Ata zurückgekommen. Die Ankunft von «Hans Egede II.» hatte sich demnach verspätet. So mussten wir den Weg über das Inlandeis antreten, ohne seit unserer Abreise von Europa noch irgend welche Nachricht erhalten zu haben; aber vielleicht war es gut so; es konnte eine Botschaft darunter sein, welche des einen oder andern Energie hätte lähmen können.

Bis in den Inlandeis-See

So war denn kein Grund mehr, zu zögern, und als in der Nacht vom 19. auf den 20. sich ein feiner Schneeflaum auf das harte, unebene Eis gelegt hatte, welcher für den Anfang den Pfoten der Hunde günstig sein konnte, entschlossen wir uns zum Aufbruch. Mit Hilfe der Grönländer wurden die Hunde in drei Gespanne verteilt. Sie waren in der Wartezeit ausser Rand und Band geraten. Mit dem einen grossen Hunde aus Jakobshavn hatte ich eine regelrechte Rauferei, weil er mich beim Nachsehen des Geschirrs ebenso regelrecht gebissen hatte. Das durfte nicht hingehen, und da ich gerade nichts zur Hand hatte, musste ich mich mit ihm am Boden herumwälzen. Er wusste nachher, wer die Oberhand hatte. Aber ob ich gut getan habe, bezweifle ich hinterdrein; denn er konnte mich hinfort nie mehr in einiger Nähe sehen, ohne in Aufregung zu geraten, und blieb, obschon ein guter Zughund, so scheu, dass nur Hössli mit ihm verkehren konnte. Auch das Herz eines Eskimohundes ist nicht nur ein trotziges, sondern ein ebenso verzagtes Ding, und es brauchte eine gewisse Erfahrung, um das zu verstehen und zu berücksichtigen.

Bei der Hundeverteilung kam an den ersten Schlitten das Egedesminder Gespann, das eine geschlossene, zusammengewöhnte Gruppe darstellte und das den tüchtigsten Leithund besass, der auch von allen andern Hunden respektiert wurde. Bei der Zuteilung der andern Hunde mussten neben der möglichst gleichmässigen Zugkraft der Gespanne auch die schon vorhandenen besondern Hundefreundschaften berücksichtigt werden. Diese konnte man natürlich nicht ohne weiteres erraten und wurde erst bei den ersten Lagerplätzen durch unglückliches Hinüber- und Herüberwinseln von einem Hundegespann zum andern über das Bestehen einiger besonderer Sympathien belehrt. Da es sich nicht um eine menschliche, sondern um eine Hundeverwaltung handelte, wo man also ohne Angst vor Präzedenzfällen den Regungen des Herzens und des gesunden Hundeverstandes folgen durfte, konnten wir solchen billigen Wünschen ohne weiteres nachgeben.

Die Nebelschwaden zogen tief über den Boden hin, als wir am

20. Juni um Mittag aufbrachen. Die Hunde waren fast nicht zu halten; sie heulten vor Ungeduld und zerrissen die im Regen der letzten Tage weich gewordenen Zugriemen. Ihr Eifer fand sogleich harte Arbeit vor, bei der wir alle mithelfen mussten. Zunächst ging es ziemlich steil hinauf durch den Schneebrei, der den Rand bedeckte, der aber glücklicherweise an einer Stelle sich durch eine Lücke in der Moräne fast ununterbrochen bis zum apern Eis hinaufzog. Es folgte jetzt unter stetem Steigen eine durch unzählige Kryokonitlöcher und kleine Wasserläufe charakterisierte Zone. Die Wasserläufe waren zur Zeit unserer ersten Rekognoszierung noch kaum im Entstehen gewesen; unterdessen hatten sie sich aber schon so weit eingefressen, dass für die Schlitten ein eigener Weg gesucht werden musste, was aber nicht hinderte, dass sie sich trotzdem ab und zu überschlugen. Das war aber nicht das schlimmste; bedenklicher war, dass die Hunde beim Einbrechen in die scharfkantigen Kryokonitlöcher ihre Pfoten verletzten, so dass bald ein Streifen von Blutspuren unsern Weg markierte. Die fünf Grönländer, die uns bis zum ersten Zeltplatz begleiten sollten, machten dazu aber bedenklichere Gesichter, als nötig gewesen wäre, weil sie den ersten Halt möglichst bald herbeiwünschten.

 In 840 Meter Höhe schlugen wir das Zelt auf und sassen noch einmal zu einem kleinen Abschiedsessen zusammen. Die zurückbleibende Westgruppe sprach sich zum Schluss noch einmal anerkennend über die Ostgruppe aus, und die Durchquerungsgruppe wusste diesmal auch über die Westleute Artiges zu sagen. Stolberg gab mir noch Post und Grüsse nach Hause mit, dann kehrte er mit drei Grönländern nach Westen zurück. Mercanton, Jost und die zwei Grönländer Jens und Emil von Jakobshavn sollten noch bis zum folgenden Tag bei uns bleiben. Es gab zu acht eine enge Nacht in dem vierplätzigen Zelt. Aber es ging.

 Am folgenden Tag ging unser Kurs ein wenig zu viel nach rechts, so dass wir einige Zeit in Spaltengebiete gerieten. Den Hunden war das etwas Neues; wenn sie sich auch ganz geschickt benahmen, glitt doch der eine oder andere ab oder brach durch; sie zappelten dann in ihren Geschirren, bis sie herausgezogen wurden. In der zweiten Hälfte des Tages gerieten wir unerwartet an einen jener breiten, tiefen und schnellen Wasserläufe, welche das Randgebiet in einer für das Vordringen recht unerwünschten Weise beleben. Es hätte jedenfalls eines völligen Abladens der Schlitten und vieler Mühe und Zeit gebraucht, ihn zu überschreiten. Nicht weniger Zeit brauchte allerdings schliesslich seine Umgehung nach rechts; er kam aus einem halbgefrornen und von einem Schneesumpfgebiet umgebenen See, der sich am Grunde einer jener ungeheuren flachen Eismulden befand, welche die Oberfläche des Randgebietes kennzeichnen.

Während Jost von der Rekognoszierung zurückkehrte, um die Schlitten den rechten Weg zu führen, ging ich weit voraus und sah, dass nach rechts ein ganzer Kranz von Seen den Weg versperrte, während man links, nachdem man noch einen Bach passiert hatte, in einer stärkern Steigung die Seenregion unter sich lassen konnte. Als ich zurückkam, fand ich das Zelt schon aufgeschlagen. Menschen und Hunde hatten nach den Schneesümpfen genug.

Auf meinen Bericht hin wurde aber beschlossen, noch einmal aufzupacken und jedenfalls über den doch unvermeidlichen Bach zu gehen, solange wir noch die Hilfe von Jost und Mercanton und den zwei Grönländern hatten. Die beiden letztern wollten nämlich nicht weiter mitkommen. Ich hatte ihnen schon unterwegs eine kleine Ansprache über das Thema «Ein Mann, ein Wort» gehalten, und sie an die Versprechungen in Jakobshavn erinnert, dass sie eine Woche lang mitkommen wollten, worauf sie erwiderten, dass sie immerhin die einzigen seien, die überhaupt am zweiten Tage noch mitgekommen seien, und dass kein anderer Jakobshavner das getan hätte. Jetzt machte sie der neue Aufbruch vollends misstrauisch, und ich musste feierlich versichern – soweit die Kombination meiner grönländischen Brocken etwas Feierliches haben konnte –, dass sie jetzt bald mit uns essen und schlafen, und dann ganz gewiss sofort, und zwar zusammen mit Jost und Mercanton zurückkehren könnten.

Ein glückliches Missverständnis hatte unsern Zusatz zum Tagemarsch noch erfreulich verlängert. Denn Hössli, der mit dem ersten, weniger belasteten Gespann immer ein Stück weit voran war, hatte den ersten Bach noch nicht für den wahren gehalten und darum den Schlitten in scharfem Tempo noch ein paar Kilometer über den eigentlich beabsichtigten Halteplatz hinausgeführt, und wir mussten wohl oder übel mit den schwerern Schlitten und den schwächern Hunden stossend, herzklopfend und schwitzend folgen. Und schliesslich waren alle froh, dass wir dieses Stück noch in gemeinschaftlicher Arbeit überwunden hatten; denn von hier weg mussten wir vier es allein machen können.

Am andern Morgen um 9 Uhr schüttelten wir uns noch einmal kräftig die Hände. Mercanton und Jost waren schon ein Stück weit gegangen, da kam Jost noch einmal zurück und brachte ein Reservestück des Aktinometers, das auf dem holprigen Weg des Vortags vom Schlitten gefallen sein musste. Er wäre zu gern ganz mitgekommen, und wenn ich auch meine tüchtigen Begleiter schon hatte, tat es mir doch aufs neue leid, ihn nicht auch noch mitzuhaben. Aber Mercanton hatte ihn auf der Westküste nötiger. Und dann das Winterprogramm! Da gingen sie nun im Westen den Eishang hinab. Noch winkten sie; bald sah man nur mehr die Köpfe, dann die Mützen; jetzt waren sie verschwunden. Wir holten die Fahne herab und machten uns an die Beobachtungen.

Dieser unser zweiter Zeltplatz lag in etwa 1000 Meter Höhe. Noch war keine Schneedecke zu sehen, und die Hunde traten beim folgenden Marsch immer behutsamer auf die harten Eiskristalle. Da endlich erreichten wir ihn, in der Mitte des dritten Marschtages, den ersehnten Schnee. Es war oft ein trügerischer Boden; in der Tiefe der Schneemassen blieb das Schmelzwasser auf der kaum geneigten eisigen Unterlage stehen und bildete einen förmlichen Schneesumpf, dessen schwach gefrorene obere Schicht kaum den Fuss trug. Das also waren die Eissümpfe Nordenskiölds, vor denen er bei seinem Vorstoss in dieser Gegend einst hatte haltmachen müssen und an die ich mit leiser Besorgnis gedacht und darum den Abmarsch an der Westküste möglichst früh gelegt hatte. Vierzehn Tage später, und sie hätten wohl auch uns Halt geboten. Schon jetzt brach man ab und zu in den mehr als metertiefen Brei ein und fand es klüger, die Skis anzuziehen.

Oberflächliche Wasserläufe waren kaum mehr zu sehen. Aber ein mächtiger Grundwasserstrom speiste runde Seen schwarzblauen, offenen Wassers, die zu unserer Überraschung auch hier oben immer wieder die flachen Mulden ausfüllten.

An diesem Tage sahen wir noch einmal die Küste. Durch die Lücke des Pakitsokfjordes schimmerten golden die Gewässer der Diskobucht. Dies war das letztemal, bis wir dann auf der Ostküste Thalatta! rufen konnten.

Da der tiefe Schnee am Tag unter der Sonnenstrahlung viel zu weich wurde, beschlossen wir, die folgende Tagesreise erst am Abend anzutreten. Doch mussten wir warten bis nach Mitternacht, bevor der Schnee trug.

Am Abend dieses Tages hatte ich ein seltsames und für Philister vielleicht unverständliches Erlebnis. Ich hatte allein noch vor dem Zelt zu tun. Die andern schliefen drinnen. Da sah ich in den weissen, eigentümlich verschlungenen Federwolken, die den Himmel überzogen, im Osten riesengross, unbeweglich eine grinsende Fratze stehen. Sonst war ich ja der letzte, in den Wolken Phantasiebilder zu suchen. Aber war das nicht der Dämon des Inlandeises, der uns erwartete? Es stieg in mir auf, was mir einer geschrieben hatte, der wohl urteilen konnte: «Die Ausführung Ihres Planes bedeutet Ihr Verderben...» Doch was konnte passieren? Unsere Schlitten waren beladen mit reichlichem Proviant, die Ausrüstung war wohl überdacht und schon erprobt, die Hunde stark, die Schneebahn erreicht, die Spalten verschwunden!

Eine Antwort brachte schon der folgende Morgen: Kaum waren wir drei Stunden unterwegs, da geriet das erste Gespann, ohne dass sein Lenker es merkte, auf die Decke eines fast ganz überschneiten Sees. Auf dem festen blanken Jungeis des Randes konnten die Pfoten der Hunde nicht fassen und der Schlitten blieb stecken.

Im Augenblick holten die eifersüchtigen Hunde der hintern Schlitten den ersten ein und konnten nun auch nicht weiter. Ich befand mich gerade beim hintersten Schlitten, um das Sledgemeter zu kontrollieren, und da die Stelle mir sehr bedenklich vorkam, rief ich Hössli zu, sein Gespann schnell vorwärts zu peitschen. Aber es war zu spät. Während das erste Gespann gerade noch festeres Eis erreichen konnte, brach die Eisdecke unter der Last der hintern Schlittens. Ich sah gerade noch, wie Ficks Schlitten im Wasser verschwand, als sie auch unter mir und Gaules Schlitten krachend barst. Unsere schöne Expedition! dachte ich beim Hinabsinken. Ich fand unter meinen Füssen keinen Grund, aber über mir eine Schlittenkufe und eine hilfreiche Hand, die mir erlaubten, mich aufs festere Eis emporzuarbeiten. Von Ficks Schlitten sah man nur mehr ein kleines Stück; er schien aber vorläufig noch etwas zu schwimmen. Gaules Schlitten stand mit dem Vorderteil noch auf dem Eis, brach aber bei unsern Versuchen, ihn vorwärts zu bringen, auch völlig ein. Das erste, was jetzt geschehen musste, war, die Hunde loszuschneiden und dann womöglich aus einem der Schlittensäcke die bereitliegenden Seile herauszufischen und mit diesen die Schlitten gegen das festere Eis zu verankern, damit sie uns nicht völlig entschwinden könnten. Bei unsern Versuchen, sich der Unglücksstelle zu nähern, brach das Eis aber immer mehr, und wir versanken immer wieder bis an den Hals im Eiswasser und mussten dann sehen, wie wir selbst wieder herauskamen.

Da gelang es, ein oder zwei Paar Skis von den Schlitten freizubekommen und auch trotz der gefrorenen Finger schliesslich anzuschnallen. Jetzt wurde es mit aller Vorsicht möglich, sich den Schlitten zu nähern. Fick schnitt nun, halb unter Wasser arbeitend, Stück für Stück von seinem Schlitten los, und Gaule bugsierte es weiter aufs feste Eis. Das gleiche tat ich mit Hössli zusammen bei dem andern Schlitten.

Langsam, äusserst langsam ging die mühselige Arbeit vor sich. Mit den fühllosen Händen spürte man kaum, was man unter Wasser machte, und schnitt sich in die Hände, statt in die Stricke. Und in den Taschen konnte man sie nicht erwärmen; denn in dem kalten Wind hatten sich unsere Kleider um und um in starre Eispanzer verwandelt, so dass man nicht wusste, war es schlimmer ausserhalb des Wassers, oder drin. Es musste ein Augenblick kommen, wo wir zu erstarrt waren, um noch etwas ausrichten zu können. Gott sei Dank, da flog der Ballen mit den Schlafsäcken aufs feste Eis. Ich atmete zum erstenmal auf. Das war unser Leben! Dann kam auch die Kochkiste; sie verdiente ein zweites Aufatmen. Das war die Expedition, die Durchquerung! Schliesslich konnten wir an den Seilen auch die erleichterten Schlitten herausreissen. Drei lange und bange Stunden hatten die Bergungsarbeiten gedauert, und dabei waren wir immer wieder, oft bis an den Hals, eingebrochen. Ich war in meinen Kleidern so steif gefroren, dass ich mich nicht mehr bücken konnte, sondern nachher auf dem Bauche liegend ins Zelt kriechen musste.

Die Bilanz dieses Seebades war, dass fast alle Apparate und besonders auch die Chronometer unversehrt geblieben waren; ebenso das Zelt und die meisten Pelzsachen; ich hatte sie zur Sicherheit von Anfang an in wasserdichten Säcken unterbringen lassen. Den eisernen Bestand an Zündhölzchen hatte Fick noch an der Küste vorsichtshalber wasserdicht eingelötet und auf alle Schlitten verteilt. Alle diese Vorsicht hatte sich jetzt gut belohnt.

Mein Chronograph hatte leider Wasser geschluckt und wollte nicht mehr funktionieren; kraft einer alten Liebe zur Präzisionsmechanik und Uhrmacherei konnte ich ihm aber wieder zurechthelfen. Dagegen blieb leider unreparierbar der schöne Stereoskopapparat, nach dem weisen Spruch in Fausts drittem Teil: «dass Draht und Kleister dauernd niemals sich vereint». Der hölzerne Theodolitkasten war leider vom Wasser so verquollen, dass wir das Instrument ohne es zu beschädigen in den nächsten Tagen nicht herausnehmen konnten und so lange die magnetischen Messungen unterbrechen mussten. Ganz abhand gekommen war uns ein Sack mit Angmasetten, die bestimmt waren, den Hunden den Übergang von ihrer gewöhnlichen Kost zu dem reinen Pemmikan leichter zu machen. Ich möchte wohl wissen, was ein späterer Inlandeiswanderer zu der unverhofften Fischbevölkerung dieses verlorenen Sees sagen würde!

Die Hunde hielten sich für die ihnen entgangenen Angmasetten nach Möglichkeit schadlos, indem sie, während wir um unser versunkenes Hab und Gut besorgt waren, unsere Hilflosigkeit herzlos benutzten und ihre Zugriemen und Geschirre zu fressen begannen. Nur die elfenbeinernen Knöpfe liessen sie übrig, soweit wir ihnen nicht vorher das Handwerk legten. Während drei von uns im Zelt aufzutauen und sich zu trocknen versuchten, musste der Vierte mit klappernden Zähnen draussen auf die Hunde passen. Da fingen die Augen an uns aufzugehen über die goldnen Früchte, die am grünen Baum der Hundepraxis wachsen können.

Das Bedenklichste war aber nicht das, was wir verloren, sondern was wir bei diesem Einbruch gewonnen hatten, nämlich einen unerwünschten Zentner Wasser, der sich unseres Zwiebacks und unseres Brots, aber auch unserer Biskuits dauernd angenommen hatte. Diese Artikel waren dann bald in Eisklötze verwandelt, und es bedurfte der Initiative unseres Proviantmeisters, unterstützt von einem guten Hunger und dem guten Willen meiner Begleiter, um dieser Materie noch Geschmack abzugewinnen.

Es war mir von grossem Wert, zu sehen, dass der Zwischenfall auf dem See, der so leicht ganz fatal hätte ablaufen können, doch keinen von uns irgendwie entmutigt hatte. Im Gegenteil, es war für uns eine direkte Ermutigung, dass wir uns aus dieser bedenklichen Situation hatten ziehen können und dass manche Vorsicht, die wir bei unserer Ausrüstung beobachtet hatten, sich jetzt bewährte, so dass wir am folgenden Tage zur bestimmten Stunde marschbereit waren, als ob nichts geschehen wäre.

Vorläufig mussten wir sehen, wie wir von unserm See, den wir später das Sommerbad nannten, überhaupt fortkamen. Denn wir hatten uns gar nicht auf festes «Land» gerettet, wir wir zuerst meinten, sondern eben auf die festere Eisdecke, die den mittleren Teil des Sees deckte und die vom Ufer zum Teil durch offenes Wasser, zum Teil durch das dünne, verräterische Eis getrennt war, welches wir nun kannten. Hössli hatte aber am Abend schon einen Ausgang ausgekundschaftet, der dann über Nacht noch fester fror.

An diesem wie an den folgenden Tagen ging ich seenhalber stets einen oder zwei Kilometer voraus. Wir hatten am Tage nach dem Seebad noch ein unerwartetes Zusammentreffen mit einem lebenden Wesen, nämlich mit einer Möwe, die nicht weit von mir auf einem gefrorenen Tümpel sass und nachdenklich zusah, wie unsere Kolonne passierte. War sie vom Sturm in diese Wüste verschlagen, hatte sie Hunger? Gerne hätte ich sie an die Angmasetten verwiesen, die wir im Seebad gelassen hatten. Aber wir konnten uns nicht verständigen.

Über Grönlands Hochfirn

Nach dem Seebad begann für uns ein verhältnismässig regelmässiger Lebenswandel; aber nicht etwa in gut bürgerlichem Sinn zu denken. Denn wir folgten dem Beispiel, das uns die Sonne gab, und machten immer auch die Nacht zum Tag und den Tag zur Nacht, wie es gerade für unser Fortkommen besser passte.

Doch war nun in unser Tage- und Nachtwerk eine gewisse Ordnung gekommen, die sich immer mehr zu einem lückenlosen System auskristallisierte.

Ich beginne seine Beschreibung bei dem köstlichen Augenblick, wo «Zeltplatz» beschlossen war. Während ich die Ankunftsablesungen machte, wobei wir uns je nach der Kilometerzahl ein mehr oder weniger lobendes Zeugnis ausstellten, stellten Hössli und Fick das Zelt genau in der Windrichtung auf, und Gaule band die Hunde an die Breitseite der Schlitten, so dass sie sich nun stillhalten mussten (wenn sie es nicht doch anders vorhatten!). Unterdessen hatte ich meine Schneebinden und Lauparschuhe ausgezogen – denn in unserm Zelt galt es so streng wie in einer Moschee, dass man nicht mit Schuhen, sondern nur mit Kamikern eintreten durfte – und kroch hinein, um den hochgeschätzten wasserdichten Zeltboden zu befestigen und den von aussen hinein gereichten Hausrat in Empfang zu nehmen und zu ordnen. Zuerst die kostbare Instrumenten- und Bücherkiste, die «Bundeslade», die hinten in das Chor gestellt wurde, als gewichtige Beschwerung gegen den Wind. Dann die Schlafsäcke, die Kochkiste ... ein jegliches an seinen Ort, auf den Dezimeter und auf den Zentimeter genau. Ich will nicht die Geduld Fernerstehender und die Glaubenskraft Näherstehender über Gebühr in Anspruch nehmen, indem ich eingehender schildere, welche wunderbare Ordnung in unserm Zelt herrschte. Aber ich für mich erbaue mich dennoch an der Erinnerung, dass ich in meinem ganzen Leben früher nie auch nur entfernt ein so ordentlicher Mensch war wie damals auf dem Inlandeis. Was beweist das? Für mich jedenfalls das eine: Ein wie viel besserer, d. h. glücklicherer Mensch man sein kann, wenn man keine Briefe, keine Zeitungen bekommt. Ich ziehe einen mittleren Schneesturm einem gefüllten Briefkasten vor. Was bedeuten diese papiernen Geschosse anderes als tausend Versuche der Freiheitsberaubung? Und wie ist das herrlich, einmal seines Weges zu ziehen, statt als Resultante aus einem bisschen eigenen Willen und vor allem aus hundertfachem Gezerrtwerden an allen den Verpflichtungs-, Respekts- und Bereitwilligkeitsfäden im Zickzack sich zu bewegen, ein gehorsamer Hampelmann! Wir aber zogen unseres Weges, einzig und allein unseres Weges; ohne Wegweiser, ohne eine Obrigkeit, die Gewalt über uns hatte. Ja, es war gerade, wie Busch sagt:

Ohne einen hochgeschätzten,
tugendhaften Vorgesetzten
Irrt er in der Welt umher,
Hat kein reines Hemde mehr ...

Ach ja, mit dem letzten stimmte es auch. Aber wie leicht nahm man das in Kauf.

Kehren wir aber zur Tagesordnung zurück. Die stellte obenan die Hundefütterung. Während unser Petroleumkocher brummend die Eisstücke nach und nach verdaute, mit denen wir ihn gefüllt hatten, öffneten wir im Zelt in Eile eine Fünfundzwanzigpfundbüchse und zerhackten die Pfundklötze in kleine Stücke, damit eine einigermassen gerechte und auch für einen Hundemagen rationellere Verteilung möglich sei. Das Tönen des Pemmikanbüchsenblechs kannten die Hunde aber sehr bald und brannten dann vor Begierde, sich ins Zelt zu stürzen, um das Verfahren abzukürzen, und da hätte selbst das Queranbinden an der Breitseite der schwerbeladenen Schlitten schliesslich nichts genützt; einem Hundegespann, das will, ist nicht leicht ein Ding unmöglich. Da musste Fick unterdessen mit der Hundepeitsche unablässig von einem Gespann zum andern gehen und sie mit Wort und Tat zur Geduld ermahnen.

Zum Zeitvertreib nahmen die Hunde sich dann gegenseitig selbst bei den Ohren; ein jämmerliches Geheul der Unterlegenen tönte immer wieder in unser Zelt und dazwischen der gelassene Ruf des friedenstiftenden Fick: *Ei, ei! lexei!* Unterdessen hatten wir unsere Portionen abgeteilt, und nun ging's mit einem Sprung hinaus, ein jeder zu seinem Gespann. Wehe, wenn man einem Gespann seine Brocken auch nur zwei Sekunden später als den andern hinwarf. Es erfolgte unabwendbar ein wütender Angriff auf die Bessergestellten. Eine halbe Minute, und es war von den 25 Pfund Pemmikan nichts mehr zu finden, auch nicht eine Spur so gross wie ein Stecknadelknopf. Aber die Hunde waren jetzt noch keineswegs satt, weil der Pemmikan erst nach und nach im Magen aufgeht, und schauten gierig nach einem Nachtisch aus. Das schlechte Beispiel gab allezeit Gaules Leithund Kutlipiluk, d.h. «der mit der Träne im Auge», den wir zum Ersatz einer «gelben Katze» vom Pfarrer in Jakobshavn eingetauscht hatten. Sein lyrischer Name hinderte ihn nicht an einem recht gierigen Benehmen, so dass wir ihm und ein paar Fressgesellen zum warnenden Beispiel die Schnauze zubanden.

Nach der Hundefütterung kam die unsrige daran, und wir Herren lebten in der Hauptsache von den Brosamen, die von der Hunde Tische fielen, vor allem von den Brocken des Hundepemmikanrüstens, die mit Maggirollen zusammen zu einem Suppenkleister verkocht wurden, in welchem wirklich der Löffel innestand. Auf Grund von angestellten Verdauungsanalysen war mir vom Pemmikan abgeraten worden. Aber ich hatte mich an D. Nordenskiölds Antwort gehalten: «Ich weiss nur, dass man mit ein paar Tellern von dem Zeug im Leib wieder einen Tag vorwärts kommt.» Und so war es auch.

Zugleich mit der grossen Suppenkocherei betrieb ich meine Privatkocherei mit dem Siedepunktsapparat, dem sogenannten Hypsometer; diese wichtigen, auf etwa $1/300$ Grad genau anzustellenden Bestimmungen des Siedepunktes dienten zur täglichen Aneroidkontrolle, ohne welche unsere Höhenbestimmungen nicht zuverlässig genug gewesen wären. Es gelang mir, den delikaten Apparat durch alle Gefahren des Zeltlebens ohne Unfall hindurchzubringen. Welche Um- und Unfälle im übrigen im Zelt noch zur Verantwortung zu ziehen und welche höherer Gewalt zuzuschreiben seien, darüber waren die Meinungen geteilt, und meine Begleiter empfanden die meinige wohl als gar zu rigoros. Aber es war eben weit bis zum nächsten Warenhaus.

Nach der Abendsuppe, der an guten Tagen etwas Tee oder Milch für den Durst folgte, stellte Gaule noch den luftelektrischen Apparat auf; einer füllte vorsorglich den Kochapparat mit Schnee für den «Morgen», ein anderer machte die meteorologischen Terminablesungen. Und dann konnten wir uns in die ersehnten Schlafsäcke «einschleichen», wie wir mit Mercantons Ausdruck zu sagen liebten. Es gibt nichts Schöneres, als nach einem ehrlichen Arbeitstag auf dem Inlandeis in einem Renntierschlafsack einzuschlafen – es sei denn das Gewecktwerden durch den Ruf: «Der Kaffee ist fertig.»

In den Genuss des Morgenessens fiel oft die Zeit, wo die Sonne durch den ersten Vertikal ging und wo also ihre Beobachtung für die Längenbestimmung nötig war. Meist beobachtete Gaule mit dem Sextanten, während ich auf die Chronometer sah. Nach dem Morgenessen ergossen sich aus dem proviantmeisterlichen Füllhorn noch einige besondere für den Tag aufzusparende Gaben, wie Apfelschnitze oder Zwetschgen; wir pflegten uns dann auch ein kleines Plauder- oder Lesestündchen zu gönnen. Darauf ging jeder an seine Arbeit. Fick sondierte die Schneetiefe, machte mit dem Theodoliten eine Bestimmung des Gefälles nach den verschiedenen Richtungen; Hössli sah nach eventuellen Patienten, respektive nach deren zerschundenen Nasen und geschwollenen Lippen, die natürlich hier so wenig wie auf jeder Gletscherwanderung fehlten und als eine unangehme Selbstverständlichkeit hingenommen wurden. Besonders aber hatte er zu schaffen mit den Bosheiten, welche die Hunde in der Nacht zu verüben nie ermangelten. Ich selbst trug die wissenschaftlichen Tagebücher nach und teilte mich dann mit Gaule in die Ausrechnung unserer astronomischen Position und der örtlichen Abweichung der Kompassnadel. Beides mussten wir wissen, um die Wegrichtung des nächsten Marsches zu bestimmen.

Feierlich wurde dann die astronomische Länge und Breite unseres Zeltplatzes in das Gradnetz unserer Karte eingetragen und mehr oder weniger freudig der Fortschritt konstatiert. Wie viel hundert Kompasspeilungen, wie viel tausend saure Schritte gehörten dazu, um uns auf der Karte nur ein kleines Schrittchen in der Richtung nach Südosten vorrücken zu lassen. Aber die kleinen Schritte fügten sich mehr und mehr zu einer zielbewusst fortschreitenden Linie! Wenn wir den kürzesten Weg über das Inlandeis nehmen wollten, durften wir übrigens wie die Seeleute durchaus nicht auf der ganzen Strecke dieselbe Himmelsrichtung innehalten, sondern mussten dieselbe von Tag zu Tag mehr nach rechts nehmen. Zugleich nahm aber auch von Tag zu Tag die magnetische Deklination stark ab und zufällig gerade in gleichem Masse wie die Änderung des Kurses im grössten Kreis, so dass sich dann schliesslich unsere Richtung zum magnetischen Meridian nur ganz wenig änderte und diesem beiläufig fast parallel war.

Waren alle Messungen und die Berechnung des Tageskurses beendet, so ging's ans Aufpacken. Eine halbe Stunde bevor dies fertig war, ging ich auf Skis voran, um die Richtung anzugeben. Die Hunde folgten der Spur ohne weiteres, am Morgen recht eifrig, gegen Abend mit abnehmender Begeisterung. Die Schlittenführer liefen neben den Schlitten her, halfen an schlimmen Stellen nach, und sassen auch auf, wenn es gut ging.

Während der ersten Zeit wurde am Tage die Lage alten Schnees, die das Inlandeis bedeckte, noch ganz weich, in der Nacht dagegen war die Oberfläche hart. Obschon im letzern Fall die Schlitten leichter gingen, hatten die Hunde doch den weichen Schnee lieber, wenn sie nur nicht allzu tief einsanken. Auf der harten Oberfläche zögerten sie, ihre ganze Kraft einzusetzen, weil ihre Pfoten dabei litten.

Erstaunlich war es, dass wir, als wir schon weit in der Firnregion waren, von Zeit zu Zeit wieder auf grosse Schründe stiessen; wir konnten sie aber umgehen oder auf guten Schneebrücken überschreiten. Bedenklich konnte es werden, wenn der Himmel ganz bedeckt war und Schneetreiben eintrat; man sah dann buchstäblich den Boden zu seinen Füssen nicht mehr und lief fortwährend Gefahr, die Vorangehenden und Folgenden gänzlich aus den Augen zu verlieren.

Der Wind wehte uns während der ersten drei Wochen fast unaufhörlich entgegen, manchmal mit Sturmesstärke. Seine Richtung war an heitern Tagen recht gleichmässig, so dass wir danach unsern Kurs zu richten pflegten. Der Vorangehende kontrollierte die Windrichtung etwa jeden Kilometer aufs genaueste mit dem Kompass und hielt zwischen hinein Kurs nach einem flatternden Fähnlein aus rotem Seidenband, das eigentlich der Igner Ohlsen in Sarfanguak zugedacht gewesen war, nun aber noch idealern Zwecken diente. Schien die Sonne, so ging man auch danach, indem man von Zeit zu Zeit ihre Stellung mit dem Kompass verglich.

Nach einigen Tagen war ich auf den Gedanken gekommen, eine kleine Sonnenuhr zu berechnen und auf einen meiner Skis aufzuzeichnen. Von halber zu halber Stunde war die Richtung aufgezeichnet, in welcher der Schatten eines senkrecht eingesteckten Skistocks über die Skis fallen musste, wenn diese in dem richtigen Kurs lagen. Diese Sonnenuhr war ganz praktisch. Gegen die Ostküste zu ging sie zwar vor, wie die Wanduhren im Emmental. Aber man brauchte es bloss zu wissen.

Wenn, wie es vorkam, der Wind ganz abflaute und Nebel alles einhüllte, war es fast unmöglich, die Richtung zu halten; man knurrte heimlich oder laut über den, der voranging, machte es aber selbst nicht viel besser.

Über die Leiden und Freuden unserer Tagesmärsche berichte ich im weitern am besten an Hand des Tagebuches:

27. Juni, abends 8 Uhr, im Zelt auf Zeltplatz 7, in 1450 Meter Höhe. Ein stürmischer Wind jagt losgerissene Schneestücke über das Zelt. Am Tage nach dem Seebad, am 25., waren wir von morgens 1 Uhr 30 bis 10 Uhr vormittags vorwärts gegangen, wie wenn nichts vorgefallen wäre.

Ich ging mit Skis eine halbe Stunde voran, um nach Seen auszuschauen. Wir schlugen nach 17½ Kilometer ein Zelt auf, und zwar gerade auf der Route Pearys, wie die Breitenmessung zeigte. Dort lag der Schnee etwa einen Meter tief auf dem blanken Eis. Am 26. kamen wir von Zeltplatz 5 bis Zeltplatz 6 nur 15 Kilometer weit. Wir hätten schon noch weiter gehen können, aber am Anfang des Tages hatten die Hunde von hartem Schnee gelitten, und da wollten wir sie schonen. Der Gelbrote von Fick, genannt «das Schwein», zieht schon seit einem Tag nicht mehr; nun streikt auch Ersilik von unserm Gespann. Wir lassen sie frei laufen. Die Hunde fangen an, permanent hungrig zu sein und die Geschirre zu fressen. Hössli befasst sich speziell mit dieser Sorge.

Heute früh (27.) auf Zeltplatz 6 hat Gaule, der Morgenkoch ist, den fertigen Morgentee umgeschmissen. Tragische Geschichte! Wir mussten uns mit dem begnügen, was auf dem Zeltboden noch zu erhaschen war. Unterwegs war heute schon starker Wind gegen uns; wir kamen immer noch an Seen vorbei. Wir machen nur 14,2 Kilometer. Unsere Tendenz ist, jetzt jeden Tag mindestens 15 Kilometer weit zu kommen. Wir denken, dass das vorläufig ordentlich ist, da jeden Tag auch eine Steigung von zirka 100 Meter dazu kommt, mit verschiedenem Auf und Ab, und noch fast mit der ganzen Last. In etwa sechs Tagen könnten wir die Route von Nordenskiölds Lappen erreichen. Jetzt sind wir bald hinter dem Jakobshavner Eisstrom angelangt: und immer noch Spalten, immer noch Seen! Dunkelblau sind sie, in der Mitte mit Eis bedeckt. Das Wetter war bis jetzt, wenn man den lästigen Wind abrechnet, gut; aber im Nordwesten sieht es drohend aus.

29. Juni, 7 Uhr morgens, auf Zeltplatz 8, vor dem Aufbrechen: Die Drohung hat sich erfüllt. Auf dem letzten Zeltplatz wurde der Wind immer stärker und blies die ganze Nacht hindurch als Sturm. Wir warteten mit der Abreise, da wir aus dem Steigen des Barometers glaubten ein Abflauen des Windes erwarten zu können. Dieses trat auch ein. Ich ging jetzt nur 50–200 Meter den Hunden voraus. Der Wind war warm und föhnig; die Skis wollen nicht recht vorwärts. Ich war nicht ganz wohl und musste mich gehörig anstrengen. Doch haben wir etwa 20 Kilometer gemacht. Gestern abend haben wir, durch Schaden klug geworden, allen Hunden ausser Mons die Schnauze zugebunden und dazu noch in der Nacht regelrecht Hundewache gehalten.

29. Juni, auf Zeltplatz 9: Heute 21,5 Kilometer! Der Charakter der «Landschaft» hat sich geändert. Wir zogen durch eine endlose Ebene; der

Horizont rings ganz gleichmässig, nur beim vierten Kilometer links ein fast ganz überfrorener See (der letzte); von Kilometer 18 an aber links wieder grössere Erhebungen; und auf diesem Zeltplatz hier sind wir von einem doppelten Horizont umgeben, was beweist, dass wir uns auf einem sanften Buckel befinden. Die Wegschätzungen aus der Zahl der Skistösse und die Angaben des Sledgemeters wollen nicht mehr recht stimmen, sobald wir in weichem oder balligem Schnee sind. Die Kontrollmessung gibt den Skis recht, zugunsten eines längeren Weges.

30. Juni, auf Zeltplatz 10. Heute haben wir mindestens 20 Kilometer. In der zweiten Hälfte hat mich Hössli im Vorangehen abgelöst. Mit den Hunden geht es seit dem systematischen abendlichen Schnauzenzubinden ganz gut. Mons ist der einzige, der frei bleibt, ein ausgezeichneter Charakter, geradezu ein Überhund. Heute haben wir zwischen Kilometer 3 und 6 ein Gebiet gewaltiger, bis 35 Meter breiter Spalten passiert, die aber meistens von Schneebrücken bedeckt waren; ab und zu klafften sie aber in schauriger Weise. Es erinnert mich an das, was wir vor drei Jahren im Innern des Karajakgebietes gesehen haben. Wo wir uns jetzt befinden, ist das Hinterland des Jakobshavner Eisstroms. Die stärkere Bewegung des Eises scheint sich also bis so weit ins Innere fühlbar zu machen.

1. Juli, am Zeltplatz 11, abends 8 Uhr, im Schlafsack. Das war heute keine kleine Leistung. Von Anfang bis Ende hatten wir stürmischen Wind, bis 20 Meter in der Sekunde, gerade gegen uns, zeitweilig Schnee und treibende Eiskörner. Anfangs ging ich voran, dann Hössli, dann Fick. Wir haben trotz allem die 20 Kilometer herausgebracht. Es stürmt weiter; aber jetzt liegen wir gemütlich im Zelt; das klappert gehörig, aber es hält. Heute sank das Barometer gewaltig; danach wären wir schon auf 2000 Meter.

P.S. Um 10 Uhr kroch ich hinaus und machte Inspektionstournee bei den Hunden. Alles schläft; einsam wacht nur der Überhund Mons, «der ausgezeichnete Charakter» – und verspeist in aller Stille sein Geschirr. *Et tu, Brute?* Ich hielt ihm sein Unrecht vor, gab ihm einen mehr symbolischen als physisch wirksamen Klaps und band ihm die Schnauze zu wie den andern. Was in seiner Seele vorging, weiss ich nicht. Aber er wich am folgenden Tag nicht nur mir, sondern auch Hössli aus und schien von da an weniger zugänglich.

2. Juli, auf Zeltplatz 12. Heute hatte der Wind nachgelassen; doch blieb es trübe. In der Nacht war eine Spur Schnee gefallen. Um 11 Uhr fing wieder Schneetreiben an; man sah nicht weit vor sich. So ging es, *crescendo*, den ganzen Tag; der Wind dreht nach S, sogar nach SW; da man gar

nichts sieht und der Wind so sehr wechselt, muss man sehr aufpassen mit der Richtung. Es ist nicht leicht für den Vorangehenden und ungemütlich für beide Teile, wegen der Gefahr, sich zu verlieren. Wir wechselten heute zum erstenmal alle mit dem Vorangehen ab (wie es später immer geschah). Gaule war drauf und dran, uns abhanden zu kommen, da er, durch den unbeständigen Wind getäuscht, von der Richtung abgekommen und unsern Blicken schon entschwunden war. Hatte ich am Anfang über sein unvorsichtiges Drauflosgehen in meinem Innern alle Zeichen gescholten und mir vorgenommen, nachher etwas davon laut werden zu lassen, so war ich schliesslich heilsfroh, als er uns bei einem Nachlassen des Schneetreibens als schwarzer Punkt überhaupt wieder sichtbar wurde. Trotz allem machten wir ein gutes Stück Weg; die Hunde gingen gern in dieser feinen Schneedecke, welche die harte, verharschte Oberfläche bedeckt.

3. Juli, auf Zeltplatz 13, dem «Lappenplatz». Nach dem Aneroid sind wir jetzt bei 2100 Meter; wir haben wieder 25 Kilometer gemacht. Im ganzen war der Weg eben, doch mit deutlichen Wellen von mehreren Kilometer Länge. Nach unsern astronomischen Beobachtungen befinden wir uns unter 68°, 40′, 47′′ nördlicher Breite und 45°, 39′, 50′′ westlicher Länge; also gerade auf der Route der Nordenskiöldschen Lappen. Nach dem Unterschied zwischen ihren und unsern Höhen zu schliessen, sind die Lappen höchstens halb so weit vorgedrungen, wie sie angaben. Heute abend war es ausnahmsweise windstill. Um 9 Uhr abends war die Temperatur auf −13 Grad gesunken.

6. Juli, morgens, am Zeltplatz 15. Die beiden letzten Tagereisen gingen gut vor sich, obschon gestern das Wetter wieder trüb wurde. Es zeigt sich, dass die Hunde nicht mehr voran wollen, wenn der Führende allzu weit voraus ist. Sie wollen ihn noch sehen können und sie haben kurzsichtige Augen.

6. Juli, abends, auf Zeltplatz 16. Die Hundeschlacht ist zu Ende; wir warten auf unsere Suppe. Heute morgen beim Fortgehen war Nebel; alles grau und ungemütlich. Wer vorangeht, muss unablässig nach dem Kompass sehen. Nach mir kam Fick daran; ich sehe gerne seine hohe Gestalt vorangehen. Weil bei solchem Wetter der Führer absolut keinen Zielpunkt nach vorn fassen kann, verständigten wir uns, dass ich vom ersten Schlitten aus mit dem Fluidkompass peilen und mit einem Fähnchen anzeigen wolle, ob er mehr links oder rechts zu gehen habe. Dies funktionierte ganz gut. Nur war es nicht leicht, zugleich auf den Kompass und das Fähnchen zu sehen und auch noch auf die Hunde zu achten, die heute nicht beson-

ders willig waren. Als Hössli ans Vorangehen kam, liefen die Hunde wieder lieber. Denn er war auch ihr Proviantmeister, und sie wussten, dass nach Hössli das Fressen kommen müsse; diesen für sie einzig wesentlichen Augenblick trachteten sie durch Einholen Hösslis immer möglichst bald herbeizuführen.

Sonntag, 7. Juli, vormittags, immer noch auf Zeltplatz 16; im Schlafsack. Heute ist über Nacht wieder sehr starker Wind und Schneetreiben gekommen, und da wir seit der Westküste noch keinen Ruhetag hatten, da heute Sonntag ist und wir alles bisher so ordentlich gemacht haben, wollen wir dies Gebläse ruhig ausblasen lassen; wir haben's ja, wir können's ja! Wir machen einen vergeblichen Versuch zur astronomischen Ortsbestimmung; die Sonne schimmerte nur für einen Augenblick durch; es bleiben uns nur kalte Finger davon. Die Hunde sind schon eingeschneit.

Im Zelt ist es gemütlich; diese Schlafsäcke sind «eine Vorzüglichkeit», wie Pastor F. sagte. Man trägt Tagebücher nach, man flickt, man unterhält sich recht gebildet über Mach, Kant, Hume und Schopenhauer. Unsere kleine Bibliothek, die heute etwas ausgiebiger benutzt werden kann, macht ihren Einfluss geltend.

In dieser Bibliothek, bei der jedem Beitragenden nur das Maximalgewicht vorgeschrieben war, hatten sich zusammengefunden: ein Band mit Schopenhauers kleinern Schriften, ein Faust, ein Testament im Urtext, ein Zarathustra und das kleine, von meiner Schwester kombinierte Sechsmännerbuch, wie wir es nannten; enthaltend je ein Stück von Sophokles, Euripides, Molière, Lessing, Goethe und Ibsen. Unter diesen war, nach den Fettflecken zu schliessen, Minna von Barnhelm am gelesensten. Bei Schopenhauer erquickte uns der rabiate Stil seiner Polemik, und wer gerade dran war, konnte sich nicht versagen, gewisse Kraftstellen laut zum besten zu geben, und der grimmige Sturm heulte dazu eine passende Begleitung. Unsere Bibliothek enthielt ausserdem noch eine geheime Abteilung. Sie bestand aus einem zwei Pfund schweren Band von Machs theoretischer Physik, den Gaule mit meinem stillen Einverständnis in seiner Instrumentenkiste mitschmuggelte. Es war ein unverantwortliches Gewicht; aber wir wollten, falls wir ein Jahr in Angmagsalik eingeschlossen blieben, etwas für die langen Winterabende haben. Im Gedanken an diese Möglichkeit sprach auch unser feudaler Mediziner mit Bestimmtheit vom Griechisch-Lesen – hatte aber leider den zugehörigen, von Pastor Nielsen dedizierten Homer im Depot an der Westküste gelassen. Vielleicht hat dann Stolberg seinen Begleitern daraus vorgelesen.

Unsere gezwungene literarische Beschäftigung blieb, wie wir glauben, nicht ohne bleibende Frucht für die Literaturgeschichte, speziell die Faustforschung: Wir fanden nämlich in Faust einen richtigen, unverkennbaren «Busch»vers:

«Dem Hunde, wenn er gut gezogen,
Wird selbst ein weiser Mann gewogen.»

Wer wagt zu behaupten, dass dieses nicht Busch sei, Busch nach allen Kanten? Man vergleiche nur etwa:

Mit Recht erscheint uns das Klavier,
Wenn schön poliert, als Zimmerzier.

Die geistige und stilistische Identität ist unverkennbar, und die abgründigen Probleme, die sich damit enthüllen, weisen auf schwindelnde Perspektiven, an deren Ende wir unserseits uns gestatteten, Klopstock als Verfasser eines Ur-Goethe-Buschs deutlich stehen zu sehen.

Diese Perspektiven – bei denen übrigens der «Schwindel» gewiss nicht grösser war als bei so viel andern Konjekturrittern – scheinen vielleicht etwas weit abseits vom Inlandeis zu führen.

Aber wie weit waren wir in unserm Zelt nicht wirklich weg vom Inlandeis! Was uns lieb war und freute, holte unsere Phantasie flugs hinein, und alles andere musste draussen bleiben. Und wiederum – welches Dorado wäre dieses Inlandeis für einen Misanthropen! Einen Eispanzer von ein paar hundert Kilometer rings nach allen Seiten: da müssten sie einen schon in Ruhe lassen, die lieben bösen Freunde, die wohlwollenden Übelwollenden, die herzlichen Maulwürfe!

Dann blieben ja nur die Hunde. Und auch da würde der Weltflüchtling sagen: Es ist mit ihnen besser als mit den Menschen.

Allerdings steht über dem folgenden Abschnitt meines Tagebuches zu lesen:

*Κυνα μοι εννεπε Μουσα, πολυφαγον
ος mala πολλα*
[Nenne den Hund mir, o Muse, den Vielfrass,
der soviel Schlimmes ...]

(Ich höre dich schon seufzen, sehe dich zucken und stirnrunzeln, mein ästhetischer und philologischer Freund; aber wir haben damals nicht auf Silbenquantitäten geachtet.)

Von den Hunden heisst es aber weiter: Abgesehen von diesen unbezwinglichen Fressgelüsten geht es mit ihnen besser, als ich erwarten durfte. Das liegt zum Teil an den Hunden, zum Teil an meinen Begleitern, welche die Hundesituation gut erfasst haben – und sie ist ja auch unser Leben, wie Bestyrer Thron sagte. Nicht zum wenigsten aber danken wir es unserm Unterricht bei unserm David Ohlsen in Sarfanguak. Wie unsicher stünden wir sonst den Hunden gegenüber!

Wir haben bis jetzt noch alle 29 Hunde. Der Ersilik von unserm Gespann zieht seit ein paar Tagen wieder mit; auch «das Schwein» bei Fick, wenn auch nur mässig.

Bei unserm Gespann hinkt gegenwärtig Jack am linken Hinterbein und ist ausgespannt. Cognac ist ein ziemlich fauler Kerl; Whisky, sein Bruder, hat eine rauhe Zärtlichkeit für ihn, beisst und leckt ihm die Beinwunde. Diese beiden Brüder sind gewöhnlich die letzten beim Aufstehen; sind sie aber einmal in Stellung loszugehen, so heult Whisky am meisten vorwärts. Kakortok («der Weisse») ist ein vorzüglicher, stiller, arbeitsamer Hund und zieht immer in der Mitte des Gespanns. Ein guter Kerl ist auch Jason, der mit dem gelben Kopf, aber ein steter Räsonneur. Ersilik hat sich gebessert; ist aber doch ein windiger Geselle. Ich muss immer an einen ehemaligen Schulkameraden denken, während ich bei Jack und Kakortok, ich mag wollen oder nicht, jedesmal an entferntere Verwandte erinnert werde. Silke ist eine höchst fleissige Dame, will aber auch nett behandelt sein. Am meisten aber zieht Mons, so überzeugt und pflichtbewusst, dass er, auch wenn es lustig geht, nicht einmal Zeit hat, den Schweif hoch zu tragen. Er hat nur die unangenehme Gewohnheit – vielleicht steckt Hundesymbolik darin – mit Frau Silke fortwährend Platz zu wechseln, bis beider Zugriemen völlig ineinander verdreht sind.

Bei den andern Gespannen ist Ficks Leithund zu erwähnen, der ängstliche Parpu mit dem zottigen, schwarzen Fell und den glühenden Augen. Und dann der kleine Schwarze, der brav zieht, aber immer so traurig ist. Ficks Hunde verstehen von allen am besten, aus ihren zehn Zugriemen in kurzer Zeit einen gordischen Knoten zusammenzudrehen, welchen ihr Herr dann immer wieder mit schweigender Geduld auflöst, wohl zehnmal des Tages. Bei Gaule streiten der Pfarrershund, der rote Kutlipiluk und der böse Weisse um die Herrschaft. Den letztern kann nur Hössli besorgen.

Unsere Hunde schlafen an die Schlitten angebunden, die Weibchen oben auf den Schlitten selbst; dieser Platz wird ihnen weder von uns noch von den andern Hunden streitig gemacht; diese behandeln überhaupt ihre Damen sehr höflich und rücksichtsvoll.

Die Dame unseres Gespanns, Silke, ist besonders zutraulich; bei jedem Zwischenfall legt sie sich zum Schlitten, neben den Sitz des Führers, und jedesmal, wenn ich die Zugriemen auseinander flechten muss, kommt sie und steckt ihre Nase in meine Hand.

Vorläufig ist die ganze Hundegesellschaft, wie auch unsere Schlitten, tief eingeschneit und macht sich nur durch gelegentliches Winseln bemerkbar.

9. Juli, am Morgen, vor dem Aufbruch vom Zeltplatz 17.

Gestern morgen war grosse Ausgrabung von Hunden und Schlitten; der Wind hatte den Schnee so festgeblasen, dass man mit dem Eispickel jedes Stück loshacken musste. Wir fanden «das Schwein» leider tot. Der arme Kerl. Auch etwas anderes Betrübliches fanden wir: dass die meisten Hundegeschirre spurlos verschwunden waren. Hössli, der Obergeschirrmeister, bekam nun Arbeit genug, und mit eskimoartiger Gewandheit ging sie ihm von den Händen; aber sein umwölkter Blick schien den Augenblick nahen zu sehen, wo wir auch unsere Hemden zu Hundegeschirren würden zerschneiden müssen. – Bei gutem Wetter konnten wir den Marsch fortsetzen; der Wind blies zwar immer noch recht frisch; jetzt nicht mehr aus Südosten, sondern aus Osten. Die Hunde liessen wir hungrig, und sie zogen deshalb nicht schlechter.

Ich bin recht erleichtert durch das schöne Wetter; es hätte ja noch lange so weiter gehen können wie in den beiden letzten Tagen; es konnte am Ende ein Totalföhn sein! (Damit hatte ich eine Wetterlage im Sinn, wobei der Wind andauernd von Ost nach West das ganze Inlandeis überweht hätte; in diesem Fall wäre dann bei unserm Vorrücken nach Osten das Wetter immer schlimmer geworden.) Wir sind jetzt in der geometrischen Mitte des Weges. Zur Feier dieser Tatsache haben wir uns schon gestern eine Büchse Ochsenzunge gestattet.

Zeltplatz 18. Am 10. Juli morgens. Ich warte auf das Kochen des Hypsometers. Gaule rechnet an der heutigen astronomischen Länge. Fick beobachtet draussen die Inklination. Hössli flickt Kamiker. Gestern war ein guter Tag. Trotzdem wir uns um zwei Stunden verschlafen hatten, brachten wir 31 Kilometer fertig. Um 12 Uhr machten wir eine Pause, um die Mittagshöhe zu nehmen. Dabei wurde auch der gute Jack, dessen Bein nicht heilen wollte und der nur den andern Futter wegfrass, erschossen und geschlachtet. Heute abend oder morgen wollen wir versuchen, wie dieses Fleisch uns und den Hunden bekommt; vielleicht wird es ja noch ernst damit. Ich fange an, die Schneetemperatur in verschiedenen Tiefen mit der Lufttemperatur zu vergleichen. Es ist interessant zu sehen, wie genau die Luft dem Schnee folgt. Übermorgen erwarte ich die grösste Höhe des Inlandeises.

Zeltplatz 19. 11. Juli. Vormittags, vor dem Fortgehen. Die Nacht kaum geschlafen; regelmässige Beobachtungen gemacht, um den nächtlichen Temperaturgang zu bestimmen. Sinkt unter −20 Grad. Im Zelt wird es fast ebenso kalt. Wenn wir dann die Suppe kochen, bildet sich ein solcher Nebel im Zelt, dass wir einander während des Essens nicht mehr sehen; wie bei einer Geisterbeschwörung streckt sich mir da aus der Wolke heraus die Hand des Proviantmeisters Hössli entgegen, der einen Teller Suppe in der Richtung hinhält, wo er mich vermutet. – Gestern war wieder ein famoser Tag. 32 Kilometer bei hellem Sonnenschein. Am Nachmittag fast windstill.

Man sitzt jetzt so ruhig auf dem Schlitten: trapp, trapp, trapp, gehen die Hunde von selbst – die kleinen Schneewehen ziehen an den Kufen vorbei. Man träumt vor sich hin und denkt nicht, dass die Temperatur auch mittags nur auf minus 7 Grad steigt. Zwei Möwen und ein grösserer Vogel – eine Raubmöwe? – ziehen nach Osten und lassen die ersehnte Küste ahnen. Dass es aber immer noch ansteigt, wird direkt spannend.

Am Abend gab's Hundefleisch; gesotten für uns; etwas zäh, doch es ging. Aber es war doch betrüblich, an Jack zu denken. Überhaupt ist uns diese Schlächterei zuwider. Selbst Hössli tut es nicht gern, sein notgedrungener Assistent Fick vollends nicht. – Die Hunde gingen zuerst an den Pemmikan, frassen aber das Hundefleisch hastig nach; doch Herz und Leber nicht.

Zeltplatz 20. 12. Juli, vormittags. Heute nacht hatten wir −23 Grad und sind doch in den Hundstagen. Jetzt haben wir 410 Kilometer auf dem Inlandeis gemacht. Es steigt immer noch, aber viel weniger als die frühern Tage. Der Theodolit gibt drei Minuten an. Dagegen weht seit gestern mittag schon ein Hauch eines Nordwest- bis Nordwindes. Welches Ereignis! Heute sollte eigentlich ein möglichst grosser Skivorstoss gleichzeitig nach NE und SW unternommen werden. Aber schon gestern kroch tief am Südwesthorizont eine verdächtige Nebelbank, und über Nacht hat es sich bedeckt; der Wind hat über Nordost wieder nach Ostsüdost gedreht und nimmt immer mehr zu; Schneetreiben hat eingesetzt; es wird ein ungemütlicher Marsch werden. Nicht mehr wie vorgestern, wo man bei −10 Grad noch in Hemdärmeln ging.

Heute vormittag (abgesehen vom Hundeschlachten, das sich eben wiederholt) erste chirurgische Tätigkeit von Hössli. Alle haben etwas aufzuschneiden, das von den Hunden infiziert ist. Bei Gaule, der seit mehreren Tagen eine Hand nicht mehr brauchen kann, schneidet er am tiefsten, mit der tröstenden Vorbereitung: «Passen Sie auf, nu juckt's ein bisschen.» Mir wurde vom Zusehen fast schlecht; aber Gaule hielt still wie Mucius Scaevola.

Wir warten noch, ob der Wind nicht etwas nachlässt. «Er macht's dänk wie dä uf em Dach», meinte Hössli schliesslich resigniert. Wie der auf dem Dach? Grosse Spannung! Wie machte es der auf dem Dach? «Er hets g'macht, wiener het welle» war die klassische Antwort. Und «dä uf em Dach» wurde von da an geistiges Gemeingut der Expedition, wurde in bösen und guten Tagen unser ständiger Begleiter, geradezu das fünfte Mitglied; ich durfte ihn nicht unerwähnt lassen.

Zeltplatz 21. 13. Juli, vormittags. Ja, ja, das Wetter machte es gestern wie der auf dem Dach, mit sauerm Wind von vorn und Schneetreiben; aber wir machten es auch so und haben ihm mehr als 20 Kilometer abgezwungen; das ist mehr wert als 35 bei gutem Wetter; es wird einfach gemacht. Ich kenne Leute, die seinerzeit an meinen mittlern Weglängen herumflickten, die heute wahrscheinlich im Zelt geblieben wären!

Das war eine ganz zünftige Sache. Der Mann, der voraus geht, sieht nach vorn nichts als etwa seine schwarzen Skispitzen; nach rückwärts aber im Schneetreiben verschwindend undeutliche schwarze Knäuel: die drei Schlitten. Obschon sie sich ganz nahe halten, sind meist nur die Köpfe der Führer zu sehen, und manchmal verschwindet alles auf 20–40 Meter Entfernung. Alle haben lange Eiszapfen am Kinn; ich konnte gestern meine Kapuze erst nach einer halben Stunde im Zelt lösen; Bart, Kinn, Kapuze, alles ein Eisstück. Wir fütterten die Hunde gestern zum erstenmal nach der neuen Methode, noch in Marschordnung; es ging sonst nicht mehr; sie haben uns und das Zelt gestern fast umgebracht. Wir haben sie diese Nacht freigelassen und die Geschirre ins Zelt genommen. Das ging gut. Nur dass sie dem Zelt gelegentlich kleine, liebe Besuche machen, worauf dann der benachbarte Zeltbewohner etwas wie «Sauhund» brummt und hastig von der Wand abrückt.

Heute morgen klärt es ein wenig auf. Da das Barometer während des letzten Tagemarsches mehr stieg als plausibel, sind wir gespannt auf die Horizontalaufnahme. Fick ist gerade daran.

Eben ruft er ins Zelt: Nach vorn Sinken, um acht Bogenminuten! Ich muss hinaus –

Später. – Ja wahrhaftig. Es stimmte! Wir haben endlich den höchsten Punkt dieser Riesenwölbung überschritten.

Daraufhin nehme ich zum erstenmal seit Mercantons und Josts Abschied die seidene Schweizerfahne und die Bernerfahne hervor, und wir hissen sie an der grossen Sondierstange. Dieser Platz soll «Abwärts» heissen. So war also die grösste Höhe des Inlandeises hier so weit nach Osten gerückt, dass wir sie erst nach zwei Dritteln des Weges erreichten. Das hatte man nicht erwartet!

Zeltplatz 23. 15. Juli, vormittags. Wir haben zwei Reisetage hinter uns. Als ich nach Zeltplatz «Abwärts» zum erstenmal voranging, ergriff mich scheinbar recht unvermittelt eine merkwürdige Rührung. Es ging übrigens nur akademisch genommen abwärts. Wir spürten nichts davon; im Gegenteil. Der Schnee trug nicht einmal die Hunde; es ging nicht mehr trapp, trapp, trapp; wir konnten nicht aufsitzen, sondern mussten bei Schneewehen selbst durchhelfen. Ich musste immer wieder an Kochs und Wegeners Vorhaben des nächsten Jahres denken; mit Pferden musste es in diesem Pulverschnee noch schlechter gehen. Am Morgen des zweiten Tages mussten wir die Schlitten wieder ausgraben; es hatte stark aus Nordwest geblasen. Wir zogen die Windkleider an, banden die hintern Schlitten nebeneinander und richteten das Segel ein. Ich schimpfte. (Das steht nur hier ausdrücklich im Tagebuch, es wird aber nicht das einzige Mal gewesen sein. Ob ich im einzelnen immer recht hatte, wird die Weltgeschichte vielleicht nie entscheiden; es ist auch von wenig Belang. Jedenfalls waren meine Begleiter geduldig.)

Wir spannten jetzt beide Hundegespanne hintereinander, es sah recht problematisch aus, ging aber ordentlich, und der Wind half recht gut; leider war er nun nicht mehr so stark wie in der Nacht. Wir hoffen heute auf eine ordentliche Reise; das Wetter ist gut.

Zeltplatz 24. 16. Juli, morgens. Gestern sind wir allerdings bei gutem Wetter fort, aber wir haben mit Nebel und Schnee geendigt. Heute haben mich meine Hunde einfach überfahren, als ich die Riemen auflöste; sie bezogen ein Signal von dem hintern Schlitten her auf sich. Ich wurde ärgerlich – obschon das gar nichts nützt! Man muss sehr aufpassen, dass die Gespanne unterwegs nicht einander zu nahe kommen. Sonst gibt es einen fürchterlichen Krieg, der nur durch ein Peitschenfeuerwerk zu dämpfen ist. Lässt man das erste Gespann weiter gehen und will die hintern Gespanne um des nötigen Abstandes willen noch ein wenig zurückhalten, so ist auch das oft eine fast unmögliche Aufgabe. Die Hunde brechen in ein empörtes Unisonogeheul aus und reissen ungeduldig an den Stricken.

Gestern abend einen Hund verfüttert. Über Nacht ist Tauwetter gekommen. Nach kurzem Versuch, am Tag weiter zu kommen, müssen wir nochmals das Zelt aufschlagen und die Nacht und das Gefrieren der Oberfläche abwarten, um weiter zu gehen.

Zeltplatz 25. 17. Juli, nachmittags. Gestern haben wir bis Mitternacht 35 Kilometer gemacht; es klärte auf, die Mitternachtssonne kam so, dass man etwas vor sich sah und wieder besser die Richtung halten konnte. Wir haben jetzt 526 Kilometer Inlandeis hinter uns und passen auf Land, wie der Seemann nach der Küste späht!

Es mag aber merkwürdig erscheinen, dass die furchtbare Eintönigkeit dieser denkbar völligsten und unerbittlichsten Wüste uns unterwegs doch niemals in niederdrückender Weise zum Bewusstsein gekommen ist.

Das mag auf der einen Seite davon herrühren, dass wir unseres Weges sicher sind und es im übrigen mit unsern Sorgen genug sein lassen, dass ein jeglicher Tag seine eigene Plage habe. Freilich, etwa in Ungewissheit über Ziel und Richtung in dieser uferlosen Verlassenheit vorwärts zu gehen – der blosse Gedanke daran lässt einen schaudern.

Dieser Einöde wohnt aber auch etwas von einer Erhabenheit inne, die ja wohl nicht geschildert, sondern nur erlebt werden kann. Die Sonne ist für eine Stunde zur Ruhe gegangen; in der Dämmerung verschwimmt der Himmel mit dem Horizont. Auch die drei Schlitten hinter mir, eben noch als schwarze Punkte sichtbar, sind jetzt auch hinter einer unmerklichen Bodenwelle verschwunden. So bleibt um mich her nichts, woran das Auge haften könnte; die Aussenwelt ist gänzlich *tabula rasa,* auf der ich mich als einziges Objekt vorfinde und allein aus mir heraus meine Gedankenwelt aufbauen muss. Und sie allein sagt mir, dass ich immer noch ein Sohn der Erde bin – bis ich das heisse Atmen der Hunde höre, die mich lautlos eingeholt haben.

Ostberge in Sicht

Zeltplatz 26. 18. Juli, abends 7 Uhr. Gestern abend, nachdem wir drei Viertelstunden gefahren waren, 8 Uhr 45, Geschrei und Winken von den hintern Schlitten her: Fick mit seinen Falkenaugen hatte Land gesehen! Es war ein hoher Berg, ganz fern am Horizont, links vom Kurs, und etwas niedrigere Berge. Alles viel mehr links, als ich erwartet hatte. Wir haben heute gefunden, dass es ein unbekanntes, auf der Karte nicht verzeichnetes Gebirgsland sein muss. Es wurde uns allen sehr wohl zumute. Überhaupt war es eine prächtige Fahrt. Die Hunde liefen, was sie konnten; hinter uns die rote Sonne am Nachthimmel. Welche Stimmung; diese Grösse und Weite und Einsamkeit! Wir werden das nie vergessen können.

Wir kamen 42 Kilometer weit. Nach Verabredung wurde Ficks Geburtstag gefeiert, an dem Tag, an dem wir zum erstenmal Land erblicken würden. Heute machte ich eine genaue Zeichnung des Gebirgshorizonts. Er ist etwa 100 Kilometer entfernt, im rechten Winkel zu unserm Kurs.

Zeltplatz 27. 19. Juli, nachmittags. Letzte Nacht machten wir 45 Kilometer. Es ging fast immer im Trab, manchmal im Galopp. Links ist eine grossartige Gebirgslandschaft aufgetaucht, zum Teil nun schon auf der Karte angedeutetes Gebirgsland, wohl jenseits des Sermilikfjordes. Für lange Zeit verschwindet dann wieder alles hinter dem Eishorizont. Man sieht immer noch den ersten Berg, er dominiert. Ich nannte ihn Mont Forel. Leider verschlimmert sich das Wetter: an diesem Zeltplatz regnet es schon; mit grösster Mühe nur konnte noch eine zweite genaue Visierung von Mont Forel vorgenommen werden. Schröters und Gautiers Nunatak und Meisters Tor, die weiter im Osten lagen, verschwanden schon im Nebel. Hössli und ich sind nicht wohl; ich musste gestern während allem Hundekutschieren erbrechen, auch heute wieder.

Auch bei den Hunden steht es nicht ganz gut. Jason, Whisky und Cognac wollen nicht einmal mehr Pemmikan fressen. Schon seit einigen Tagen bekommt ihnen das Hundefleisch schlecht. Sie verdauen es durchaus nicht und haben einen blutigen Durchfall.

Zeltplatz 28. «Fjordblick», 20. Juli, abends. Das war heute ein

Haupttag. Gestern, als wir fortgingen, hatten wir noch eine Höhe von 1500 Meter, und obschon wir nun doch nach unserer Rechnung dem Fjord nahe sein mussten, wollte die Eisoberfläche nicht entsprechend sinken. Wir sagten immer wieder, wie die Grönländer, wenn sie etwas erstaunlich finden: *tupinakrak!*

Um 1 Uhr 30 nachts wurden gerade vor uns in der Richtung unseres Kurses am Horizont einige Bergspitzen über das Eis weg sichtbar; das musste schon weit jenseits des Fjordes zu den Gebirgen der Insel von Angmagsalik gehören. Um 2 Uhr tauchen auch rechts vom Kurs in weit grösserer Nähe runde Kuppen auf, die in steilen Felswänden nach links abstürzen, wohl gegen den Fjord. Sie gefallen mir ganz und gar nicht; es stimmt nicht.

Sind wir da, wo wir zu sein glauben? Die Gebirgsmauer da links muss ja wohl jenseits des gewaltigen Sermilikfjords sich aufbauen, der uns noch ganz verborgen dort in der Tiefe versenkt liegen muss. Aber wie geschlossen ist diese Mauer! Wo ist denn da der Fjordarm, der die Berge der Insel von Angmagsalik abtrennen sollte? Wo ist das niedrige Land der Karte, auf das wir zusteuern? Das Inlandeis will ja nicht sinken; wir sind ja noch 1300 Meter hoch; laufen wir etwa auf einen solchen eisbedeckten Felskopf hinaus, wie wir solche da rechts vor uns sehen, und werden wir dann zwischen zwei Eisströmen oben von einer Felswand 1000 Meter hoch auf den Fjord herabsehen? Sind wir so viel zu weit hinten an den Fjord gekommen? Wegen der astronomischen Länge wäre es schliesslich denkbar. In diesen vier Wochen des Geschütteltwerdens konnten ja auch die besten Chronometer ihren Gang um so viel ändern! Aber dann wieder die astronomische Breite? Die hätte ja auch falsch sein müssen; aber ein solcher Irrtum war bei der Genauigkeit unserer Instrumente und Berechnungen hierbei doch nicht denkbar! – Und die Warnung Holms: «Trauen Sie der Karte nicht.» Wie weit ging das?

Um 4 Uhr fing es an, rasch in die Tiefe zu gehen, und wir mussten mit den Eispickeln eine Bremsvorrichtung herstellen. Theoretisch wäre dies der Augenblick gewesen, David Ohlsens «Imatsiak»-Methode anzuwenden. Auf einmal öffnet sich ein Blick auf den Fjord; ja, ja, das musste er sein, dieser Spiegel, auf dem diese kleinen Eisstückchen lagen; in Wirklichkeit gewaltige Eisberge. So weit noch?

Über alles das müssen wir uns klar werden, bevor wir weiter gehen. Wir schlagen das Zelt auf.

Heute haben sich die Rätsel geklärt. Dabei war uns die Krusesche

Karte wertvoll, weil sie einige topographische Andeutungen auf der Küste von Angmagsalik enthielt, die ich schliesslich identifizieren konnte; die Lage des Ikerasakfjordes ist nun auch – zu erraten, mehr als zu sehen. Ich bestimme die ungefähre Lage des Zeltplatzes durch Depressionswinkel nach den erkannten Fjordpunkten. Gaule nimmt die Breite: es stimmt überein!

Zeltplatz 29. 21. Juli; am Rand des Inlandeises; um 2 Uhr morgens sind wir angekommen.

Zwei Stunden vorher habe ich die schlimmsten Augenblicke auf dem Inlandeis durchgemacht! Wir waren zum Schluss doch noch in ein Spaltengebiet geraten. Ich fuhr voran, um zu sehen, wo durchzukommen sei; hier unten war um Mitternacht die Dämmerung schon ziemlich stark. Unversehens war ich am Abhang, auf dessen hartem Firnschnee die Skis kaum eine Spur liessen, ein Stück weit vorangekommen; da merkte ich, dass die Neigung zu stark, die Spalten zu zahlreich, zu gähnend, die Schneebrücken unsicher wurden; hier konnten die Schlitten nicht folgen! Ich wollte den Zurückgebliebenen winken, das Zeichen zu einer Umgehung geben. Aber als ich mich umdrehte: kein Schlitten hinter mir! Dann waren sie gewiss durch die nächste Eiswelle verdeckt. Ich fuhr hastig bis dorthin, wo ich den Weg bis zu ihrem letzten Halt übersehen konnte: Nichts! Da hinten waren wohl schwarze Punkte, hier und dort. Aber es waren die dunklen Schründe eines Eisabsturzes, der von der Höhe des Inlandeises sich in die Dämmerung des Fjordes hinabsenkte. Ich stürmte zurück. Aber meine eigenen Spuren waren verschwunden; die Spalten auf meinem Wege waren zahlreicher als vorhin, sie gähnten hungrig; was war ihnen das, eine solche elende Schlittenkarawane zu verschlingen! Alle drei Schlitten, war das denkbar? Aber wer wusste, wie unsinnig die Hundegespanne einander oft nachrannten, fast unmöglich zurückzuhalten; dazu in dieser abschüssigen Gegend! – Ob ich eine halbe Stunde, ob mehr als eine Stunde gesucht habe, was weiss ich. – Endlich, weit oben am Hang traf ich auf Schlittenspuren. Welches Aufatmen! Aber erst nach einer weiteren Stunde hatte ich meine Kameraden erblickt und eingeholt. Sie hatten schon viel früher aufgehört, mir zu folgen, und von sich aus die Umgehung versucht, in der Annahme jedenfalls, ich müsste es sehen. Ich fragte nicht weiter danach. Aber für diesen Tag war ich fertig –

Als wir die Blöcke der Randmoräne erreicht hatten, schüttelten wir uns nicht ohne Rührung die Hand. Wir durften das wohl auch in dem Sinn, dass wir wirklich zusammengehalten hatten. Die Meinungen über das, was in diesem oder jenem Fall gut sei oder genüge, waren freilich nicht immer dieselben gewesen, und ich machte meine abweichende Auffassung wohl oft mit Schärfe geltend. Aber meine Begleiter verstanden, was aus dem Gefühl grösserer Verantwortung kam und nichts anderes als unsern gemeinsamen Erfolg sichern sollte, und hielten Disziplin. Den Fernerstehenden mag die Erwähnung einer scheinbar so selbstverständlichen Sache verwundern. Wer solche Situationen kannte, weiss, dass das keine Kleinigkeit bedeutet.

So waren wir also an der Küste; und andächtig betupfte ich den nächsten Stein: Endlich etwas anderes als Eis! Hössli aber, der konkrete Mediziner, hatte nur darauf gepasst, ungeachtet des feierlichen Augenblicks den Preis zu gewinnen, der nach alter Abmachung dem zukam, der am Ostrand des Inlandeises zuerst «Ajungilak» rufen würde. Es ward ihm dafür Stolbergs Abschiedszigarre zuteil, die ich seit Zeltplatz 1 sorgfältig gehütet hatte. Offenbar bewegten aber auch ihn weichere Gefühle: er schlug vor, zur Feier des Tages die Hunde frei laufen zu lassen. Der Erfolg war aber ein Attentat auf alles irgend Fressbare.

Wir erklommen rasch den aus gewaltigen Blöcken getürmten Moränenwall, bis die Aussicht nach Südosten gegen den Fjord hin frei wurde. Diese Aussicht wollte nun allerdings wieder gar nicht unsern Erwartungen entsprechen. Nach der Karte durften wir erwarten, zu unsern Füssen, nicht zu weit entfernt, eine glatte Uferlinie und draussen im Fjord die grosse Insel Kekertatsuatsiak und näher die kleine Umitujarajuit zu erblicken. Und gegenüber von Umitujarajuit sollte an unserm Strand unser Depot liegen. In Wirklichkeit nichts von alledem! Vor uns erstreckten sich 15 oder 20 Kilometer weit nach Süden drei wuchtige Felsrücken, wie drei Finger, aussen links und rechts von eiserfüllten Fjordgewässern umfasst, welche auch, von zahlreichen Inselchen unterbrochen, in langen Buchten einzudringen schienen in die Zwischenräume jener drei Bergrücken. Aus dieser Gegend war nicht klug zu werden!

Wir hatten vorgehabt, am Rande des Inlandeises erst einmal gehörig auszuschlafen. Aber der Drang, über unsere Lage klar zu werden, weckte uns vor der Zeit. Mit Sextant, Fernglas, Karte und Kompass probierten Gaule und ich an dieser rätselhaften Gegend stundenlang herum, bis wir glaubten, herausgebracht zu haben, dass wir zwar nach der astronomischen Position am richtigen Fleck waren, dass aber die Karte ganz und gar nicht stimmte und – nach dem, was ich von Holm über die Umstände der Küstenaufnahme in dieser Gegend gehört hatte – eigentlich nicht stimmen konnte. Ob wir unter diesen Umständen das Depot finden würden, erschien uns zweifelhaft. Für diesen Fall wollten wir sogleich den Bau eines Fahrzeuges aus unserem eigenen Material versuchen. Um keine Zeit zu verlieren, mussten wir uns trennen, und ich traf mit den Zurückbleibenden folgende Abrede, die ich, wie immer in solchen Fällen, schriftlich und doppelt ausfertigte:

«21. Juli. Zeltplatz 29. Quervain geht mit Gaule für zwei bis drei, unter Umständen vier bis fünf Tage, nach der Südsüdosthalbinsel («Gauleberg») zur Orientierung und Auffindung des Depots; dieses vermute ich auf der Fjordküste der Halbinsel Gauleberg in zirka 18 Kilometer Distanz. An Halteplätzen hinterlassen wir Notizen über weitere Richtung. Hössli und Fick bleiben bei Zeltplatz 29; werden mit vorhandenem Material den Bootsplan im Detail ausarbeiten; eine Anzahl Hunde schlachten und Fleisch sicher begraben, Horizontaufnahmen, meteorologische Beobachtungen und Chronometer besorgen. Bleiben wir länger als sechs Tage aus, so sollen sie in angegebener Richtung nachsehen; dann aber alles tun, um selbst Angmagsalik zu erreichen und Resultate zu bergen, bei Zeltplatz 29 Notiz und Notproviant hinterlassen; Ausgangspunkt der Bootfahrt auf jeden Fall in vermuteter Depotgegend. Quervain.»

Über die weitern Erlebnisse konnte das Tagebuch erst nach vier Tagen berichten:

Am 22. Juli, morgens halb 4 Uhr, bei aufklärendem Wetter, verliessen Gaule und ich das Inlandeis mit ziemlich bescheidenem Proviant (hauptsächlich Pemmikan) für drei Tage und Notproviant für weitere zwei. Auf dem Bergrücken I (Gauleberg) gingen wir nach Südsüdost; zuerst in langer Abfahrt auf hartem Schnee, dass uns die Knöchel brannten; dann steil in den Felsen empor; da grüssten uns die ersten Pflanzen; eine armselige Carex, die uns aber prächtig vorkam, und dann eine kleine Nelke und eine Zwergweide. Nun stand uns eine lange Wanderung über den Bergrücken bevor. Die Entfernungen können kaum richtig beurteilt werden; höchstens gibt der abgestufte Farbenton einen Anhaltspunkt: die nahen Felsen erscheinen braun, die weitern rötlich, sehr weit entfernte violett.

Erst gegen Abend kommen wir nach vielem Schneestampfen (die Skis hatten wir in den Felsen zurücklassen müssen) an das Ende der Halbinsel und können konstatieren, was der Zweck der heutigen Tageswanderung war, dass nämlich im Süden sich tatsächlich eine sehr grosse Insel, also Kekertatsuatsiak befindet. Also war unsere Auffassung richtig, und hier stimmte die Karte.

Wo aber lag dann unser Umitujarajuit? Ist es, wie wir zuerst annehmen müssen, dieses rote Celebes im Gewirr der kleineren Inseln, oder das, was dort draussen hinter dem äussersten Bergrücken am Fjord (dem Hössliberg) während unserer Kammwanderung langsam zum Vorschein kam? Letzteres wird uns bei Erwägung aller Umstände immer wahrscheinlicher. Aber dann haben wir hier unten am Wasser das Depot nicht zu erwarten und müssen dort hinüber. Aber wie? Welche Umwege!

Solange wir noch auf der Höhe sind, studieren wir mit den Feldstechern unablässig auch das andere Problem, einen Abstieg von unserm Zeltplatz am Inlandeis. Wir finden schliesslich eine eisfreie Bucht, besser, einen Seitenarm des Fjords, der vom grossen Fjord zwischen Gauleberg und Fickberg 20 Kilometer weit nach Norden reicht. Fanden wir nun die Kajake, oder mussten wir selbst ein Fahrzeug bauen, so war das ja eine fertige Wasserstrasse. Welches Glück! Erstens, dass es so war, und zweitens und drittens, dass wir es auch merkten!

Es war schon spät am Abend, als wir am Ende unseres Bergzuges bis ans Meer hinabgeklettert waren. Wir fanden ziemlich grosse Flecke mit *Empetrum nigrum* und unterhielten mit diesem harzreichen Heidekraut in halber Höhe einer Felswand bis Mitternacht ein grosses Signalfeuer, dessen Wärme uns ganz angenehm war. In unsere Windkleider gehüllt, schliefen wir drei Stunden und gingen dann wieder ans Feuermachen. Ein Kochgefäss hatten wir nicht mitgenommen, aber Gaule brachte doch in unserm einzigen Schöpfbecher einen warmen Pemmikanbrei zustande, der leidlicher schmeckte als der rohe Pemmikan. Wir hinterliessen einen Bericht, dass wir das Ufer der Gauleberghalbinsel bis an das Ende der Bucht nach Norden absuchen und uns von dort nach dem Fjord durchschlagen wollten.

So folgten wir denn geduldig den Wunderlichkeiten des Ufers; aber da war kein Depot. Rote Gneisblöcke liessen manchmal von weitem die Hoffnung auf eine rote Fahne aufkommen. Aber immer war es nichts. Oft wurde das Weiterkommen fraglich, wo die Felsenufer steil in den Fjord abfielen. Von weitem schon ersorgten wir besonders eine Stelle, wo eine Schlucht mit senkrechten Wänden sich zum Meer hinabzog und das Ufer entzwei schnitt. Wie weiter? Sollte man sich etwa den morschen Restchen des Eisfusses anvertrauen, der noch unten an der Wand kleben geblieben war, längst «überfällig»?! Das war die reinste Mausefalle; schon deshalb, weil man wohl auf den Eisfuss hinabspringen, aber sicher nicht wieder zurück konnte! Da entdeckte Gaule glücklicherweise einen Riss in der Wand; der erlaubte uns schliesslich, das Hindernis zu umklettern.

Später kamen glattgeschliffene, gegen das Wasser unangenehm steil abfallende Platten; als sie eine Strecke weit ihre üble Neigung aufgaben, konnten wir uns vorübergehend einem philosophischen Thema zuwenden, nämlich dem Begriff und Umfang des Gegenwärtigkeitsvermögens, und zwar, nach beliebtem Muster, a) beim Kinde, b) bei den Griechen, c) bei einem vollkommenen Wesen. Letzterer Abschnitt wurde gestört durch neue eklig glatte und schräge Platten, die uns gar zu gerne in den Fjord befördert hätten und unsere Gedanken vom Gegenwärtigkeitsvermögen im allgemeinen auf die Gegenwart im speziellen richteten. Dann durchschritten wir sanftere Hänge, wo ein üppiges Grün und viele murmelnde Wässerlein zwischen roten Gneisblöcken einladende Plätzchen hingezaubert hatten. Und in der Schichtung der Felswände traten unverkennbare riesige Figuren hervor, die Muttergottes mit dem Kindlein, von Engelgestalten von präraffaelitischer Schlankheit und byzantinisch ernsten Aposteln umgeben. Gern hätten wir uns dem Zauber dieser Märchengegend hingegeben; aber es wurde schon Abend. Mit Erleichterung sahen wir jetzt das Ende der Bucht vor uns liegen.

Doch wie durch einen Zauberschlag veränderte sich die Szene. Im Nu war ein Föhnsturm losgebrochen, der über die eben noch so spiegelglatte Fläche den Wellenschaum hinfegte. Es war gut, dass wir jetzt über die Platten weg waren. Wir massen 18 Grad Luftwärme. Das Schmelzwasser der vielen breiten Bäche, die wir am Ende der Bucht durchwaten mussten, wurde dadurch um nichts wärmer.

Offenbar wehte hier dieser Föhn von Norden her recht oft. Die Gräser hatten sich wie auf der Westküste alle hinter die Steine geflüchtet und bildeten in ihrem Schutz mehrere Meter lange, genau der Föhnrichtung entsprechende Zeilen. Es sah aus, als wäre mit der Säemaschine gesät worden. Nach einem kurzen Halt kletterten wir auf der andern Seite der Bucht am Fickberg wieder am steilen Hang hinauf. Der Sturm riss das Wasser der Schmelzbäche in die Höhe und warf es uns ins Gesicht; er schleuderte uns selbst gegen die Felsblöcke, und wir konnten manchmal nur auf den Knien oder auf allen Vieren vorwärts kommen. Gegen Mitternacht wurde es etwas zu dämmerig, um die Gegend genau übersehen zu können. Wir legten uns hinter einen Felsblock schlafen, die geladene Browningpistole jetzt immer zur Hand; denn hier waren wir schon im Eisbärenrevier.

Um 5 Uhr begann ein dritter mühevoller Tag; wir richteten jetzt unsern Weg nach Südost quer über Fickberg nach dem Südende von Hössliberg zu. Zuerst bergauf, dann über ein Plateau grausig schwarzer Felsen.

Wie hielten wir da Ausschau nach der andern Seite, wie weit uns auch da wieder im Tal das Meer und die langen Seen in den Weg kämen? Und es wurde uns nichts geschenkt; immer wieder bis zum Meer hinab, um Buchten herum, immer wieder in die Höhe! Einen lichtern Augenblick kann ich nicht verschweigen: Als wir mit ein paar dürren Zwergweiden uns aus einem letzten sorgsam gesparten Stück eine Tasse Schokolade gekocht hatten! Überhaupt dachten wir, bei alledem liesse sich schon leben; wenn wir nur mehr zu essen hätten. Aber als dann am Ostufer von Hössliberg um Mittag die Stechmücken kamen, zu Tausenden, so schlimm wie je an der Westküste, da fanden wir Inlandeis und Sturm entschieden vorteilhafter. Als uns diese Teufelstiere verfolgten, fiel mir plötzlich jenes Verschen aus der Kinderschule ein: «Weisst du, wieviel Mücklein spielen...» und ich wünschte ingrimmig den frommen Dichter herbei, und sagte zu Gaule, der würde jetzt auch weniger Wert darauf legen, «dass ihr' auch nicht eines fehlet an der ganzen grossen Zahl».

Um 4 Uhr abends waren wir so weit, dass wir einen Überblick über das Südende von Hössliberg gewannen. Es war ein niederschlagender Anblick; so zerrissen war das Ufer, so viele Buchten! Wenn wir das alles absuchen mussten!

Da, nach Osten wird plötzlich eine deutlich von Hössliberg getrennte Insel sichtbar, welche nun nichts anderes als Umitujarajuit sein kann! Und nicht lange nachher sehe ich auf den Felsen in jener Richtung etwas Spitzes. Eine Ahnung! Fernglas ans Auge: Ein Steinmann! Gross und schön, unverkennbar! Es überläuft mich heiss und kalt. Wir laufen. Es ist nicht das Depot selbst; wir sind noch auf einem steilen Abhang 200 Meter über dem Fjord. Ob wohl irgend welche Botschaft darin verborgen ist? Nichts! Aber ein Weidenzweiglein entdeckten wir; das ist in seine Seite eingesteckt und weist mit stummer Sprache nach Nordosten. Und wir leben nun lange genug unter freiem Himmel, um eine solche Sprache zu verstehen. Gaule geht bis an den Rand der Felswand und sucht mit dem Fernglas die Gegend in jener Richtung ab. Und wirklich: dort unten am Ufer steht ein zweiter Steinmann!

Daraufhin beschliessen wir, aus dem Rest unseres Proviants ein Bankett zu veranstalten. Es kamen auf jeden noch fünf Kaffeelöffel kondensierte Milch und anderthalb Fingerhut Brotkrumen. Jetzt durften wir uns diesen Luxus erlauben. Wir machten noch, so gut es mit den aus Felsritzen geholten Weidenzweigen ging, ein Rauchfeuer, das die Eskimos sehen sollten, die vielleicht ihre Sommerzelte jenseits des Fjordes aufgeschlagen hatten, der nun in seiner gewaltigen Breite, mit Eisbergen übersät vor uns lag.

Mit behutsamer Hast kletterten wir nun die Felswand hinab. Nach einer Stunde waren wir in die Gegend des zweiten Steinmanns gekommen. Wir sehen eine Stange über die Rundbuckel wegragen, etwas Rotes daran: Der Danebrog! Bald stehen wir neben dem Depot. An einer Kiste geheftet war ein lakonischer Zettel von Petersens Hand: «Willkommen; die Kajake liegen unten am Ufer und die Kamiker liegen drin.» An der Flaggenstange stand noch ein: «Velkommen» mit den Namen aller Helfer bei der Errichtung des Depots und der grossen Steinmänner, die noch bis weithin nach Norden an der Fjordküste zum Depot wiesen. Welchen warmen Empfang bedeutete doch diese umsichtige Arbeit, und wie dankbar waren wir! Im Depot ist ein grosses Zelt. Wir schlagen es auf; wir kochen alles Gute. Aber ich mag es nicht essen. Auch das Schlafen im Zelt will mir nicht mehr recht gehen.

Hier muss ich mein Schreiben unterbrechen und die Hände eine Zeitlang in den Schnee stecken: so schmerzen sie von Mückenstichen.

Später: Heute früh grosses Rauchfeuer oben am Abhang gemacht. Am Nachmittag haben wir die Kajaks probiert. Wenn Eskimos drüben sind (es war aber in diesem Sommer nicht der Fall), warum kommt dann niemand?

Nachts 11 Uhr gehen wir wieder am Berghang in die Höhe und machen Signalfeuer; wir gehen mit Vorteil von dem reglementarisch bewachten, nach Paragraphen brennenden akademischen Feuer zu dem auf eigener Spur einhertretenden Naturfeuer über.

26. Juli. «Gefeuert ist genug. Wenn sie das nicht gesehen haben, dann geht es ja auch so! – Aber die Hunde?

Ich schrieb heute früh einen Bericht an Petersen, mit einer korrigierten Karte, ebenso einen kleinen grönländischen Text mit einer zweiten Karte mit grönländischen Bezeichnungen. Das soll im Depot bleiben, falls jemand hier vorbeikäme, während wir zum Inlandeis zurückkehren; denn das muss jetzt geschehen, wenn unsere Zurückgebliebenen nicht ängstlich werden sollen. Wir wollen auf dem ausgekundschafteten Wasserweg zurückkehren und alle vier Kajake mitnehmen. Wir werden für uns aus zweien ein grosses Kajak machen und die beiden andern nachschleppen.»

Um 2 Uhr mittags kamen wir fort. Zunächst mussten wir zwei Stunden lang zwischen oft sehr enggedrängten Eisbergen durch. Das war ungemütlich. Dazu erhob sich uns entgegen ein Südwind, der in der eisfreien

Elisabeth de Quervain in Ammassalik vor dem Zelt der Familie Guithi. 1912

Zeltplatz nach Sturmnacht mit eingeschneiten Hunden. 1912
Alfred de Quervain bei Windmessungen. 1912

XXVI

Während der Rast. Fick, de Quervain, Hössli (vlnr). 1912

Zeltplatz auf dem höchstem Punkt. Hössli, Fick, Gaule, de Quervain (vlnr). 1912

de Quervain mit Inuit auf Kajakfahrt nach Ammassalik. 1912
«Nunatak des Suisses» am Westrand des Inlandeises. 1912

Familienumzug im Frauenboot, dem «Umiak». Ammassalik 1912

XXIX

Grönländer von Ammassalik. 1912    Grönländerinnen von Ammassalik. 1912

Die Familien Guithis und seiner Brüder vor ihrem Sommerzelt in Ammassalik. 1912

XXX

Mutter mit Kind in Ammassalik. 1912   Kinder in Ammassalik. 1912
Im Sommerzelt der Familie Guithi in Ammassalik. 1912

XXXI

An der Ostküste. Links die Insel Kekertatsuatsiak, rechts der «Gauleberg». 1912

Landschaft im Süden von Ammassalik. 1912

Seitenbucht immer stärker wurde und die Wellen über die Kajake weggehen liess. Die beiden angebundenen leeren Fahrzeuge wurden vom Sturm so sehr auf die Seite gerissen, dass wir immer wieder aus dem Kurs kamen und bedenklich nahe an die Steilwand der «Roten Nase» getrieben wurden. Am Abend kamen wir bis zu der Stelle, wo die lange Bucht zwischen Gaules- und Fickberg sich bis auf eine Breite von einigen fünfzig Metern schliesst. Hier trat uns ein solcher Ebbestrom entgegen, dass wir trotz verzweifelten Ruderns eine halbe Stunde lang keinen Zoll vorwärts kamen. Es gelang uns, an einem kleinen Felseninselchen zu landen, das wir zur Erinnerung an David Ohlsens Heim Neu-Sarfanguak tauften, und dort warteten wir den Flutstrom ab.

Glücklicherweise fanden wir unterdessen ein wenig Wasser und konnten kochen. Dann fuhren wir die Nacht hindurch weiter durch die Hoffnungsbucht, längs der wir vor wenigen Tagen noch so mühsam gewandert waren. Am Ende der Bucht angelangt, deckten wir die Kajake mit Steinen zu und machten uns auf den langen, steilen Weg durch die Felsen und endlose Schneehänge zum Inlandeis. Wir kamen gegen 9 Uhr morgens an.

Da flattert die Erkennungsfahne auf der Moräne, aber halb umgefallen und vom Sturm zerfetzt. Und das Zelt? Es ist verschwunden. Nur zwei Schlitten sind noch da. Blutspuren färben rings den Schnee. Da liegt ein toter Hund. Ein anderer bewacht ihn und weist uns die Zähne. Das war ein peinliches Ankommen! Ein Zettel in einer der Schlittenkisten sagt, dass die Kameraden zum Schutz vor dem Wind das Zelt südlich der grossen Moräne aufgeschlagen haben. Dort finden wir sie, froh, ihnen gute Botschaft bringen zu können: Das Depot gefunden und einen guten Abstieg zu einer nahen Meeresbucht ausfindig gemacht, wo schon die Kajake warten.

Sie waren froh, uns wiederzusehen; eine leichte Zeit hatten sie da oben nicht gehabt. Hössli erzählt selbst darüber:

«Bereits fünf Tage sind de Quervain und Gaule weg, und unser ‹far niente› ist nicht halb so ‹dolce›, wie man es nach der anstrengenden Durchquerung des Eises erwarten sollte und wie wir es uns vorgestellt hatten. Es ist immer ungemütlich, auf einer Expedition sich trennen zu müssen, und alles Zweifelhafte und Unsichere scheint sich zu verdoppeln. Um den langen Tag zur Neige zu bringen, führen wir die üblichen meteorologischen Beobachtungen aus. Fick, den ich gerade jetzt, wo wir allein sind, ganz besonders in seiner steten Ruhe und Gefasstheit kennen und schätzen lerne, hat einen Plan ausgearbeitet, um im letzten Notfalle aus Zeltstücken, dem Segeltuch und dem Schlitten und Skiholze ein Boot zu konstruieren, das uns beide nach Angmagsalik bringen sollte mit den Ergebnissen der Expedition. Immer wieder aufs neue durchgehen wir den Plan, und ich habe mich für Bootsbau im Leben nie so sehr interessiert wie in jenen Tagen. Unser Zelt haben wir in den Schutz der Moräne gebracht, und es ist eine Freude, wieder festen Boden – eine grosse, schön geaderte Granitplatte – unter den Füssen zu haben. Stundenlang sitzen wir auf den mächtigen Felsblöcken, die das Inlandeis hier zusammengetragen hat, und ein heulender, wilder Föhnwind, der vom Eise in den tiefen Fjord hinabstürzt, ist unser unermüdlicher Kamerad. In der Entfernung von mehreren Stunden liegt der blaue Sermilikfjord mit einer unendlichen Anzahl von Eisbergen, die wie stolze, ferne Segler dem Meere zutreiben, und im Norden steigt aus den dunkeln Fluten ein mächtiges Gebirge auf, das ganz an unsere Alpen erinnert. Noch niemand hatte es gesehen, kein Fuss hat es je betreten, und es bietet in seiner Weltvergessenheit einen ganz besonders feierlichen und erhabenen Anblick. Wie schön wäre es, von jenen Höhen auf neue, ferne Gebirge und Länder hinauszuschauen, die sich noch weiter nordwärts erstrecken! Aber dann wendet sich unser Auge wieder nach Südosten, wo, in einen feinen Dunstschleier gehüllt, das offene Meer liegt, vom schwindenden Treibeise wie von einem silbernen Gürtel umzogen, und weit darüber hinweg gehen unsere Gedanken zu unseren Lieben zu Hause und dem grünen, freundlichen Sommer der Heimat.

Dann kommt der fahle Dämmerschein der kurzen Nacht; wir sehen zum erstenmal den Mond in blassem, bläulichem Lichte aufgehen, und ein unheimliches Aussehen bietet die Landschaft.

Aber mitten in dieser Beschaulichkeit liegt uns die wüste Arbeit ob, unsere guten Hunde umzubringen. Wir dürfen nicht allen unseren Proviant verfüttern; die Tiere haben ihre Pflicht getan, und ihr Urteil ist ja von der dänischen Administration gefällt. Zudem sind sie jetzt ganz besonders dreist und aggressiv und haben gestern einen regelrechten Angriff auf die Proviantschlitten gemacht und alles Zerreissbare und nur halbwegs Fressbare verschlungen. Sie sind wie Landsknechte oder die «alten Schweizer», unaufhaltsam und zäh in der Arbeit, im Kampf gegen die wildeste Natur, aber auch eine unbändige und rauhe Gesellschaft, wenn nichts zu tun ist.

Wir wollen dem Leser und uns diese gemeinen und für Fick und mich wohl auch schwierigsten Stunden der ganzen Expedition gerne vorenthalten. Die Tiere merkten ja ganz genau, was die Stunde geschlagen hatte, aber einer folgte dem andern ohne zu mucksen. Für mich gingen sie dahin wie liebe, treue Freunde, stumme Kameraden aus einer andern Welt, in der wir vereint gearbeitet und gekämpft haben.

Wir sitzen heute abend besonders lange auf der Moräne und spähen übers Land, aber nichts regt sich. Morgen müssen sie zurück sein, oder wir beiden ziehen weiter, wie es abgemacht ist. Dies ist ein unangenehmer Gedanke. Was mag uns noch bevorstehen!

Gegen Mitternacht liegen wir in etwas trüber Stimmung im Schlafsacke; aber bereits am frühen Morgen werden wir von unsern Kameraden aus dem Schlafe geweckt, und wir erleben eine frohe Botschaft nach der andern. Heute gibt's wieder ein Spezialmenü mit feinsten Zulagen!»

Die Fleischgräber mit dem Fleisch der geschlachteten Hunde brauchten wir also nicht mehr, auch nicht den Bootsplan, den Fick aufs sorgfältigste ausgearbeitet hatte. Fast tat es uns leid.

Am 28. um Mittag brachen wir auf, noch von einem Dutzend Hunden begleitet, die wir auf eine unbewohnte Insel zu retten und zum Teil auf das Schiff zu nehmen hofften. Zu diesen sollte auch der kleine Schwarze von Ficks Gespann gehören. Aber er wollte seinen toten Kameraden nicht verlassen. Seite an Seite hatten sie den Weg über das Inlandeis gemacht. Nun blieb er bei ihm. Kein Futter half, kein Locken; er ist unserer Spur nie gefolgt!

Fick und Hössli anerkannten pflichtschuldig, wie fein Gaule und ich den Abstieg zur Hoffnungsbucht ausgeklügelt hatten; wir waren wirklich im Falle, nun einen recht zuverlässigen Führer durch Inlandeis und Umgebung zu verfassen. Die Glanznummer unseres Abstiegs war die Entdeckung einer ungeheuren, 300 Meter hohen Schneewehe, die unsern Schlitten über die Felsabstürze einen Weg bis ins Tal gebahnt hatte. Freilich mussten wir uns mit Steigeisen und allen möglichen Bremseinrichtungen sichern, um nicht mit unsern Schlitten unversehens plötzlich im Tal anzulangen, wo am Schluss noch sehr bedenkliche Klüfte gähnten.

Am Ende der Hoffnungsbucht gaben wir den Hunden, die wir zurückliessen, noch einmal gehörig zu essen; dann errichteten wir ein Depot von allem, was wir nicht auf unser Kajakfloss nehmen konnten. Dieses beluden wir, bis die Kajake kaum mehr aus dem Wasser ragten; am Abend des 29. um 6 Uhr fuhren wir ab; es war wichtig, wegen des Passierens von Neu-Sarfanguak bei Ebbestrom die richtige Zeit innezuhalten.

Unser Fahrzeug, mit dem wir nun bis auf weiteres unzertrennlich vereinigt waren, muss den Tauchenten und Möwen, die uns erstaunt folgten, einen höchst sonderbaren Anblick geboten haben, und ich selbst sagte mir, dass unsere Fahrt an Abenteuerlichkeit nichts zu wünschen übriglasse. Anfangs ging alles gut, ausser dass auf das Rudern Hösslis, der einen beschädigten Arm hatte, nicht gezählt werden konnte. Dann bekamen wir Wind von der Seite, der an unserer hochgetürmten Ladung eine bedenkliche Angriffsfläche hatte. Ach, wie langsam kamen die Inseln, die Vorgebirge uns entgegen!

Jetzt meldete Gaule: «Wasser in meinem Kajak.» Das hatte gerade gefehlt. Es traf sich merkwürdig glücklich, dass ich unmittelbar vor unserer Abfahrt einen Schlauch aus unserer Apotheke genommen und gerade Gaule in sein Kajak mitgegeben hatte, «für alle Fälle». Nun hatte er das höchst zweifelhafte Vergnügen, von Zeit zu Zeit das in den Kielraum seines Kajaks eingedrungene Wasser (notabene Salzwasser!) herauszusaugen – und auszuspucken.

Um die Mitternachtsdämmerung kamen wir um die Südspitze von Hössliberg in den Eisfjord hinaus. Da kam erst das Schwierigste; denn die Eisberge hatten sich hier so sehr zusammengestaut, dass wir uns bald links bald rechts wendeten, und doch so oft wieder umkehren mussten. Und welche unheimlichen Passagen! Ungeheure Eisdächer überragten oft den Durchpass, wie um Hunderte auf einmal zu beschirmen, in Wirklichkeit bereit, sie auf einmal zu vernichten. Und diese Eiswand, die uns jetzt turmhoch überragt; neigt sie sich nicht? Dumpf hallt es immer wieder wie Donner zu uns herüber; das sind Eisberge, die in Trümmer gehen. Jetzt hinter uns ein Geprassel: das ist eines jener Schutzdächer, die wir eben passiert hatten.

Wir hatten wohl neun Stunden unablässig gerudert, schliesslich mit erstarrten, fühllosen Händen, als uns am Ufer endlich das Depotzelt entgegendämmerte. Das Wort für Zelt, *tuperk,* und der Ausdruck des Staunens, *tupinakrak,* sollen nach Pastor Friedrichsen stammverwandt sein. Das Zelt wäre also im Sinn des Grönländers dasjenige, bei dessen Anblick man in diesem menschen- und wohnstättenarmen Lande freudig überrascht wird. Diese Etymologie stimmte in diesem Falle gar sehr zu unsern Empfindungen. Als wir schliesslich aus unsern Kajaken gekrochen waren, fand sich's, dass wir buchstäblich nicht mehr auf den Füssen stehen konnten, besonders Gaule, der trotz des Gummischlauches stillschweigend mehr und mehr im Eiswasser gesessen hatte.

Im Depot fanden wir alles unverändert, und in den Kisten alles so, wie ich es ein Jahr früher in Kopenhagen zusammengestellt hatte. Für mich war es ein eigenes Gefühl, diese Gegenstände zum Vorschein kommen zu sehen – bis zur Seife und zur Reservebrille –, die einst alle mit der leisen Frage: «Auf Nimmerwiedersehen?» eingepackt worden waren. Es war, als ob sich aus diesen Hüllen noch einmal der Zweifel von damals erheben wollte, wie ein Nebel, der nun aber in der klaren Wirklichkeit sogleich in nichts zerfloss.

Unser Proviantmeister Hössli legte für die nächsten Tage unser strenges Proviantgesetzbuch in eine entfernte Zeltecke. Wäre im Depot für Festwein vorgesorgt gewesen, so wäre vielleicht der zu Schaden gekommen. Jetzt mussten es die Konfitüren entgelten.

Wir wollten zwei Tage hier ausruhen und unterdessen Signalfeuer unterhalten. Kamen dann keine Eskimos, so wollten wir in den Kajaken unsern Weg fortsetzen.

Im Fellboot nach Angmagsalik

Am 31. Juli um Mittag hatten wir uns vor den Stechmücken ins Zelt geflüchtet und unterhielten uns gerade über die Schönheit des Strassburger Münsters – da vernahmen wir Laute vom Wasser her, wie Rufe des Staunens. In derselben Sekunde war ich auch schon zum Zelt hinaus: drei Kajakmänner sind am Landen! Wir feuern Salut und laufen mit den rauchenden Gewehren geradewegs die Felsen hinab. Schon sind sie ausgestiegen. «Kanoripisi?» fragte ich, «Ajungila?» Wie geht's, geht's gut? und erhalte ein vorläufig undeutbares, breites «êêêê» zur Antwort. Wir bringen bald heraus, dass der eine Eskimo «Ferdinand», der andere «Timotheus» getauft ist; der dritte scheint überhaupt keinen präsentablen Namen zu besitzen. Hier hört die Verständigung auf; wir gehen zum Zelt hinauf, während unsere neuen Freunde immer vor sich hinsagen: Kujanak, kujanak; «man muss danken, man muss danken!» Im Zelt bringe ich heraus, dass sie von einem Sommerwohnplatz auf der Insel Igdlitalik am Fjordausgang, etwa 40 Kilometer südlich, herkommen und dass näher heran in diesem Jahr niemand wohnt. Da war allerdings all unser Feuer- und Rauchmachen fürs blosse Vergnügen gewesen! Ob sie zufällig hier vorbeikommen, oder von Petersen geschickt, ist nicht mit Sicherheit herauszubekommen.

Unsere ursprüngliche Absicht war, dass ich nun mit Hössli zusammen mit den Eskimos nach Angmagsalik vorausfahren solle. Da sich aber bei Gaule die alten Infektionssymptome wieder eingestellt hatten, so dass er sich recht unwohl fühlte, wollte ihn Hössli nicht allein mit Fick ohne Arzt zurücklassen, und ich machte mich am Morgen des 1. August morgens 6 Uhr allein auf die Reise, begleitet von allen Notizbüchern und zwei Eskimos, von Ferdinand und dem Namenlosen.

Eine Zeitlang fuhr ich auf eigene Rechnung und Gefahr, und die Eskimos waren so höflich, ihr Tempo zu mässigen. Dann aber schlugen sie einen Schlepperdienst vor, in den ich ganz gern einwilligte. Der eine band seine Fangleine vorn an meinen Kajak, der andere die Spitze des seinigen hintendran, und so ging es trotz der neuen Last mit verdoppelter Geschwindigkeit vorwärts. Als wir um Mittag am andern Ufer des Sermilik angelangt waren, fragte ich sie ernstlich, ob sie denn nicht zu müde würden, um an diesem Tage mich noch nach Angmagsalik zu bringen. Da lachten sie übers ganze Gesicht und sagten, dass sie ja von Kind an schon Kajak führen. Das könnten sie ganz gut. Ich fühlte mich mit ihnen so sicher, dass ich aufatmete, nicht mehr der Verantwortliche zu sein. Schliesslich kroch ich ganz in meinen Kajak hinein und tat einen guten Schlaf, nur ab und zu erwachend, wenn ein Eisstück vorn an die Kajakspitze polterte oder mir durch die dünne Haut meines Fahrzeugs hindurch einen Rippenstoss gab, zur Mahnung, dass man sich immerhin noch zwischen den Eisbergen des grossen Sermilik der Ostküste und nicht zu Hause im Bett befinde.

Die Fahrt erheischte immer noch alle Vorsicht; und ich sah, wie sehr ihre Augen schneller und geübter waren als die meinen, wenn sie vor einem grossen Eisklotz, der sich wälzen wollte, die Kajake zurückwarfen, bevor ich noch eine Bewegung wahrgenommen hatte.

Abends 5 Uhr näherten wir uns einer Anzahl Inseln, die sich aus dem Nebel am Ausgang des Fjordes lösten, da, wo er in den weiten Ozean mündet. Meine Eskimos hatten mir verständlich gemacht, dass dort ihre Zelte aufgeschlagen seien. Der Namenlose ruft schon von weitem wie ein Wahnsinniger: «Tigiput, tigipu-u-u-t!» Sie sind gekommen!

Die hohen Schnäbel der Zelte werden sichtbar. Leute laufen zum Ufer, Frauen in reduzierten Kostümen, nackte Kinder, Männer in halb grönländischen, halb europäischen Kleidern, eine merkwürdige Mischung. Haufen von Seehundsspeck liegen am Ufer; es ist nicht leicht, auf den vom Fett schlüpfrigen Felsen zu gehen.

Ich werde in Ferdinands Zelt geführt. Seine Frau Dora gibt ihrem kleinen Andreas zu trinken und besorgt dabei eine riesige Tranlampe, mit einem wohl einen halben Meter breiten Docht. Das Zelt ist viel stattlicher als die Sommerzelte der Westgrönländer; es hat eine doppelte Seehundsfellverkleidung, die von einem Holzgerüst getragen wird; der grosse Vorhang aus Darmhaut am Eingang lässt Licht hindurch; die Pritsche, auf welcher ich neben den Insassen placiert worden bin, ist wohl fünf Meter lang; an ihrem andern Ende haust eine zweite Familie. Ein wenig süsse kondensierte Milch, die ich zu mir gesteckt hatte, gewinnt mir das Wohlwollen der Kinder und ihrer Mütter. Aber bevor etwa dieses Wohlwollen sich in einer Gegengabe äussert, als welche ich Seehundsspeck ersorge, hebe ich mich von dannen. Wir fahren im Kajak weiter bis zu einem zweiten Zeltplatz, wo sich ein Umiak befinden soll. Sein Besitzer, der alte Kitsigajak, lässt es sogleich von den Felsen herab ins Wasser tragen. Es füllt sich im Nu mit Frauen, die rudern sollen, und zugehörigen kleinen Kindern; mir wird ein besonderes Lager aus Seehundsfellen gemacht, und so bin ich schon wieder unterwegs; ich weiss nicht, wie mir geschieht.

Es sind jetzt nicht mehr Eisberge, die unsern Weg sperren, sondern grosse Tafeln von Meereis. Der Zusammenstoss lässt sich nicht immer vermeiden und sieht für unser zerbrechliches Boot oft bedenklich aus. Aber sie können mehr aushalten, als man denken sollte. Kriegt der Hauptüberzug doch etwa ein Leck, so wird dieses flugs mit Speck zugestopft. Wir fahren jetzt längs der eigentlichen Meeresküste nach Norden, zur Linken die imposanten Felsabstürze des Orsuluviak, der den Schiffen den Weg nach der Ansiedlung weist. Nach Osten erstrecken sich die Storisfelder, welche diese Küste so unnahbar machen.

Eine Bucht öffnet sich landeinwärts. Und jetzt werden über ein kleines Vorgebirge weg drei schwarze Holzhäuser und ein Kirchlein sichtbar, daneben niedrigere Hütten der Eskimos: Angmagsalik!

Meine Begleiter wünschen ihren «Fang» zur Geltung zu bringen und bedeuten mir, jetzt sei der Augenblick, dass wir uns bemerklich machten. Ich schwenke die Fahne und feuere Signalschüsse ab. Zwischen den Häusern wird es lebendig; ein allgemeines Rufen und Schreien schwillt zu uns herüber. Am Flaggenmast der Kolonie steigt die dänische Flagge, beleuchtet vom letzten Strahl der Sonne, die hinter den nördlichen Bergkämmen hinabsinkt. Nun hat sie genug gesehen und genug für uns getan.

Am Ufer stand Petersen mit der ganzen Kolonie; er hilft mir aus dem Boot, und nun geht es im Zuge zu seiner Wohnung, wo mich Frau Petersen empfängt und mich vorläufig zum Waschtisch führt, mit einem freundlichen Nachdruck, den ich zuerst nicht verstand. Aber als ich in den Spiegel sah – zum erstenmal seit zwei Monaten –, da erblickte ich einen Räuber, wie er im Buch steht; vielleicht mit einem Stich ins Gutmütige (welches mir aber gewisse Leute wohl auch abgesprochen hätten).

Ich hatte für Petersen Post über das Eis mitgebracht, die erste seit einem Jahr: zwei Briefe. Sie konnten nicht fassen, dass das alles sein solle. Aber wer hatte mir getraut?

Mein Tagebuch sagt nun von einem schwelgerischen Mahl, von Spiegeleiern, Kaffee, Lachs und Eisbärenbraten. Und dann erlebte ich ein wirkliches Bett. Diese erste Nacht war es ein Genuss; später konnte ich es viele Nächte lang nicht mehr aushalten, in einem Hause zu schlafen. Und auch meinen Kameraden war es noch lange am liebsten, sich im Schlafsack auf einen schönen harten Fussboden zu betten. Am 1. August war ich angekommen. Stolberg hatte mir noch auf der Westküste dieses für eine Schweizer Expedition besonders passende Datum empfohlen. Am frühen Morgen, als ich vor das Haus trat, wartete da schon eine kleine Gemeinde, die den unerwarteten Gast von Nahem besehen wollte. Die Osteskimos hatten zwar durch Petersen von unserm Plan gehört, aber die Sache nicht für glaublich und möglich gehalten. Und nun waren sie doch gekommen, «die Inlandeisbewohner»!

Am 2. August gingen zwei Frauenboote nach dem Sermilik ab, und in der Nacht vom 4. auf den 5. waren sie schon mit meinen Kameraden und allem unserm Material zurück, nicht zu vergessen fünf Hunde, die Petersen auf eine unbewohnte Insel zu bringen erlaubt hatte.

Bei den Ost-Eskimos

Die Zeit bis Anfang September, während der wir auf das Schiff warten mussten, brachten wir zum Teil mit allerhand Schlussarbeiten zu; zu diesen gehörte auch eine längere Exkursion zum Sammeln von anthropologischem Material, die meine Begleiter mit Erfolg durchführten. Auch konstruierten wir Herrn Petersen, der bei unserer Ankunft um drei Viertelstunden aus der Zeitrechnung war, eine grosse Sonnenuhr, die wohl nirgends besser am Platze ist als in diesem unzugänglichsten aller menschlichen Wohnplätze.

In Wirklichkeit gibt es auf der ganzen Erde, soweit Menschen wohnen, keinen Ort, der so gänzlich abgesperrt ist. Im Westen das früher nie überschrittene Inlandeis; im Osten die Eisbarriere des Meeres, die nur einmal im Jahr einen flüchtigen, ungewissen Besuch durch ein Schiff erlaubt. Das ist Angmagsalik! Und was es sonst noch ist, dieses kleine Königreich und Patriarchat unter der milden Herrschaft des prächtigen Petersen – das zu erzählen wird mir, fürchte ich, nicht richtig gelingen. Es wäre ja ein Bericht aus einer andern Welt, von dem vielleicht nur das Lächerliche, das Triviale übrig bliebe, etwas von stumpfen Nasen und Tranflecken. Denn wir Mitteleuropäer sind so sehr von uns überzeugt, dass wir vom Lehnstuhl aus einen Osteskimo nun einmal nicht ernst nehmen können.

Wer die Westgrönländer gesehen hat, denkt mit Recht, dass er ein originelles Naturvolk hat kennen lernen; er wünscht sich nur vielleicht zweihundert Jahre zurück, etwa in die Zeit Hans Egedes, wo die Verhältnisse noch soviel ursprünglicher waren. Nun, diesen Sprung rückwärts erlebt, wer mit den Ostgrönländern bekannt wird!

Ich wusste, dass in Angmagsalik etwa 400 Eskimos leben sollten, und erwartete also eine ziemlich grosse Ansiedlung zu finden. Neben den dänischen Gebäuden standen aber nur vier oder fünf Eskimohütten. Und die andern? Des Rätsels Lösung wurde mir schon am folgenden Tag gegeben, der ein Samstag war.

Da fuhr eine ganze Flottille in Tassiusak ein, wie die Eskimos die Ansiedlung nennen. Ich zählte gegen zwanzig Kajake und fünf Frauenboote, denen ein ganzer Menschenschwarm entquoll. Sie kamen alle von ihren manche Stunden weit entfernt im Inselgewirr liegenden Wohnplätzen und hatten alle die doppelte Absicht, bevor die Herbststürme und das unsichere Eis den Weg wieder versperrten, noch einmal die dänische Kaufbude und zugleich auch die Kirche zu besuchen. Die Butik kam zuerst an die Reihe; das sind Tage, an denen der gute Petersen von morgens 5 Uhr bis in die Nacht hinein beim Auswägen ist. Gewehre, Pulver und Blei sind der vornehmste Artikel; auch Handwerkzeug, europäische Stoffe und einige Kolonialwaren fehlen nicht. Alles ist von ordentlicher Qualität, einiges billiger als bei uns zu Hause! Am meisten wird wohl Tabak verlangt. Und der alte Kitsigajak mochte denken: «Jetzt haben sie's bequem!» Denn zu seiner Zeit musste man um Tabak zu kaufen hin und zurück 2000 Kilometer nach Südgrönland fahren. Und man tat's!

Nicht verkauft wird den Osteskimos Alkohol, Kaffee und Brot. Das erste wird man ohne weiteres verstehen und nur loben. Das zweite und besonders das dritte würden wir ihnen vielleicht nicht vorenthalten. Aber wozu sie an Genussmittel gewöhnen, die ihnen erfahrungsgemäss doch nicht so gut bekommen, und an Nahrungsmittel, die umständlich zu beschaffen wären und ohne welche sie bisher zufrieden waren?

Ist endlich eingekauft, so ist ihr Nachtlager schnell fertig. Sie tragen die grossen Frauenboote ans Land und kehren sie um, und das ist ihr Zelt. Wenn sie ihre hellen Tranlampen drin angezündet haben, bietet es einen fesselnden Anblick, durch die durchscheinende Bootshaut hindurch die dunkeln Gestalten da drunter hantieren zu sehen; phantastische Schattenbilder, denen zuzuschauen man nicht müde wurde.

Am andern Tag war grosser Kirchgang; es mögen wohl zweihundert Personen gewesen sein, die Säuglinge mitgezählt. Ich traf es zu der Taufe einiger Eskimos, unter ihnen einen erwachsenen Heiden, dem gleich darauf noch eine nach Ortsbegriffen gewiss liebliche Braut angetraut wurde. Nachher kam noch ein dreijähriges Mädchen und ein Säugling an die Reihe, welche gleichfalls nach der uralten Taufformel aus Karls des Grossen Zeit «dem Teufel und seinen Werken» entsagen sollten. Und als die Frau, die anstatt des Wickelkindes antworten sollte, aber augenblicklich anderweitig mit ihm zu schaffen hatte, nicht schnell genug auf die Teufelsfrage einging, wurde sie ihr sogleich mit Nachdruck wiederholt!

Einige Wochen später, als mit dem Schiff die Kunde vom Tode des Königs von Dänemark endlich auch hierher gedrungen war, wurde ein freilich um ein halbes Jahr verspäteter Trauergottesdienst abgehalten. Es war den Osteskimos vielleicht etwas viel zugemutet, die gehörigen Gefühle aufzubringen. Aber die rollende Rhetorik der Ansprache des eingeborenen Predigers klingt mir noch jetzt wie Hexameter in den Ohren.

Die Sprache der Osteskimos ist trotz der räumlichen Trennung auffallenderweise wenig verschieden von derjenigen der Westeskimos; es ist sozusagen ein undeutlich gesprochenes Westgrönländisch. Wo der Westgrönländer z. B. scharf akzentuiert: *úvangá* (ich) hört man auf der Ostküste nur ein ganz abgeschliffenes: *u-a-á*.

Vieles spricht dafür, dass die jetzigen Ostgrönländer einst in wohl noch historischer Zeit sich am Smithsund von den übrigen Eskimos getrennt und Grönland im Norden umwandert haben. An der Nordostküste, wie weiter südlich, z. B. am Skoresbysund, sind Überbleibsel von Ansiedlungen gefunden worden, die in einigen Gebieten so zahlreich sind, dass man auf eine früher ungemein viel stärkere Besiedlung der Ostküste schliessen würde, wenn man nicht die nomadische Lebensweise der Osteskimos kennte, die sie auch ja jetzt noch führen und die uns so merkwürdig berühr. Wo ein solcher Osteskimo seinen Wohnsitz hat, kann er meist nicht sagen, sondern nur, wo er in diesem Sommer oder in diesem Winter wohnt; einmal hier, einmal anderswo. Und es sind durchaus nicht nur Zweckmässigkeitsgründe, etwa die wechselnden Fangverhältnisse, die ihn zum Reisen veranlassen. Denn es kommt vor, dass zwei Boote mit umziehenden Familien einander begegnen; die einen ziehen auf den Winter dahin, wo die andern im Sommer gewohnt haben – und umgekehrt –, weil es ihnen so gefällt. Ich verstehe jetzt, weshalb mir niemand sagen konnte, ob wir im Sermilikfjord Menschen treffen würden.

Bei den Osteskimos bestand der Zug, nach und nach nach Süden zu und um die Südspitze Grönlands herum abzuwandern. Nach der einen Meinung sollten solche Osteskimos schon vor der Ankunft der Dänen bis nach Godthaab hinaufgelangt sein.

Sicher ist, dass die ganze Ostküste jetzt schon gänzlich verlassen wäre, wenn die dänische Regierung nicht im Jahr 1893 die Handelsstation Angmagsalik gegründet hätte. Nun können sie ihre Eisbärenfelle dort verkaufen und brauchen den Tabak nicht so weit herzuholen. Der dänische Monopolhandel führt jährlich über hundert solcher Felle von Angmagsalik aus; es ist der einzige Exportartikel, der dafür allerdings peinlich genau gehütet wird; und mit seinem Erlös kann die dortige Station unterhalten werden, wohl ohne dass im übrigen ein grosser Profit herausschaut.

Zu unserer Zeit wollten sich leider keine Eisbären mehr zeigen, obschon an andern Wohnplätzen noch solche geschossen wurden. Aber das Meereis war zu spärlich geworden. Allerdings entfernten wir uns auf den Rat Petersens nie eine grössere Strecke, ohne Waffen bei uns zu haben.

Mit meiner persönlichen Bewaffnung war es allerdings nicht zum besten bestellt. Ich verfügte nur über eine Signalbüchse mit einem kanonenähnlichen Lauf. Setzte man noch eine gehörige Ladung gröbsten Schrotes vor die Signalpatrone (was sich eigentlich mit der Bestimmung des Gewehres nicht vertrug), dann erhielt der Schütze beim Abfeuern einen solchen Stoss, dass man ihn zuweilen mit heimlichem Grausen erwartete. Ich dachte aber, dass dafür das, was vorn herausflog, sogar einem Eisbären gefährlich werden müsste, wenn er nahe genug herankam. Und diese erforderliche Nähe abzuwarten, war ich fest entschlossen. Leider ist mein Entschluss nie auf die Probe gestellt worden. Nur einmal fingen die Hunde in der Nacht zu bellen an. Das tun sie angeblich nur dann, wenn ein Bär in der Nähe ist; sonst beschränken sie sich aufs Heulen. Ich rannte mit meinem Geschütz hinaus. Aber schon war wieder alles ruhig. Wenn dergestalt, angesteckt von meiner jagenden Umgebung, selbst ich unter der momentanen Bärenlosigkeit von Angmagsalik litt, wie viel mehr musste der Jäger Fick die Gegenstandslosigkeit seiner schönen, über das Inlandeis gebrachten Büchse bedauern. Wir mussten uns begnügen mit dem Gebrumm eines Eisbären, der kurz vor unserer Ankunft lebendig gefangen worden war und nun gegen die Eichenplanken seines Gefängnisses wütete.

Gegenwärtig sind die Osteskimos noch völlig rasserein, was sich von denen der Westküste ja längst nicht mehr sagen lässt. Sie werden es auch für absehbare Zeit bleiben. Dafür sind ihre übrigen Eigentümlichkeiten jetzt stark im Verschwinden begriffen und werden in wenigen Jahren nicht mehr da sein.

Früher trugen auch die Männer lang herabwallendes Haar, von einem ledernen Stirnband zusammengehalten; jetzt trifft man diese würdige Tracht nur mehr bei einigen Veteranen, die sich noch nicht taufen liessen oder sonst sich der neuen Mode nicht anbequemen mochten. In ihrer Kleidung findet sich schon dieses und jenes europäische Stück, und besonders deutlich ist der Einfluss der von der grönländischen Frau Pastor eingeführten Tracht der Westküste. Ein komisches Missverständnis ist den Ostgrönländerinnen mit dem Hemd passiert. Wo dieser Luxusartikel sich findet, wird er nämlich statt unter den Pelzhosen über denselben getragen. Die ursprüngliche blendende Weisse, die ihnen fürs Verbergen zu schön mochte geschienen haben, ist *in praxi* natürlich sehr bald dahin.

Tritt man in ein Sommerzelt, deren stattliche Grösse auffällt, so findet man jetzt schon nur selten mehr die ursprünglichen Kochgefässe aus Speckstein, die wohl noch vor zehn Jahren allgemein in Gebrauch waren. Blaue Emailletöpfe aus der Butik haben in kürzester Frist der Steinzeit dieser Küste den Garaus gemacht. Und was noch mehr schade ist: Übereifrige Katecheten vom orthodoxen Seminar der Westküste haben auch das fröhliche, unschuldige Singen zum Verstummen gebracht, das früher aus heimkehrenden Frauenbooten ertönte, und auch die Trommel, womit etwa ein Kajakmann seinen Triumphgesang nach einem guten Fang zu begleiten pflegte. Wohl bot der Christenglaube, den sie mit allem Ernst angenommen haben, den Osteskimos ein starkes Gegengewicht gegen die verhängnisvolle Totenfurcht und den damit in Zusammenhang stehenden Aberglauben des Seelenraubs, welchen die alten Angekoks unterhielten. Und Mord und Totschlag, welcher früher an dieser Küste im Zusammenhang mit diesem Aberglauben, man darf wohl sagen: an der Tagesordnung war und die Bevölkerung dezimierte, hat jetzt aufgehört. Aber Trommeln und Singen hätte man ihnen lassen müssen.

Wir traten recht bald mit den Eskimos in etwas nähere Beziehungen. Schon in der ersten Nacht, wo wir alle in Angmagsalik wieder nebeneinander in unsern Schlafsäcken lagen, war ein Kajakbote vier Stunden weit von Kap Dan hergefahren und liess uns fragen, ob der Arzt zu der schwer erkrankten Frau des Katecheten kommen könnte. Aufs neue hatte ich Gelegenheit, die schnelle Reisebereitschaft der Osteskimos zu bestaunen. Obschon gerade nur wenig Leute in der Kolonie anwesend waren, hatte sich doch binnen einer Viertelstunde die ganze grosse Besatzung für ein Frauenboot am Ufer eingefunden, und zwei Minuten später waren wir unterwegs, vor allem der kostbare Arzt, dann ich als Übersetzer für deutsch-dänisch und der Halbgrönländer Chemnitz weiter für dänisch-grönländisch. Es war eine prächtige Fahrt unter dem dämmernden Nachthimmel, an dem wir zum erstenmal wieder den Mond hinter den Bergen emporsteigen sahen. Wir hatten ihn schon fast vergessen.

Seine erste Patientin konnte Hössli beruhigen und mit geeigneten Mitteln versehen. Schlimmer stand es mit einem andern Kranken, den ein fast ein Jahr alter Oberschenkelbruch zu einer unbeweglichen Lage auf dem Bauch verurteilt hatte. «*Tokuvá?*» stöhnte er. «Muss ich sterben?» Trotz aller Bemühungen war ihm nicht mehr zu helfen. Ich war noch dabei, als er zwei Wochen später begraben wurde, ohne Sang und Klang; denn er war Heide geblieben, wie auch seine Frau, die recht ängstlich zwischen altem und neuem Glauben stehend fragte, ob sie den Leichnam berühren dürfe, ohne sich zu schaden.

Gut Freund wurden wir mit drei Brüdern, die damals mit ihrem gemeinschaftlichen Zelt und ihren Familien in die Gegend von Angmagsalik gezogen kamen, weil eine der Frauen beim Pastor Taufunterricht geniessen sollte. Sie fingen auch schon an, sich darauf hin ein Winterhaus zu bauen, ein Beweis, dass man es mit den Heidentaufen gründlich nimmt. In Guithis Zelt machten wir manches Besüchlein. Die drei Familienmütter sassen da würdig und schweigend auf der langen Pritsche vor ihren Tranlampen und sahen bald nach diesen, bald nach den Kindern im Hintergrund der Pritsche, welche übrigens die Stille im Zelt merkwürdig wenig störten. Auch zwischen den Erwachsenen im Zelt habe ich nie heftige Worte gehört. Wir konnten unsererseits natürlich nicht weiter zur Unterhaltung beitragen, versuchten aber, das sympathische Lächeln, mit dem uns die Insassen einluden und empfingen, entsprechend zu erwidern. Und nachdem so eine halbe Stunde lang schweigende Sympathiekundgebungen stattgefunden hatten, verabschiedeten wir uns mit einem Schlussschmunzeln. Gelegentlich wurde die Szene durch einen kleinen Tauschhandel etwas belebter. Aber einige von den altertümlichen Stücken versuchte ich gar nicht einzuhandeln. Ich konnte es nicht über mich bringen, zu beschleunigen, was freilich doch kommen musste: das gänzliche Verschwinden der alten ursprünglichen Geräte.

Ich glaube, dass die Expedition auch bei der jungen Generation, vermöge ihrer Beteiligung an deren Spielen, einen guten Eindruck hinterlassen hat. Fick und Gaule zeichneten sich durch turnerische Leistungen aus, während Hössli sich ein ohne Zweifel dauerndes Verdienst erwarb durch Einführung einiger Spiele, die vor nicht zu langer Zeit seiner Jugend Traum verklärt hatten. Spielen die Osteskimo wohl immer noch: *«Gis!»* oder «Gelben Fuchs»? Vielleicht haben sie nur polargemässer aus «gelb» blau gemacht.

Ein grosser Teil der Unterhaltung der Kolonie drehte sich begreiflicherweise darum, an welchem Tage das Schiff kommen werde (welches aller rückständigen Briefschulden wegen von der Familie Petersen gar nicht so früh herbeigewünscht wird, wie man denken könnte). In erster Linie sollte es die «Godthaab» sein; kam diese nicht rechtzeitig von der Kochschen Expedition an die Nordostküste zurück, dann ein norwegisches Schiff. Unsere scharfsinnigsten Kombinationen ergaben, dass es keinesfalls vor dem 1. September ankommen könne; denn sonst konnte es die

Kopenhagener Ladung nicht an Bord haben (zu welcher ich heimlich als entfernte Möglichkeit auch meine Frau zu rechnen wagte). So dachten wir denn etwa vom 29. oder 30. August an auf dem Ausguckhügel Wache zu halten.

Aber am Morgen des 28. August, dessen tief herabhängende Wolken uns nicht zum Frühaufstehen ermuntert hatten, kam die grönländische Kranken- und Expeditionskamikerpflegerin hereingestürzt mit dem Ruf: *Umiarssuit!* Es konnte nicht sein und war doch so: Die «Godthaab» glitt soeben um das Vorgebirge in die Tassiusakbucht herein. Schnell stellte ich die Fahne an unserm Häuschen auf, vor dessen Türe meine Kameraden wie starr stehen blieben, und rannte dann zum Ufer hinab und machte mich, da die Boote bei Ebbe nicht so schnell flott zu machen waren, in meinen Kajak dem Schiff entgegen. Zwar meine Frau konnte nun in keinem Fall gekommen sein, aber die Post war schon die Eile wert.

Doch ich hatte mich aufs schönste verrechnet!

Auf dem Schiff war die Spannung nicht klein gewesen: Sind sie da?

Die Eskimos konnten sich nicht genug tun, mir ihre Freude über den neuen Gast zu bezeigen. Nur der Katechet Ohlsen und seine Freunde trauerten, dass es nur meine Frau sei und nicht die Westgrönländerin, die er als Braut erwartete. Das Schiff brachte uns allen gute Nachrichten von unsern Angehörigen. Aber auch eine schmerzliche Kunde war gekommen: F. A. Forel, der Freund unserer Expedition, war gestorben. So hatte es der Sturm besser gewusst, damals, als er mir noch auf dem Inlandeis den Brief von Mercanton an Forel aus der Hand riss; und der Mont Forel war schon ein Denkstein für einen Toten.

Am 3. September nahmen wir Abschied von Petersen und seiner Gemahlin, die uns so viel Liebes erwiesen hatten, und von ganz Angmagsalik. Unsere Hunde mussten wir nun doch zurücklassen, der Kapitän hatte in Kopenhagen strenges Verbot bekommen, sie an Bord zu nehmen; da war nichts zu machen. Aber ich empfand es fast als Verrat, sie zurückzulassen, und kann ein Gefühl der Bitterkeit gegen jenes Verbot noch jetzt nicht loswerden.

Unser guter Freund Guithi kam von seinem Sommerzelt noch einmal aufs Schiff und vergoss heisse Tränen. Und meine Kameraden, von denen doch keiner auf das Rührselige angelegt ist, sahen mit Bewegung zur Küste hinüber, die uns nun auf immer entschwand und unsere Gedanken doch so festhielt und noch oft zu sich zurückkehren liess. Hängt es nun gerade an diesem Lande? Ich glaube es nicht; andere mögen anderswo diese Eindrücke empfangen. Aber für uns war Grönland eine Offenbarung.

Und zu dem, was uns, oder wenigstens mir da offenbar wurde, gehört die klare Erkennntis, dass wir, die wir uns als Kulturträger für weise halten, mit unserem Prinzip des «Immer schneller» und «Immer mehr» zu Narren geworden sind! Dadurch, dass es zehnmal geschwinder geht, dass wir an einem Tag zehnmal soviel hören, sehen und treiben können, meinen wir wohl den Lebensinhalt zu verzehnfachen? Wenn nun aber der Eindruck im gleichen Masse dürftig wird, als er flüchtiger ist? Was ist da gewonnen?

Es ist doch – wird man einwenden – wenigstens nichts verloren; denn einmal zehn oder zehnmal eins gibt dasselbe. Schon das ist fraglich!

Aber wir stehen hier an der Grenze, von der an das unveränderliche Gesetz unserer Seele so lautet: Wenn die Eindrücke, die auf uns eindringen, zehnmal schneller daherstürmen, so wird dafür ihre Wirkung um das zehnmalzehnfache geringer. Und das Ergebnis ist dies, dass wir, je hastiger wir leben, um so ärmer werden!

Das ist die kleine Wahrheit, die mich das Inlandeis, die Mitternachtssonne und die hundert Fältchen des alten Kitsigajak gelehrt haben; sie ist ein Expeditionsresultat und darf nicht unterschlagen werden.

Heimkehr über Island
Ergebnisse

Die «Godthaab» sollte uns nach Island bringen. Ein Nordoststurm liess uns erst am Abend des 8. September in Reykjavik, der wellblechwandigen Hauptstadt Islands, ankommen. Hier konnten wir sogleich den guten Ausgang unserer Expedition nach Hause berichten und erhielten tags darauf ein freundliches Begrüssungstelegramm der Schweizerischen Naturforschenden Gesellschaft sowie der dänischen Administration. Wir selbst mussten noch zwei Wochen auf ein Schiff warten, das uns nach Europa brächte. In dieser unfreiwilligen Wartezeit lernten wir die benachbarte Gegend des Landes und auch ein wenig seine Bewohner kennen, versteht sich zu Pferd, und versteht sich ebenso im Regen.

Was wir sahen und erlebten, forderte natürlich den Vergleich mit Grönland heraus. Denn es ist kaum ein Unterschied zwischen den Vegetationsverhältnissen der isländischen Täler und der grönländischen Fjorde. Gerade so, wie der isländische Bauer jeden Fussbreit Grasland den Geröllhalden abringen muss, hatten einst seine verschollenen Vorfahren in Grönland mit der Natur zu kämpfen, und so, wie sich heute ein isländisches Gehöft darstellt, müssen einst die Ansiedlungen der Normannen dort drüben ausgesehen haben. Aber wie verschieden finden sich die heutigen Bewohner der beiden Länder mit denselben harten Bedingungen der Natur ab!

Der jagende, von keiner Zivilisation beschwerte Eskimo wusste sich ins Gleichgewicht mit der Umwelt zu setzen; das wenige, was er hat, ist ihm genug, dass er dabei lachen kann und auch für den Fremden eine freundliche Miene übrig hat.

Der Isländer hingegen, der Enkel der alten Normannen, der einstige Retter und Bewahrer der Kultur Europas – wie er glaubt –, wird von der doppelten Last, dem widerstrebenden Boden seine Nahrung abzukämpfen und zugleich diese seine alte Kultur zu erhalten, niedergedrückt; er wird herb und hart. Ein aufrechtes, stolzes Volk wohnt dort oben; die Frauen schreiten einher, als wollte jede die königliche Brunhilde sein, um die einst Gunther im fernen Island warb. Aber unfreundlich sind sie, verschlossen, ja versteinert in Blick und Gedanken; beide rückwärts gerichtet auf Islands vergangene grosse Zeit – aber auch vorwärts auf eine neue Zeit, wo sich der Islandfalk, aus dem verhassten dänischen Käfig entronnen, wieder aufwärts schwingt. Davon träumen sie; darin hassen und lieben sie. Und dafür arbeiten ihre Besten.

Wir hatten unter isländischer Liebenswürdigkeit nicht zu leiden. Zum Abschied steckten sie – vielleicht um das grönländische Training anzuerkennen – meine Frau und mich in ein dunkles, luftloses Gelass des Dampfers, im Vergleich mit dem die Kabine der «Godthaab» recht bequem gewesen war. Sassen wir beim Lesen im Schiffssalon, so bewiesen uns isländische junge Damen und Herren ihre Kultur, indem sie ungeniert den Tischteppich zu ihren Kartenspielerzwecken unter unsern Büchern wegrissen. Und in ihren Kabinen machten sie die Nacht hindurch einen Spektakel, der den Wunsch aufkommen liess, lieber drei Eskimofamilien zu Nachbarn zu haben als diese Normannensprösslinge. Höflichkeit könnten sie schon lernen von den Dänen, über die sie sich von den Tagen der Edda her so sehr erhaben dünken.

Am 29. September morgens lief unser Dampfer «Sterling» in Kopenhagen ein. In der frühen Morgenstunde standen nur wenige Angehörige der Passagiere zum Empfang des Islandschiffes bereit. Aber was winkte uns da Rotes entgegen? Eine Schweizerfahne; und wer sie schenkte, das musste Frau Professor Mercanton sein, und daneben ihr Herr Gemahl! Der letzte, den wir auf der Westküste verlassen, begrüsste uns nun als erster auf dem europäischen Boden; kein lieberer Empfang hätte uns werden können.

Fast hätte mein Aufenthalt in Kopenhagen unmittelbar mit einer Polizeistrafe angefangen, weil ich auf die Frage Mercantons nach meinen Waffen in aller Harmlosigkeit die ostgrönländische Signalbüchse abschoss. Seine Aufregung über diese Tat begriff ich nicht recht; drüben war Hutabziehen und Gewehrabschiessen ein und dasselbe gewesen. Aber Mercanton war schon wieder zivilisiert.

Auf höchst zivile Gedanken brachten auch mich eine Anzahl Zylinderhüte, die im Hotel unserer warteten, getragen von einer Abordnung der Geographischen Gesellschaft. Ihr Sprecher empfing mich mit einer feierlichen, kleinen Rede, von deren sehr freundlichem Inhalt mir aber jetzt besonders das Ende eines Bleistifts erinnerlich ist, den ich offenbar in einiger Verlegenheit in den Fingern herumgedreht haben muss. Wir wurden zu einem «kleinen Abendessen» in der Geographischen Gesellschaft eingeladen, und die gleiche Einladung überbrachte uns unser lieber Landsmann Herr

Pfarrer Baur als Vorsitzender des Schweizervereins. Der Direktor der grönländischen Kolonie, C. Ryberg, und Kommandeur Holm, die sich beide so sehr um unsere Unternehmung interessiert und verdient gemacht hatten, machten uns nun auch als erste die Freude ihres Besuchs, und unser alter Freund, der Schriftsteller Dr. Normann Hansen, brachte uns frisch aus der Presse als «das erste Gruss beim Heimkehr» das erste Exemplar seines grönländischen Romans: «Jöklens Favn».

Unsere Kopenhagener Landsleute und Landsmänninnen, sie, denen Polarforschung sonst recht fern stand, bereiteten uns einen ungemein freundlichen Abend, und ich wusste mich nur zu beruhigen bei dem Gedanken, dass eine Leistung auf einem wenn auch noch so «unproduktiven» wissenschaftlichen Gebiet, die mit dem Schweizernamen verbunden ist, schliesslich dem Kredit dieses Namens doch in jeder Weise wieder zugute kommt. Aber dass das Ideale realer sei als das Materielle – wer wagt den Saltomortale?

In der königlichen Geographischen Gesellschaft war der Empfang nicht minder herzlich, und besonders musste es uns freuen, dass wir fast alle die Männer kennen lernten, die das Ihre für die Erforschung des Nordens schon geleistet hatten. Da war J. A. D. Jensen, der erste, der sich auf das Inlandeis gewagt hat und dessen Untersuchungen die berühmte Serie der «Meddelelser om Grönland» begründet haben. Da war Holm, der die erste ostgrönländische Küstenforschung geleitet, Graf Moltke und Garde, die im Süden Grönlands nach Nansen die längste Inlandsreise durchgeführt; da waren Steenstrup, Hammer, Engell, die der Grönlandforschung viele Jahre gewidmet; da war auch Kapitän Mikkelsen, noch entstellt von zwei Jahren der äussersten Entbehrung an der grönländischen Nordostküste. Dass alle diese Leute vom Fach uns und unsere Sache eines Grusses nicht zu gering hielten, wog manches auf und freute uns besonders um der kleinen Schweizerflaggen willen, mit denen sie die Tafel besteckt hatten. Und aus dem gleichen Grund freute es uns, dass der König den Leiter der Expedition zur Audienz kommen liess, um Näheres über unsere Erlebnisse zu vernehmen. Er hatte auch die freundliche Absicht, die Expedition in meiner Person mit dem Danebrogorden auszuzeichnen. Natürlich gab ich mich als Bundesbeamten zu erkennen, dem die Verfassung die Annahme verbiete.

«Aber wozu denn eigentlich all dies; wozu die ganze Expedition?» Diese Frage haben wir zu oft gehört, als dass wir am Schluss ganz an ihr vorbeigehen wollten. Allerdings ist sie vielleicht für die allein berechtigten Fragesteller, nämlich die, welche uns tatkräftig geholfen haben, schon beantwortet.

Die Polarforschung früherer Jahrhunderte hatte den sehr materiellen Hintergrund, eine nördliche Durchfahrtsstrasse für den Handel um Amerika und Asien herum zu suchen; solche Motive waren ja schon im grossen Zeitalter der Entdeckungen führend gewesen. Zu betonen, dass sie sehr berechtigt sind, wäre überflüssig; sie haben sich von jeher ihr Recht selbst genommen, und ein Teil darüber hinaus.

Unsere Zeit hält sich nicht weniger an das Konkrete als jene vergangene. Aber wie auf dem Gebiet der Erdforschung, von dem hier die Rede ist, im allgemeinen, so hat sich auch auf dem speziellen Gebiet der Polarforschung die Auffassung zur Tat durchgesetzt, dass es der sogenannten Herren der Erde würdig sei, sich auf ihrem Herrschaftsgebiete prinzipiell zu orientieren, ganz abgesehen davon, ob das einen praktischen Nutzen habe. Das ist der wissenschaftliche Standpunkt. Man kann ihn ablehnen (und tatsächlich tun das die meisten, indem sie aber mit einem Zirkelschluss die «praktische Wissenschaft» ausnehmen und damit ernten wollen, wo sie nicht gesät haben), und wer das tut, den können auch die Resultate unserer Expedition nicht befriedigen.

Innerhalb der wissenschaftlichen Polarforschung sind zwei Richtungen zu unterscheiden, die eine, der historischen Entwicklung und der geläufigen Auffassung nach an erster Stelle stehende, welche die Erschliessung noch unbetretener Erdräume zum Ziel hat; die andere, der ersten auf dem Fusse folgend, welche die Kenntnis der Natur dieser Regionen durch systematische Untersuchungen vorzugsweise an festen Beobachtungsstationen allseitig zu vertiefen sucht. Es gibt Gebiete der Wissenschaft, wo man jeden nach seinem Temperament an seiner Stelle arbeiten lässt und für jeden positiven Fortschritt an seiner Stelle gelten lässt. Hier aber erlebt man leider immer wieder, dass jene beiden Richtungen oft in unverständiger Weise gegeneinander ausgespielt werden. Vor wenigen Jahren noch wurden die Leistungen einer Expedition ungerecht genug oft allein mit der Elle gemessen; und ebenso ungerecht wird heute den Polstürmern der Vorwurf gemacht, sie hätten nichts für die Wissenschaft getan – weil sie nicht für jeden Zeltplatz ein Temperatur-Monatsmittel angeben können. Solange aber ein Weg durch noch unbekanntes Erdgebiet führt, gehört es zu den vornehmsten Aufgaben der Erdkunde, welche zuallererst eine Erdtopographie sein muss, ihn zu gehen!

Es war uns vergönnt, nach dem Massstab unserer bescheidenen Mittel in beiden genannten Richtungen tätig zu sein. Es ist hier nicht der Ort, noch auch kann es bei der langen Zeit, welche die Bearbeitung solcher Messungen erfordert, der Augenblick sein, ins einzelne der Arbeiten und Ergebnisse einzugehen.

Wir haben quer über die Grönlandinsel ein 700 Kilometer langes neues Profil gelegt, das längste und genaueste, das bis jetzt vorhanden ist. Die Positionen in Breite sind durchschnittlich auf $^1/_{10}$ Bogenminute, die Längen auf 2–3 Zeitsekunden genau anzusehen. Die Höhenmessungen würden an sich eine absolute Genauigkeit von wenigen Metern erlauben; die Unsicherheit der Reduktion, welche solche Messungen stets stark beeinflusst, ist in diesem besondern Fall wesentlich verringert durch die günstig gewählte Lage des Profils zu zwei kontrollierten Basisstationen an der Küste. Ausser unserer Durchquerung existiert überhaupt bisher nur ein einziges vollständiges Inlandeisprofil. Und da das Inlandeis eine der interessantesten Oberflächenformen der Erde darstellt, hat dieses Profil nicht nur die Bedeutung eines Querschnittes durch irgend eine beliebige, noch unbekannte Erdgegend, sondern den Wert eines Typus. Dieses Profil hat das weitere besondere Interesse, dass es die Routen zweier in ihren topographischen Angaben schwer vereinbarer früherer Vorstösse (von Peary und Nordenskiöld) schneidet und den Widerspruch endgültig durch einwandfreie Messungen wegschafft. Von der beigegebenen Profilzeichnung wird die definitive nur sehr wenig abweichen.

Wir fanden zunächst die Vermutung einer vollständigen Eisbedeckung des Innern auch auf diesem Querschnitt bestätigt. Ein anderes Verhalten, etwa im Sinn der E. Nordenskiöldschen Oasen, war ja nach Nansens Durchquerung nicht wahrscheinlich, wenn mir auch ein Durchbrechen von Gebirgsmassiven durchaus nicht ausgeschlossen war. Nansen hatte schon vermutet, dass spätere Expeditionen nördlich von seiner Route eine Abflachung finden werden; das haben wir im Gegensatz zu Annahmen, welche eine erhebliche Erhöhung des Profils nach Norden erwarteten, bestätigt gefunden, aber mit dem wichtigen Vorbehalt, dass nordostwärts das Inlandeis nicht weiter fällt, sondern im Gegenteil ansteigt. Nach dem Ergebnis unserer Durchquerung werden also die absolut grössten Höhen des Inlandeises nicht nach Süden, sondern nördlich, vielleicht zwischen unserm höchsten Punkt und der Gegend des Scoresby-Sundes, zu suchen sein. Jene Region des Inlandeises, die überdies ein von der Westküste wesentlich verschiedenes Verhalten des Binneneises zum Küstensaum zeigt, müsste das Ziel einer nächsten Expedition sein. Dass man in jenem Gebiet auf Überraschungen gefasst sein kann, zeigt schon ihr südlicher Ausläufer, die Gebirgskette mit dem Mont Forel, der mit 2760 Meter die grösste Höhe des Inlandeises wesentlich übertrifft. Die Kenntnis der physikalischen und meteorologischen Verhältnisse des Inlandeises ist durch unsere zu einer andern Jahreszeit als die der ersten Durchquerung ausgeführten sorgfältigen Beobachtungen nicht unwesentlich ergänzt, was die Schmelzzone, die Erstreckung der Spaltenzone, die Niederschlags-, die Wind- und Temperaturverhältnisse und zum Teil auch die magnetischen Elemente betrifft, die eigentümliche Störungen aufweisen, welche auf darunter liegende Basaltmassen hindeuten dürften. Der Gang der Temperatur während der Durchquerung ist hier in graphischer Darstellung wiedergegeben. Der Unterschied zwischen den kleinern täglichen Schwankungen in den Randgebieten und den grossen Schwankungen und tiefen Temperaturen des zentralen Gebietes fällt sogleich ins Auge. Es ist die kalte Luft dieser mittleren Teile, welche auch im Sommer wie Wasser nach allen Seiten von den Hochflächen herabströmt, infolge der Erdrotation die Richtung nach rechts verschiebend. – Ein besonderes Interesse werden alle unsere Feststellungen wiederum gewinnen durch die bevorstehende Durchquerung durch die Dänen im Norden des Landes.* Es wird sich dann in der ersten Annäherung die erste topographische Karte des gesamten Innern Grönlands entwerfen lassen.

Die Arbeiten der Westgruppe, unter Leitung von Prof. Mercanton, haben die meteorologischen Beobachtungen auf unserm Profil ergänzt und durch zahlreiche Messungen namentlich die Bewegungsverhältnisse und die Topographie des Inlandseisrandgebietes in der Gegend unseres Ausgangspunktes festgestellt, was der Durchquerungsgruppe allein unmöglich gewesen wäre. Eine erwünschte Ergänzung in anderer Hinsicht bilden unsere anthropologischen Messungen und Sammlungen speziell auf der sonst so unzugänglichen Ostküste. Das Schädelmaterial ist wegen der durchaus reinen Rasse der Ostküste besonders wertvoll und hat schon seine Bearbeitung gefunden.

Ganz besonders darf auch an die aerologische Messungsreihe erinnert werden, die zur Vervollständigung unser frühern Messungen in Grönland

---

* Von denen ich jetzt eben beim Lesen der Korrektur die Nachricht von ihrer ebenfalls glücklichen Durchquerung erhalte, welche unsere Vermutungen durchaus bestätigt; denn sie haben Höhen zwischen 2500 und 3000 m gefunden.

in diesem Winter von den beiden den Winter über in Westgrönland auf Disko zurückgebliebenen Dr. Jost und Dr. Stolberg ausgeführt worden ist, parallel mit den verständigten Stationen auf Island und Spitzbergen. Sie haben guten Erfolg gehabt. Ihre Messungen, im ganzen 120 Pilotaufstiege, ergeben die wichtige Tatsache, dass auch in den Wintermonaten ein einheitlicher Polarwirbel selbst in höhern Schichten durchaus fehlt.

Und schliesslich sei auch des Gewinns gedacht, den die Teilnehmer davontragen. Zwar nicht des materiellen; denn grosse und kleine Expeditionsleiter müssen trotz allem Interesse, das sie mögen gefunden haben, froh sein, wenn alle Schulden bezahlt sind. Aber ich meine jenen dauernden Erwerb an Eindrücken und Gesichtspunkten, der einen Lebensinhalt ausmacht und auch für manche andere wieder anregend und fruchtbringend wirken soll. Und ich meine jenes befreiende und erhebende Gefühl, das uns so oft zu Hause versagt bleibt, von Menschen ungehindert seine geistige und physische Kraft harmonisch ganz für eine grosse Aufgabe einsetzen zu dürfen. Erhebung bringt das; Überhebung nicht. Zu eindringlich erkennt man die Grenzen eigenen Könnens gegenüber stärkeren Mächten, als dass Stolz das letzte Gefühl bei einem Erfolg sein könnte. Man hat gelernt, ihn dankbar hinzunehmen, und gibt ihn als Dank zurück an die, welche uns geholfen haben.

Nachwort

Leben und Persönlichkeit Alfred de Quervains (1879–1927)

Von Marcel de Quervain

Alfred de Quervain (*15. Juni 1879) wuchs als Sohn von Pfarrer Frédéric de Quervain-Girard zusammen mit neun Geschwistern in Muri bei Bern auf. Nach einem glänzenden Maturitätsabschluss am Lebergymnasium in Bern (1897) begann er ein Studium der Naturwissenschaften in erdwissenschaftlich-geographischer Richtung. Der Studiengang nahm einen recht ungewöhnlichen Verlauf, denn bereits 1898 finden wir den jungen Mann als Praktikanten am Observatoire de météorologie dynamique in Trappes (Paris) bei Teisserenc de Bort, einem Spezialisten für die Erforschung der hohen Atmosphäre. Die Tätigkeit de Quervains in der dort entwickelten Methode der Registrierballonaufstiege war offenbar so erfolgreich, dass Teisserenc de Bort 1901 ihn ganz allein mit der Mission betraute, in Russland mittels Pilotballonaufstiegen die winterlichen Atmosphärentemperaturen zu studieren, eine Aufgabe, die er unter Überwindung erheblicher äusserer Schwierigkeiten meisterte. Nach Bern zurückgekehrt, setzte er seine Studien fort und schloss sie 1902 mit dem Doktorat ab (Dissertation über thermische Effekte der Massenerhebung im schweizerischen Alpengebiet). In die Studienzeit fiel auch noch ein Praktikum in der Sternwarte Neuchâtel, wo er sich mit den für seine spätere Tätigkeit wichtigen Grundlagen der Zeit- und Ortsbestimmung vertraut machte.

Es folgte ein Ruf nach dem damals deutschen Strassburg. Dort stellte Prof. H. Hergesell, der Vorsitzende der Internationalen Kommission für Luftschiffahrt, de Quervain als Assistenten zur Koordination der internationalen Pilotballonaufstiege und zur Mitwirkung in der Atmosphärenforschung an. Mit der Erfindung eines speziellen Ballontheodoliten leistete de Quervain einen bedeutenden Beitrag zu dieser Forschung. In dieser Zeit erwarb er auch das Brevet eines Freiballonpiloten. Diesen mit seinen meteorologischen Interessen eng verbundenen Sport pflegte er zeit seines Lebens. 1905 habilitierte er sich als Privatdozent an der Universität Strassburg.

Schon 1906 wurde er als Direktor-Adjunkt an die Schweizerische Meteorologische Zentralanstalt (MZA) nach Zürich gewählt, eine Position, die er bis zu seinem Tode inne hatte. Hier widmete er sich u. a. auf internationaler Ebene der Wolkenkunde und ihrer prognostischen Anwendung und wirkte massgebend am Ausbau des europäischen Wetterdienstes mit. Bald habilitierte er sich an der Universität Zürich (später auch an der ETH) als Privatdozent. Das Problem der kontinentalen atmosphärischen Zirkulation, das er in Russland angegangen hatte, wollte er nun auch in Grönland untersuchen und gleichzeitig einen Vorstoss auf das Inlandeis unternehmen. Die weiteren Motive zu diesem Vorhaben und dessen erfolgreiche Realisierung im Jahr 1909 sind im ersten Teil dieses Buches geschildert.

Nach der Rückkehr in die Schweiz wurde de Quervain mit der Leitung der inzwischen an die Meteorologische Zentralanstalt übergegangenen Schweizerischen Erdbebenwarte Degenried, Zürich, betraut. Im Vordergrund seiner Anliegen stand aber die Heirat mit Elisabeth Nil (1911). Daneben liefen die Vorbereitungen zu der bereits 1909 ins Auge gefassten Querung des Inlandeises in Mittelgrönland von West nach Ost, deren erfolgreiche Verwirklichung im Sommer 1912 im Zentrum dieses Buches steht und hier keiner weiteren Erläuterung bedarf.

Von Grönland heimgekehrt, galt es, einerseits die Ergebnisse der Expedition auszuwerten und zu veröffentlichen und anderseits mit zahlreichen Vorträgen das durch die Kosten der Forschungsreise verursachte Defizit abzubauen. Hierzu dienten die in dieser Ausgabe erstmals publizierten handkolorierten Diapositive. Die Beschäftigung mit dem grönländischen Inlandeis hatte bei de Quervain zunehmend das Interesse an den alpinen Gletschern geweckt, um so mehr, als diese vorzustossen begannen. Im Rahmen der Schweizerischen und der Zürcher Gletscher-Kommission beteiligte sich de Quervain an zahlreichen Studien an Gletschern der Ostschweiz und insbesondere am oberen Grindelwaldgletscher.

Die Betreuung der Erdbebenwarte, die de Quervain oblag, rief nach der Beschaffung wesentlich empfindlicherer Instrumente als der bis dahin verfügbaren. Zusammen mit dem Physiker und späteren Stratosphärenforscher Auguste Piccard konstruierte er neuartige Seismographen, darunter ein hochempfindliches Instrument mit einer Pendelmasse von 21 Tonnen.

Im Jahr 1915 ernannte die Universität Zürich de Quervain zum Titularprofessor.

Das letzte grosse Anliegen de Quervains war die Schaffung einer multidisziplinären hochalpinen Forschungsstation auf dem Jungfraujoch (3554 m) mit internationaler Beteiligung. Eine solche Station und ihre

Mitfinanzierung waren schon als Konzessionsbedingung beim Bau der Jungfraubahn (1912) gestellt worden. Im Auftrag der Schweizerischen Naturforschenden Gesellschaft trieb de Quervain als Präsident der «Kommission für die Forschungsstation Jungfraujoch» die Realisierung voran und stellte ein baureifes Projekt auf. Doch erlitt er nach einem Arbeitsaufenthalt auf dem Jungfraujoch (1924) in Zürich einen Schlaganfall, von dem er sich zwar in den folgenden beiden Jahren recht gut erholte; aber am 13. Januar 1927 setzte ein Rückfall seinem Leben im Alter von 47 $^1/_2$ Jahren ein jähes Ende. Die Eröffnung der Hochalpinen Forschungsstation im Jahr 1931 hat er also nicht mehr erlebt.

Der Rückblick auf dieses kurze Leben zeigt, dass ein universeller Geophysiker am Werk war, der eine Reihe von bedeutenden Leistungen erbrachte. Als Initiant und Mitbegründer der «Schweizerischen Gesellschaft für Geophysik, Meteorologie und Astronomie» war de Quervain in allen diesen Teilgebieten, die heute organisatorisch getrennt sind, bewandert. Einer seiner Kollegen hat dies ausgedrückt mit den Worten: «Er besass ein umfassendes Wissen und gleichzeitig die Fähigkeit, sich auf verschiedensten Gebieten zu spezialisieren» (R. Gautier). Andere überlieferte Zeugnisse von damaligen Mitarbeitern über seine fachlichen und charakterlichen Qualitäten lauten: «Eine glänzende Intelligenz, verbunden mit einer ausserordentlichen Arbeitskraft und einem eisernen Willen, das war Alfred de Quervain» (L. Collet), oder «Viel härter gegen sich selbst als gegen andere – de Quervain wusste seine Mitarbeiter mitzureissen und sie über sich selbst hinaus wachsen zu lassen» (P. L. Mercanton). In bezug auf die Vorbereitung der zweiten Grönlandexpedition hat ihn Gautier als «organisatorisches Genie» bezeichnet. Zudem galt er als «klarer und gewandter Redner mit hervorragenden didaktischen Qualitäten» (R. Billwillwer).

Von anderer Seite werden allgemein menschliche Wesenszüge beleuchtet: «Der Humor war eine ausserordentlich stark entwickelte Seite seines Wesens. Niemand konnte so hinreissend schildern, erzählen und lachen wie er. Alles an ihm war Geist, Leben und strahlende Unmittelbarkeit – und doch lasteten Schatten der Schwermut auf ihm.» (A. Schädelin). Seine humanistische Bildung begleitete ihn in ungezwungener Weise, und Zitate aus der klassischen Literatur standen ihm stets zur Verfügung. De Quervain hat sich auch wiederholt in der Presse zu politischen und sozialen Fragen geäussert. Der Erste Weltkrieg war für ihn ein erschütterndes Erlebnis, und er ist danach für eine umfassende Friedenssicherung und für den Völkerbund eingetreten. Insbesondere hat er unter Wissenschaftern aus gegnerischen

Lagern oft erfolgreiche Annäherungen angebahnt. Aus den zitierten positiven Zeugnissen kann indessen auch herausgelesen werden, dass diese starke, direkte, aber auch empfindsame Persönlichkeit Gegner gehabt hat. «Man kann nicht verlangen, dass man geliebt wird, aber man kann dafür sorgen, dass man geachtet wird», soll de Quervain gesagt haben.

Der Autor dieses Nachwortes, ein Sohn Alfred de Quervains, dankt dem Buchverlag der Neuen Zürcher Zeitung für die grosszügige Neuausgabe der vergriffenen, einst populären Grönlandbücher. Sie lassen eine Denk- und Arbeitsweise und auch eine Sprache erkennen, die es verdienen, in Erinnerung gerufen zu werden.

Davos, im Dezember 1997

Bibliographische Notiz zum Einleitungsessay

Barüske Heinz, Grönland. Kultur und Landschaft am Polarkreis, Köln 1990

Beattie Owen u. Geiger John, Der eisige Schlaf. Das Schicksal der Franklin-Expedition, Köln 1989

Commission suisse de recherche polaire, ed., Les régions polaires et les chercheurs suisses, Publications de la Société helvétique des sciences naturelles 2, Bern/Stuttgart 1988

de Quervain Alfred u. Mercanton Paul Louis, Ergebnisse der Schweizerischen Grönlandexpedition 1912/1913. Mit Beiträgen der Mitglieder Dr. med. H. Hössli, Dr. W. Jost, Dr. A. Stolberg, Ing. Karl Gaule, Arch. R. Fick, Zürich 1920

de Quervain Alfred u. Stolberg August, Durch Grönlands Eiswüste. Reise der Deutsch-Schweizerischen Grönlandexpedition 1909 auf das Inlandeis, Strassburg i. E./Leipzig 1911

de Quervain Alfred, Plan einer Schweizerischen Grönlandexpedition 1912/13, insbesondere der West-Ost-Durchquerung von Mittel-Grönland im Sommer 1912, Zürich 1911

de Quervain Alfred, Quer durchs Grönlandeis. Die schweizerische Grönland-Expedition 1912/13. Mit Beiträgen von Prof. Dr. P. L. Mercanton und Dr. A. Stolberg, München 1914

de Quervain Alfred, Quer durchs Grönlandeis. Reisebericht der schweizerischen Grönlandexpedition 1912, Sonderabdruck aus der Neuen Zürcher Zeitung

Friis Achton, Im Grönlandeis mit Mylius-Erichsen. Die Danmark-Expedition 1906–1908, Leipzig 1910

Huntford Roland, Scott & Amundsen, London/Sydney/Auckland/Toronto 1979

Imbert Bertrand, Le grand défi des pôles, Paris 1987

Koch Johann Peter, Durch die weisse Wüste. Die dänische Forschungsreise quer durch Nordgrönland 1912/13. Deutsche Ausgabe besorgt von Prof. Dr. Alfred Wegener, Berlin 1919

Nansen Fridtjof, Auf Schneeschuhen durch Grönland, 2 Bde., Hamburg 1898

Peary Robert E., Northward over the «Great Ice». A Narrative of Life and Work along the Shores and upon the Interior Ice-Cap of Northern Greenland in the Years 1886 and 1891–1897, 2 Bde., London 1898

Protokoll der Generalversammlungen der Aktiengesellschaft der Neuen Zürcher Zeitung für die Jahre 1868–1928

Protokoll des Komitees der Neuen Zürcher Zeitung, Bd. IV 1908–1917

Rikli Martin u. Heim Arnold, Sommerfahrten in Grönland, Frauenfeld 1911

von Nordenskiöld Adolf Erik Freiherr, Grönland. Seine Eiswüsten im Innern und seine Ostküste. Schilderung der zweiten Dickson'schen Expedition, ausgeführt im Jahre 1883, Leipzig 1886

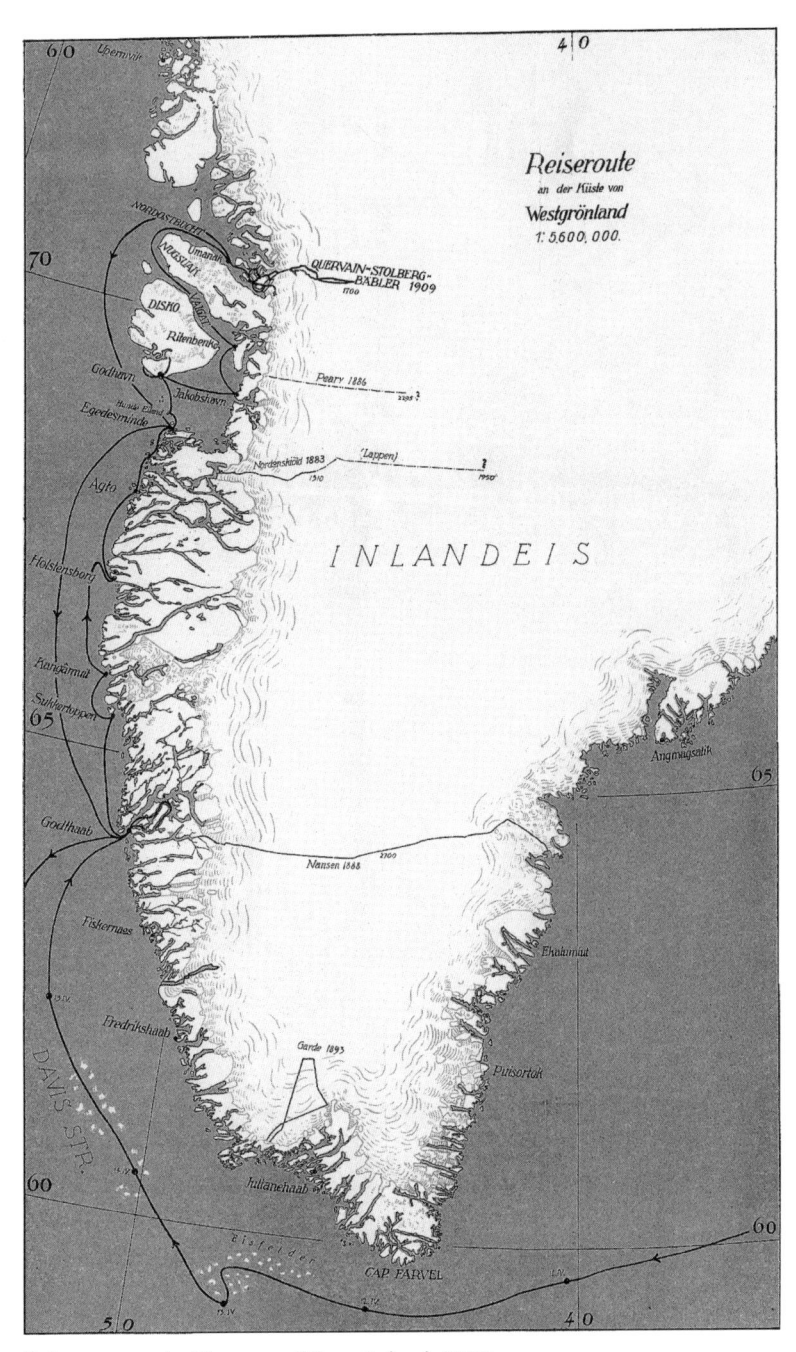

Reiseroute an der Küste von Westgrönland, 1909

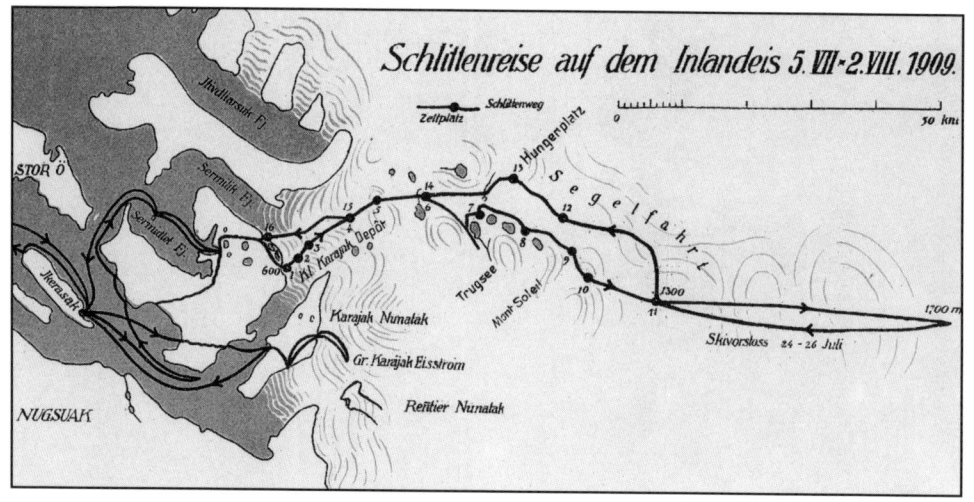

Schlittenreise auf dem Inlandeis, 1909

Kartenskizze der Depotgegend, 1912

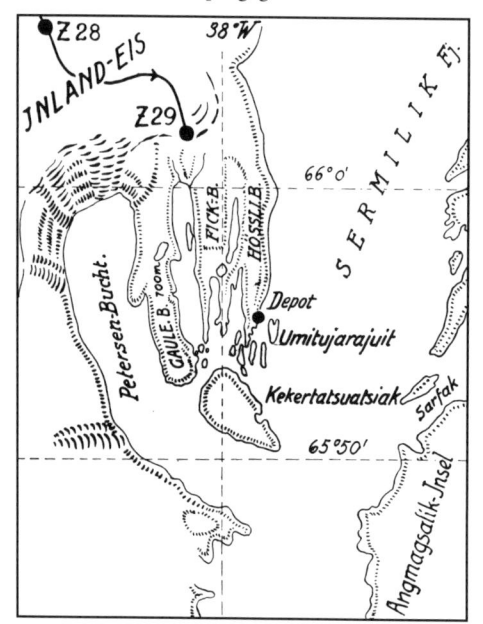

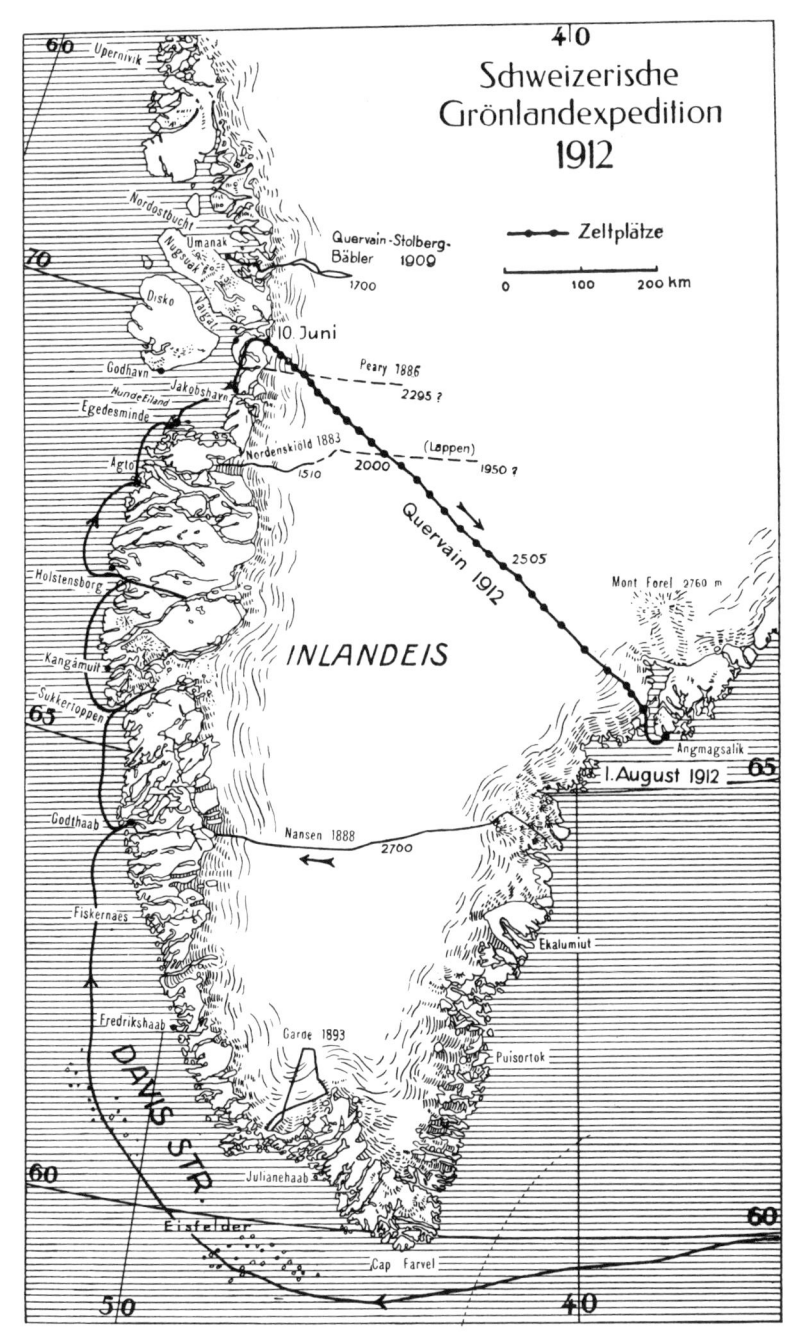

Reiseroute der Expedition, 1912

257

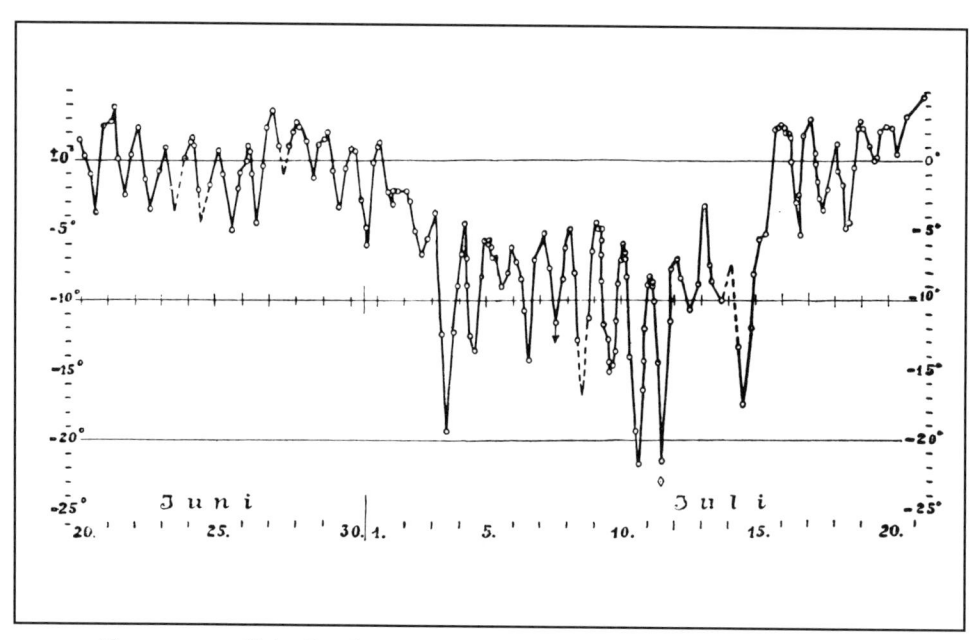

Temperaturprofil der Durchquerung, 1912

Höhenprofil der Durchquerung, 1912

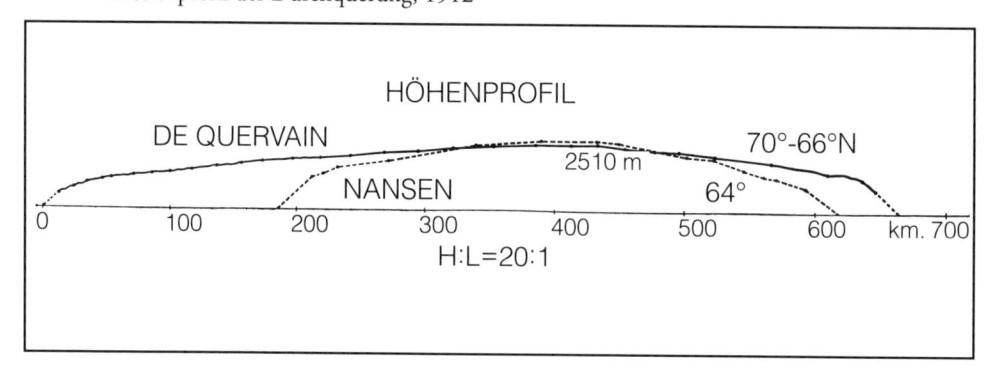